域外汉籍研究文丛

东亚文化比较研究

DONGYA WENHUA BIJIAO YANJIU

王宝平/主编

西南师范大学出版社
国家一级出版社 全国百佳图书出版单位

《域外汉籍研究文丛》序言

　　二十世纪二三十年代，陈寅恪在《陈垣〈敦煌劫余录〉序》中提出了"学术预流"说，认为"一时代之学术，必有其新材料与新问题。取用此材料，以研求问题，则为此时代学术之新潮流。治学之士，得预于此潮流者，谓之预流（借用佛教初果之名）。其未得预者，谓之未入流。此古今学术史之通义，非彼闭门造车之徒，所能同喻者也"。陈先生的言语是对敦煌文献、殷商甲骨、清宫内阁大库书籍档案等新材料的发现和新学问的诞生所做出的总结和判断。这番表述时至今日仍未过时。"域外汉籍"的文献整理与资料研究是最近二三十年来的学界热点，围绕着域外汉籍所展开的学术研究也持续升温，成果层出不穷，可以称之为是21世纪"学术预流"的学科。

　　一种新学科诞生与学术条件的发展、成熟密不可分。由于改革开放以来丰富的物质积累与相对和平的国际环境，使得大批中国学者得以走出国门，他们调查、收集海外汉籍，通过直接或间接的手段将大量海外珍稀典籍回传至国内。这与前数十年或数百年零星访书和零星回归的学术状况不可同日而语。同敦煌学相似，域外汉籍研究是一项涉及中外文化互相交流、具有国际影响的学问。这就是使得域外汉籍研究具有一些明显的特征：

　　其一是微观研究和宏观研究共同发展。所谓微观研究是指具体某种文献的发掘、研究，具体某一学术问题的解决等等，海外文献分布于日本、韩国、越南以及欧美各地40多个国家和地区，又分属于各公私图书馆、博物馆、寺庙以及私人家藏，情况较为复杂，不一而足，因此，相关文献的寻觅和揭示，都有待于无数微观研究成果的出现；所谓宏观研究则指本学科的理论建构，对域外汉籍的存藏、传播、发掘、整理和研究的规律性的叙述和总结，对域外汉籍的深入研究有着至关重要的作用。宏观研究的推进，有陈庆浩、张伯伟、葛兆光、王勇、柳斌杰等专家曾作出努力，提出了"整体研究""比较研究""从周边看中国"等切

1

实可行的方法论以及"书籍之路""汉籍之路"等学术概念，并进一步明确了"域外汉籍"定义的内涵。宏观研究是在微观研究的量的积累的基础上实现的质的科学性总结，微观研究又在宏观研究的指引下卓有效率地开展。二者相辅相成，是学科成熟的一种标志。

其二是中外学界协同合作和研究，包括外国学者对海外汉籍的研究和整理、中外合作进行学术活动等。敦煌学自诞生以来有"敦煌在中国，敦煌学在世界"的学术格局，这是因为敦煌文献来源于中国，但随斯坦因、伯希和、大谷光瑞等人的盗掘而广布于世界，并吸引了各国学者的关注和研究，也由此成为世界性的学问。域外汉籍的情形类似，汉籍源自中国，经商贾贸易、使节往来以及战争掠夺等途径而传播至中国周边，乃至世界各地，也自然诞生了有关域外汉籍研究的学问，同时，汉籍在中国国内有传统文献学的支撑，因此又学者认为应将海内外的汉籍和学问结合起来，由此提出了"国际汉籍文献学""东亚汉籍研究"的概念，其研究视野得以大为拓展。

过去，海外学者中以日本学者的成就最为可观，比如，长泽规矩也对汉籍的整理，他编纂影印了《和刻本类书集成》《和刻本经书集成》《和刻本汉诗文集成》等一大批影印文献，至今仍为学界所广泛利用；另一方面，大庭修、冈村繁、夫马进等日本学者则对汉籍的研究亦颇为精深，有不少令人耳目一新的著述，如夫马进《朝鲜燕行使与通信使》、冈村繁《日本汉文学论考》等。近二三十年来，随着经济的发展和国门的开放，中国学者的成果也越来越多，如安平秋、张伯伟、严绍璗等多位学者数十年来在该领域的浸淫，有《日本宫内厅书陵部藏宋元版汉籍善本影印丛刊》《朝鲜汉籍书目丛刊》《日藏汉籍善本书录》等重要成果问世，既有文献的整理影印，也有线索的勾稽描述，更有深度的研究和理论的建构。在中外合作方面，由中国学者参与的美国哈佛大学哈佛燕京图书馆的汉籍数字化和整理出版已成规模化效应，该馆秉承"学术为天下之公器"的精神，为中外学界提供了大量的珍稀文献，这是中外学者合作整理汉籍的典范。总之，中外学者的共同参与，让域外汉籍的研究呈现出欣欣向荣的局面，这一华夏祖先的古老智慧逐步成为全人类可以共享的知识经典，也让人们认识到汉文化在古代东亚地区背景化的存在，以及各个古代东亚政权之间的紧密文化联系。

其三，多学科融合研究，表现在学术观点的多角度阐释、不同学科之间的学术分歧，并在此基础上予以融合贯通，形成共识。域外汉籍学科是一门基于文献的交叉性学科。参与研究的学者来自历史学、文学、宗教学、文献学等不同的传统学科。不同学科往往从不同的角度从事研究，由于研究目的的不同，也往往带来研究方法和研究重心的差异，当然也会带来学术意见的分歧，因此学科之间的融合研究十分必要，这有助于明确域外汉籍研究者的学术分工和合作，也有利于统一对该学科相关问题的认识，并且在选拔和培养年轻学人的时候确立学术标准，使其拥有必要的学术知识储备。

此前，学界对于"域外汉籍"的概念尚有不少分歧。2013年底，中国社会科学院历史研究所、北京大学中国古文献研究中心、西南师范大学出版社共同举办了"域外汉籍整理与研究国际学术研讨会"，40多位来自海内外的历史学、文学、文献学等多学科的学者齐聚山城重庆，北京大学教授安平秋先生称之为"里程碑式的会议"，由此确定了域外汉籍的内涵和外延。人们认识到，域外汉籍包含着三个层次或三个类别。第一个层次，即中国人用汉字写的书流传到国外。第二个层次，即外国人根据中国古籍刻的书，比如和刻本、安南刻本、高丽刻本等。第三个层次，即外国人用汉字写的书在外国刻印的，如《韩国文集丛刊》所收录的韩国人的汉文文集，以及"燕行录"文献等。过去，我们认为域外汉籍是中国传世文献的补充，但域外汉籍数目庞大，种类多样，特点突出，与中国境内的汉籍息息相关，是巨大的文化宝库，是根与树冠的关系，让汉籍变成为东亚人民共同的精神源泉和知识海洋，显然这足可以支撑起一门新的学科。

"积土成山，风雨兴焉；积水成渊，蛟龙生焉。"目前，域外汉籍的整理和研究正方兴未艾，有关域外汉籍的学术成果越来越多，有关域外汉籍的学科建设正逐步走向成熟，仅就国内而言，多所院校即成立有域外汉籍相关的学术研究机构，如南京大学域外汉籍研究所、上海师范大学域外汉文古文献研究中心、浙江工商大学东亚研究院、四川大学东亚汉籍研究所、武汉大学域外汉学与汉籍研究中心等等。在这个过程中，

我们又欣喜地看到越来越多的青年才俊参与到这片广阔的新兴学术天地当中，预示着域外汉籍的整理与研究充满着生机，也预示着将出现更多的学术突破。

当然，机遇与挑战并存，希望与艰辛共生。唯愿与诸君同侪风雨同舟，甘苦共济，携手奋进，描绘出一幅东亚汉文化圈生动的历史图景。有鉴于此，我们提出了编纂一套"域外汉籍研究文丛"的计划，本计划萌发于国家"十一五"重大文化出版工程《域外汉籍珍本文库》的编纂出版工作中，在十多年的海外珍稀文献调查、遴选、收集、编辑、出版的进程中，我们深感基础工作与学术研究相互转化的重要性。由此，我们希冀这套丛书，能够及时揭示域外汉籍研究的最新成果，也期待能为未来的域外汉籍整理提供新的学术方向，更希冀有识之士共襄盛举。是为序。

孙晓

二〇一六年十二月十五日

序

王晓平

  西湖成为东亚风光美的象征的历史，可以追溯到几个世纪之前。早在 14 世纪，由"潇湘八景""西湖八景"为代表的"八景"，就以一种文化概念的形式被朝鲜人接受，随后到 16 世纪，这种概念也在日本定型扎根。"西湖八景"和"潇湘八景"一起，形成了一种以汉语四字分别概括八种最具特色的地方名胜的模式，以作为一个地区的文化名片广泛传播,这种模式既有对自然风物的审美情感,也有对汉语魅力的执着。日韩数不清的咏唱本土、本地"八景"的汉诗，都在模仿西湖八景的诗句中力图旧曲新唱，翻出异声，而日本江户时代描绘美景的图画，竟然形成了一种被称为"八景物"的独特画类。最有名的莫过于歌川广众的《江户八景》，其他如《武阳金泽八景图》等，不胜枚举。在日本，最早咏本地"八景"的诗是汉诗集《钝铁集》中的"博多八景"，而今天有"八景"之称的地方竟然达到 400 多处；在朝鲜,历史上最著名的也有朝鲜八景、平壤八景、朝鲜关东八景、朝鲜关西八景、丹阳八景、丹阳第一八景等说法。在当下，为推进旅游业而举行的评选"八景"的民间活动，自然带有明显的汉文化特色。这些都让我们想到杭州在东亚文化与文学交流中许多独有的话题。

  中日韩许多从事文化研究的学者熟悉杭州，常游西湖，还因为这里有一个浙江工商大学，大学里有一个日本语言文化学院，还有一个东亚研究院,有一批埋头于国际间文化交流研究的学人。透过王宝平主编的《东亚文化比较研究》，可以看到他们活跃在国际学术交流舞台上的身影。

  2014 年 10 月，来自中日韩三国的学者聚集在工商大学，围绕东亚古典文学交流的问题，进行了富有成果的对话。

  这次会议，是东亚比较文化会议举行的第 12 届国际学术研讨会。这里有必要回顾一下本会议走过的历程。1996 年，在日本比较文学学会会长中西进的倡导下，中日韩三国一些研究文化的学者，在日本帝塚

山学院大学召开了第一届东亚比较文化会议。这个会议，以各自的民族语言作为工作语言，三国学者轮流担任会长，在三国轮流举办，以平等对话为宗旨，聚焦于如何继承文化传统、构建新文化的各种课题。前7次会议，即从1996至2002年均为每年举办一届，分别在日本帝塚山学院大学、日本熊本大学、中国北京大学、韩国东国大学、日本国学院大学、中国南开大学、韩国中央大学召开。三国成立的分会，举行了多种多样的学术交流活动，出版相关书籍，日本分会还编辑出版了会刊。

从第8届开始，研讨会隔年举行。历届会议以对文化展开国际性、跨学科研究为特色，议题十分广泛，哲学、思想、宗教、历史、语言各种问题都在讨论范围之内。第8届以来其研讨的议题如下：

第8届（2004年10月9日至10日，日本九州产业大学）《东亚的祖灵观》

第9届（2006年9月9日至10日，中国复旦大学）《东亚文化的继承与扬弃——东亚共同体文化基盘形成之探讨》

第10届（2008年10月25日至26日，韩国高丽大学）《东亚人文传统与文化力学》

第11届（2010年10月23日至25日，日本万叶文化馆）《东亚世界新文化共同体的构建——围绕中日韩文化里的普遍性与固有性》

第12届（2014年10月25日至26日，中国浙江工商大学）《东亚文化交流——以古典文学为中心》

东亚比较文化会议从发轫到2016年，恰好是20个年头。这20年间，三国的社会思潮、文化思潮和学术思潮在激烈变化，文化交流也不断出现新景观，学术研究中的民族主义影响也时隐时现。那么，为什么还有一些学者能远离嚣尘，坐在一起就共同关心的问题展开对话呢？说来这个会议的基本成员，是各大学从事古代文化和文学教学的教师，而对比较文学、比较文化研究又具有相当的兴趣。他们的研究对象中，有很多中国元素。虽然这些年在三个国家，"国学"那些事在多数场合越说越热闹，但总有很多人希望知道自己的文化在别的文化中实际上呈现出的是一种什么状态，把认识自身文化与他者文化当成相互关联的事情，也总想从多元文化中吸取更多有利于自身发展的力量。在现代学科

东亚文化比较研究

体系中，大墙小墙，大篱笆小篱笆，都是随处可见的，这就自然会出现些不甘心总呆在墙内篱笆内的人，愿意出门去走一走、看一看。东亚比较文化会议提供的就是这样一个平台，一个以平等的学术对话为理想的平台。平等是一种价值，也是一种追求；是一种态度，也是一种实力的对撞；是不会有任何人赐予的免费午餐，而恰好是坚持不懈努力的结晶。平等的学术对话还需要语言、学术基础和沟通能力方面的条件。自说自话或话而无果的场面也是常见的，但这并不是中止对话的理由。

除了发表论文之外，比较文化会议还开展了多种文化交流活动，让与会者切实感受三国文化的多样性与差异性。当我们在韩国佛寺观赏鼓乐，在日本国学院听学生演奏尺八的时候，我们对自身文化在邻国的演化不是有了更为直观的感受吗？这其实也是一种对话，是非语言的对话。同样，日韩两国学者也曾在北京大学、天津古文化街、上海豫园和杭州西湖畔，寻找和验证他们平时在异国阅读中国诗文时获得的印象。严绍璗、王晓平、胡令远、王宝平曾先后担任会议的会长，我国学者在这种交流活动中表现出的主动、热情、大度与富有主见的风范，也获得了各国学人的一致好评。第6届会后，《变动期的东亚社会与文化》论文集2002年由天津人民出版社出版，复旦大学举办的那次会议，多种媒体予以报道，在学界产生了很好的影响。

不论从人员构成，还是学界关注度来看，汉字文化圈的比较文学、比较文化研究，都似乎不能与"中西比较文学""中西比较文化"旗下的阵势相比，学术积累看上去似乎也不那么起眼。很多东亚学者感兴趣的历史文化问题，需要有一个面对面接触直接对话的场合。对于相近或相关的问题，三国学者是在不同的学术体系中进行着各自的探讨，而面对面的接触，则为沟通学术语言、交换研究信息、缩小误读尺度提供了机会和选择，对于近距离了解对方的学风、学术方法和未来走向，都是有益的。

汉字曾是东亚文化的核心，是历史上东亚文化圈最重要的传播工具。这对于今天的东亚文化交流也非常重要，因为汉字思维早已深入到三国文化的体肤乃至血管之中。不仅儒道佛的传播与接受不能离开汉字去理解，就是上面提到的各国"八景"，也无不以充满诗情画意的四个

汉字来展现，如从朝鲜李朝一直相传至今的所谓平壤八景，即乙密赏春、浮碧玩月、永明寻僧、普通送客、车门泛舟、莲塘听雨、龙山晚翠、马滩春涨，这种表达方式本身是两种文化交融的结果，而用朝鲜文字的呈现则是这种交融的另一种形式。三国文化交流因为历史上各自复杂而密切的联系，又有汉字因素的影响，结果就出现许多有意思的现象，与西方国家之间的文化关系大不相同，这些都有必要加以深入研究。

在中日韩文化体系中，文学都占有相当重要的地位，而在相互交流的过程中，文学也是最有活力和最经常的角色。在未来新文化的建设中，我们不应轻易忘却那些共有的文学遗产，其中特别值得珍视的是汉文学遗产。在描写西湖美景的诗句中，苏轼有"欲把西湖比西子，浓妆淡抹总相宜"，日本梵语学者南条文雄（1849 — 1927）有"一时忠节岳王坟，千古风流苏轼祠"（《西湖》），把这些诗篇放在一起来欣赏，对比分析，是可以发现其中异同的。编一本三国诗人咏西湖的诗集，是有丰富材料的。浙江工商大学的学者们汉文化研究的成果很值得称道。知同、明异、互读、共赏，在对话中寻求破解相互理解的难题，学术交流或者不能立竿见影，却是不可缺少的一环。

互联网技术的进步，为国际学术交流注入了新的活力。那些历来深藏箧底的历史文献，可以以最接近原貌的形态，让身在世界任何角落的读者，轻轻一点便清晰地读到，仿佛面对原件；而那些最新鲜的思想和表述，也可以迅速传递到最遥远地方的学者手中。然而，学人的目光对目光的交往、来言对去语的交谈仍有其独有的魅力。作为中国故事的讲述者，同时也会是他者故事的倾听者，因为熟悉了对方的文化和接受心理，我们的故事才能讲得更精彩，更入心。近年来，我国的文字学家越来越多地关注汉字在周边各国的传播和演变，古典文化研究者也越来越多地将"周边看中国"列入研究课题。东亚汉文化研究作为一个崭新的学术领域，几十年来，已由浪花汇成溪流，正在由溪流汇成江河。《琉球汉文文献集成》《和刻本中国古逸书丛刊》《日本汉诗文总集》《韩国诗话全编校注》《日藏诗经古写本刻本汇编》等卷帙浩繁的大型丛刊的问世，《域外汉籍研究集刊》《国际汉学研究通讯》《国际中国文学研究丛刊》等刊物上发表的大量高质量论文，都为"国学"也为与之相对的

"外学"即外国文化之学提供了很多新材料。而"东亚汉文小说整理与研究""日本汉文古写本整理与研究""日本五山文学别集校注与研究""东亚笔谈文献整理与研究""中朝三千年诗歌交流系年"以及相关重大课题的展开，都说明我国对周边文化的研究进入到一个前所未有的新阶段。我国学者正在利用自身的学术优势，积极面对域外文化研究的新课题。"等闲识得东风面，万紫千红总是春。"以扎实的文献研究为基础，打通各学科的汉文化和汉文学研究的春天，正一步一步向我们慢慢走来。

书有时比人走得远，也比人命长，当然也会有书还没有问世就已经死了，那些说假话、谎话、废话的书或许应该纳入此列。王宝平主编的这本书，是有益于文化互通互鉴的，愿它能走得远，走得长，也盼望从美丽的西湖边飞来更多汉文化研究的好文、美文。

目　录

中韩文化篇

东亚文化篇

ASUKA考

中西进[*]

一、何为"アスカ"

六世纪末七世纪初，日本基本实现国家统一，并建造了类似首都的建筑。

日本最古老的和歌集《万叶集》中，最早的和歌也出自这一期间。这些和歌所咏的内容发生在一个名为"ASUKA（アスカ）"的地方。众所周知，这就是现在的奈良县高市郡明日香村。

这个被称为"ASUKA"的重地，其名字到底有什么含义？

令人惋惜的是，这个地方虽然极为重要，但地名的含义却尚不明确。先来探讨地名的含义。

地名的表记有以下几种：

阿须箇（《日本书纪》齐明四年五月）

阿须可、安须可（《万叶集》卷十四）

阿须迦（《船首王后墓志》）

随带一提，船王后埋葬于668年。

以上均是"ASUKA"的音译。然而将本文要探讨的地方训读为"ASUKA"，这本身又是否妥当呢？

因为，在《日本古代人名词典》中，载有"安宿""安直""安敕"等姓氏，这些姓氏被认为与这个地方存在一定的关系。可见，该地除了训读作"ASUKA"，还可以训读为"ASUKU（アスク）"，读法并不统一。

那么要如何理解"ASUKA（以及ASUKU）"这个词源不明的词呢？关于这个词的词源，目前尚未有统一的说法。

---

[*] 日本京都市立艺术大学名誉教授。

国学家贺茂真渊、伴信友等认为因为此地是交嘴雀（ISUKA）的群栖地，所以才被称为"ASUKA"。但这个说法并未得到证实，而且也没有表明"I"变成了"A"的证据。

与此相对，可靠性较大的说法是，"ASUKA"表示"AZU（崩）KA（处）"。《万叶集》中有"AZU"取"崩岸地形"之意的例子（卷14，歌3539、歌3541）。"AZU"表示崩岸，在学术上应是正确的。证据之一便是现在有名为"小豆泽（AZUSAWA）"的地方，这里的AZU就是崩岸的意思。

然而，这一学说难成立之处在于"KA"表"处"之意这点上，因为并没有佐证能予以证实。此外，《万叶集》的例子仅限于东歌，东国地区的语言与首都语言之间还是存在一定差异的。

那么，认为飞鸟是"崩岸之处"的观点到底是否正确呢？的确，飞鸟川渊渚变化不定，将此地视为"崩岸之处"能令人信服。再加上净御原宫的宫殿建设在沼泽、田上，此观点似乎并无不妥。看来，"崩岸之处"一说的确有说服力。但在解决前述问题之前，还不能认为这就是ASUKA的词源。

而且将"SU"看作是"受（ZU）"的看法也有待商榷。

想必诸位也知道，"ASUKA"的表记"飞鸟"是源于惯用语"飛ぶ鳥のアスカ"，与"長谷のハッセ"、"春日カスガ"一样，汉字表记"飞鸟"显然并不能说明词的由来。

相反，过早以"飞鸟"表记"ASUKA"，使得词源变得含糊不清。日本名为"飞鸟"的地方实在是太多了。

二、关于阿育王

抛开上述问题，重新思考"ASUKA"时，我们可以联想到一位大人物。

那就是古印度大王——阿育王。阿育王在梵文中读作 asoka，巴利语中读作 asoka，他在位期间是 269 年到 232 年。

阿育王的功绩铭刻在岩石与石柱之上。据上面所载，阿育王深感胜者的悲哀，从而潜心修法，开悟正觉，从根本上更改了自己的行政方针。

阿育王放弃了通过武力统一，认为"正法的胜利才是真正的胜利"

（《摩崖法敕》第十三章），并推崇佛法。阿育王的伟大促使了众多佛教经典的诞生，时至今日依然为人所称赞。以下是其中一例：阿育王统辖范围纵横数千里，且施政得宜，爱好真理，富博爱精神，实是印度有史以来治绩空前之统治者。[1]

众所周知，佛教传入日本的时间在宣化三年（538）（或钦明七年）以及钦明十三年（552）。当时，百济圣明王还赠予日本佛像和佛教经典，加速了佛教在日本的传播。

在这样的背景下，最广为古代日本人熟知的人物便是阿育王。

"ASUKA"这个与其他日语词汇渊源不深、语义不明、令人费解的词，是否和历史上大名鼎鼎的大英雄阿育王存在关系呢？

还是说，对古代日本人而言，阿育王不过是一位无名之王？

有件趣闻，据传阿育王年幼性情粗暴，被父王疏远，这与日本古代的英雄倭建命相似。果不其然，阿育王被父王委派去平定德叉尸罗国，他出色地完成使命并凯旋而归。

同样，倭建命也被派遣去平定西方出云族，战胜了出云建，并谋取熊袭建，凯旋而归。二者的经历可谓是一致。

后来，倭建命还被任命去平定东方乱贼，他感叹自己东征西讨的命运，留下了"皇要吾死"的名言。

这场东征中的感叹，有些地方值得深思。

倭建曾感慨"不赐军队，为何还让我平定东国"。而据《阿育王经》载，阿育王也在出征德叉尸罗国时曾说过"器杖资具悉不予之"。《阿育王传》还载有"唯予四兵，不予刀杖"。

可见二者事迹惊人相似。笔者认为，这种相似可能是由于文字的影响。

关于阿育王的记述，除了雕刻在岩石上的部分，还有后世许多关于他的传说。这些记述成为了佛教经典，与他的人物形象一同传入了日本。

倭建物语看上去虽像是英雄物语，其实里面有数位女性角色担任女主角。用佛教术语来说，这就是"爱欲阿育（kāmâśoka）"。爱欲阿育是佛教中一个很大的主题，对王的形象而言，摆脱爱欲更能凸显王的伟

[1] 原文出自《望月佛教大字典》一卷。

5

大。可见倭建的故事也受到了这个主题的影响。

所以故事还有后续。

父王驾崩后，阿育王杀死兄长修私摩继承了王位。倭建命也有相似的弑兄经历：父王命倭建命使皇兄共进早饭，倭建命却断其兄手足，将其残忍杀害后再向父王汇报。

遗憾的是，倭建命在东征途中去世，并未继承王位，故事以思乡之念结束。这种抒情性是阿育王的故事中所没有的。

后世的圣太子中，圣德太子也是终生太子，并未继承帝位。日本的圣太子持有中国的素王思想，即认为具有称王资格却不继承王位者才是真正的王。而古印度王中并没有这种思想。

三、佛教传入的经过

到底是否因为阿育王的影响力太大，使得当时的朝廷用阿育王之名命名自己的首都呢?

细读佛教公传的记事可得知当时佛教传播的目的以及内容。

《日本书纪》中，钦明十三年的记述除四月份皇子去世以外，其余全是关于百济请求支援和佛教的传入。

五月份的记事是百济王请求派遣紧急援军，十月份的是百济献上幡盖、经论以及一尊释迦像。在这样战云密布的紧迫形势下，百济在请求救援之际还献上佛像以及供奉道具，说明佛教是镇护国家的必需品。这一点是迄今为止的《日本书纪》研究的重点之一。"是法于诸法中最为殊胜"之后的词句，是由义净所译的《金光明最胜王经》（长安三年，703）里的内容所构成的。

而《金光明最胜王经》开头的内容，除了前述部分以外，还有如来寿量品。后续内容是"譬如入怀随意宝逐所须用……"，这是源于该经的四天王护国品。

实际上，佛教公传的目的并非传入天竺的崇高智慧来救济人类的苦恼，而是频于危殆的国家希望能在精神上与他国共同保卫国家。

百济圣明王在宗教中寻求从危机中拯救国家的方法，而日本则在宗教中寻求圣明的君王。终于，20年后日本也诞生了享誉至今的圣德太子。

从百济圣明王传承给圣德太子的佛教中，是否蕴含有印度阿育王传承给圣明王的意志呢？

当然，传承的细节我们无从知晓。在这一年的 36 年后，有一位被称为厩户皇子的少年，时年十六岁。这位少年建造了四天王像，在降伏"佛敌"之战前，他立下誓言"此役获胜建四天王寺"，随后骁勇奋战并取得胜利。这位少年便是日后的圣德太子。不知为何，他扎了和倭建命决生死之战时相同的发型。倭建命和阿育王是形象相近的英雄，二者均以佛法治国在情理之中。出于意料的是，圣德太子也希望在排除法难后，以佛法实现和平。事实上，这个"以和为贵"的治国方针时至今日仍在流传。这个方针与《摩崖法敕》第十三章中所载的王的方针是相同的。

在横跨亚洲、长达 900 年的历史中，是否存在阿育王——圣明王——圣德太子这样一条祈愿国家安宁的传承路线呢？

这条"阿育线"每每在国家陷入危机便会迸发出惊人的活力。崇峻元年（588）的记载形象地描述了这点：僧人到来，带来了舍利、寺工、画工，受戒之法成为广泛谈论的话题，僧尼到百济留学。另，《日本书纪》中载：

> 壤飞鸟衣缝造祖树叶之家、始作法兴寺、此地名飞鸟真神原、亦名飞鸟苫田。

此条开头便提到了"飞鸟衣缝"。这是有关祖先的记载，因此当时祖先的氏名应是衣缝造树叶。后文可推测是建造了保存至今的法兴寺，并将此地命名为"ASUKA 之真神原"。

当时，佛舍利已传入日本，因此有必要建立存放舍利的佛塔。这个神圣的据点设在了旧树叶宅，产生将圣地建设成阿育王的建筑风格的想法也是合情合理的。

ASUKA 本意是以三轮山为象征的圣地。三轮山是指春分是太阳升起的山。圣山庇护下的 ASUKA 常见于额田王的 ASUKA 惜别歌（《万叶集》卷一，歌 0017，歌 0018）。

不远处还有一座祭祀太阳的天香久山。从该山被冠以尊称"天"可

知，它也象征了ASUKA。

在推古二十一年（613）十一月，还进行了"又自难波至京置大道"的工事。

当时的日本，以效仿阿育王的华氏城的ASUKA为都，并在其中央的真神原建设了国家的官寺。可见，当时的日本正在整装待发，即将迎来大变革。

四、无忧之地ASUKA

如果当时的日本果真有过前文所述的构想，那么其中又寄托了怎样的愿望呢？笔者认为大概有以下四种。

第一种是将此地建成无忧的乐土，ASUKA本意便是无忧的意思。

人类因各种欲望——爱欲、物语、食欲而饱受世俗的苦患折磨。身为王，除了通过佛法从苦患中拯救百姓，还要镇护国家，实现个人幸福，家族安宁，国家和平三个目标。实现这三个目标的共同之处大概就是实现无忧。

早期以"安宿"表记ASUKA也是出于这个原因。

第二种，兴建法兴寺，以其作为阿育王寺的中心，也就是说希望通过王的正法来实现政治上的胜利。阿育王在推行佛法之际，其中有一设想便是在统治下的八万四千诸国中设立八万四千座寺庙。

辰巳正明也曾指出，后世的圣武天皇在建设国分寺时也曾有过同样的构想。[1]

而当时的人们能自然而然地接纳这一构想，说明了曾参拜过中国明州的阿育王寺。明州是遣唐使的乘船之处，据《唐大和上东征传》所载，鉴真也曾在此参拜。

明州的阿育王寺是效仿古印度五山所建的，五山是指鹿苑、祇园、竹林、大林、那烂陀五寺。

自从在寺内发现了阿育王的石塔后，此处便称为阿育王山。

阿倍仲麻吕等遣唐使拜访此地的时间虽距离本文所关注的六、七世

---

[1] 中西进：《聖武天皇：巨大な夢を生きる》，中央公论社，2011年。

纪甚远，但这里或许就是大和 ASUKA 的起源。

第三种，ASUKA 是当时饲养进贡的孔雀的地方。据《日本书纪》记载，孔雀是在推古六年（598）八月以及大化三年（647）进贡的。

进贡的孔雀均被运到了 ASUKA 的皇宫，在这里饲养也合乎情理。而且 ASUKA 有大片沼泽地，可以说是饲养孔雀绝佳之地。

从这容易联想到阿育王的孔雀王朝。阿育王是摩揭陀国、孔雀王朝创始者旃陀罗掘多之孙，第三代国王。如果这一推测属实的话，那么 ASUKA 的"飞鸟"便是王道乐土之意。

关于第四种，首先先来看看兴建于乐土中心的法兴寺的佛塔。飞鸟寺主要的伽蓝配置和高句丽的清岩里废寺所用的瓦都与扶余出土之物相似。也就是说，飞鸟寺大体上模仿的是朝鲜的风格。但不同的是，佛塔的基柱上却挂有甲胄和玉。

正如前文所述，佛教的传入关系到了国家存亡，但在佛塔基柱上挂置甲胄的现象仍不多见。

中空的塔内放置中心基柱，令笔者想到了日本坟墓上耸立的树木。虽然这可以看作是日本的要素，但塔内基柱挂置甲胄的做法明显是不属于日本的。当时的朝廷以置有甲胄的塔作为国家中心，这种思想令笔者感到十分意外。

不过，也正是由于这种对传统的坚持，使得 ASUKA 的安宁有了自己的实体。

以上的思想、缘由是目前笔者认为 ASUKA 是无忧之地的原因。此外，在《万叶集》中，ASUKA 也多是乐土的形象。

特别是山部赤人所描绘的 ASUKA，简直就是跃然于画纸之上的乐土。他在攀登神岳山时所咏的万叶歌（卷三，歌 0324、歌 0325）充分证明了 ASUKA 就是乐土。这些万叶歌表达的不是对人的爱恋，而是对 ASUKA 的爱恋。山部赤人沉浸在乡愁之中，不禁潸然泪下，感慨乐土 ASUKA 竟变得如此荒芜。

（浙江工商大学东方语言文化学院硕士研究生黄晖译）

长屋王传和东亚文化交流

辰巳正明[*]

一、前言

长屋王是高市皇子之子，天武天皇之孙。奈良初期，他作为文人宰相，位居左大臣，但由于与藤原氏抗争引发长屋王事件，终至被迫同妻儿结束生命。长屋王的事件大体如下：

①（圣武天皇神龟六年）二月辛未（10日）。左京人从七位下漆部造君足、无位中臣宫处连东人等告密，称左大臣正二位长屋王私学左道，欲倾国家。其夜，遣使固守三关。因遣式部卿从三位藤原朝臣宇合、卫门佐从五位下佐味朝臣虫麻吕、左卫士佐外从五位下津嶋朝臣家道、右卫士佐外从五位下纪朝臣佐比物等，将六卫兵，围长屋王宅。

②癸酉（12日）。令王自尽。其室二品吉备内亲王，男从四位下膳夫王、无位桑田王、葛木王、钩取王等，同亦自尽。

③甲戌（13日）。遣使葬长屋王、吉备内亲王尸于生驹山。仍敕曰：吉备内亲王者无罪，宜准例送葬，唯停鼓吹，其家令帐内等并从放免；长屋王者依犯伏诛，虽准罪人，莫丑其葬矣。长屋王，天武天皇之孙、高市亲王之子也，吉备内亲王日并皇子尊之皇女也。

④丙子（15日）。敕曰：左大臣正二位长屋王，忍戾昏凶，触途则著，尽愿穷奸，顿陷疏网。刈夷奸党，除灭贼恶，宜国司莫令有众。[1]

上述引文意为：神龟六年（729）二月十日，左大臣长屋王被告密学习左道，欲颠覆国家。于是天皇立刻关闭三关（铃鹿关、不

[*] 日本国学院大学教授。

[1]《新订增补国史大系：续日本纪》，吉川弘文馆，1968年。

破关、爱发关），并任命藤原宇合为指挥官包围长屋王宅。十二日，长屋王被迫自杀，其妻（吉备内亲王）和孩子也被逼自尽。翌日，长屋王被葬于生马山。诏敕曰：其妻吉备内亲王无罪，应按惯例送葬；长屋王虽为罪人，但也不能草率下葬。但是时至十五日，天皇再次颁诏，宣布长屋王是凶恶之王，利用天皇宽松的管制，十分忤逆，已予诛灭此类恶人，格杀勿论。

据此史料，长屋王因学习左道、制定颠覆国家的计划而自取灭亡。但是，这是来源于密报的内容。并且天皇立即关闭三关，派遣左右卫府的士兵（都守护的全军）包围王宅，任命藤原四氏的长子武智麻吕为调查官，进入王宅迫其自尽。这一系列措施手法之精良，可以推断做了周密的策划。总之，如此逝去的长屋王，长时间被传为暴戾宰相，后被埋没在日本历史中。但是，如果追溯长屋王的一生，可以看到其作为文人宰相的国际视野。他在自家宅邸邀请文人举行品诗会，慰问来自新罗的大使，召开送别诗宴。此外，他还有虔诚的佛教信仰，甚至给鉴真和尚创造了来日本的契机。因此，长屋王传是反映了历史事实，还是长屋王派与藤原派斗争之产物？长屋王作为古代日本历史上的文人宰相，虽然描绘了与国际社会交流的梦想，却在政治抗争中受挫，被遗忘在历史的角落中。笔者希望本文能够重新让长屋王返回到国际交流的舞台。

二、长屋王和古代汉诗文化

汉字自百济传入古代日本后，汉诗文化初次在日本开花结果是在近江朝时代（662 — 671）。日本首部汉诗集《怀风藻》（完成于751年）序文载：

淡海先帝之受命也，恢开帝业，弘阐皇猷，道格乾坤，功光宇宙。既而以为调风化俗，莫尚于文；润德光身，孰先于学。爰则建庠序，微茂才，定五礼，兴百度。宪章法则，规模弘远，夐古以来，未之有也。于是三阶平焕，四海殷昌，疏纣无为，岩廊多暇。旋招文学之士，时开置醴之游。当此之际，宸瀚垂文，贤臣献颂。

雕章丽笔，非唯百篇。[1]

政治得到改革、法律风俗得到整顿，天皇召集文人举行"置醴之游"，天皇示文，贤臣献颂，形成君臣唱和的场面。在这里，诗歌不仅带来君臣和乐的气氛，同时也预示着日本汉诗开始起步。但是遗憾的是，近江朝的汉诗在壬申之乱中化为灰烬，现在残存的只有大友皇子的两首五言诗。

长屋王现存的汉诗有以下三首：

《元日宴应诏》（五言）、《于宝宅宴新罗客赋得烟字》一首（五言）、《初春于作宝楼置酒》（五言）。

另，参加长屋王邸（作宝楼）诗会的诗人和作品如下：

境部王（治部卿）：《宴长王宅》一首（五言）；

田中朝臣清足（备前手）：《晚秋于长屋王宅宴》一首（五言）；

百济公和麻吕（但马守）：《初春于左仆射长王宅宴》（五言）；

箭集宿祢虫麻吕（大学头）：《春日于左仆射长王宅宴》（五言）；

大津连首（阴阳头）：《春日于左仆射长王宅宴》（五言）；

藤原宇合（式部卿）：《秋日于左仆射长王宅宴》（七言）；

盐谷连古麻吕（大学头）：《春日于左仆射长屋王宅宴》（五言）。

新罗使节来日及归国之时，长屋王都要在自家的宅邸召开诗宴。参加诗宴的诗人及其作品如下：

[1] 辰巳正明：《怀风藻全注释》，笠间书院，2012年。

山田史三方（大学头）：《秋日于长王宅宴新罗客（并序）》一首（五言）；

背奈王行文（大学助）：《秋日于长王宅宴新罗客赋得风字》一首（五言）；

调忌寸古麻吕（皇太子学士）：《初秋于长王宅宴新罗客》（五言）；

刀利宣令：《秋日于长王宅宴新罗客赋得稀字》一首（五言）；

下毛野朝臣虫麻吕（大学助）：《秋日于长王宅宴新罗客赋得前字（并序）》一首（五言）；

阿倍朝臣广庭（中纳言兼权造长官）：《秋日于长王宅宴新罗客赋得流字》（五言）；

百济公和麻吕（但马守）：《秋日于长王宅宴新罗客赋得时字》（五言）；

吉田连宜（图书头）：《秋日于长王宅宴新罗客赋得秋字》（五言）；

藤原朝臣总前（左大臣）：《秋日于长王宅宴新罗客赋得难字》（五言）。

由此，长屋王作的三首诗，长屋王宅诗宴上的七首诗，长屋王宅宴请新罗使节时的九首饯宴诗，共计19首，组成长屋王以及相关文人的诗群。其中，应邀参加新罗使节饯别宴的诗人——山田三方、背奈行文、调古麻吕、刀利宣令、百济和麻吕、吉田宜均自朝鲜半岛渡来。因为是招待来自朝鲜半岛使节的饯别宴，因此，可以感受到长屋王犒劳使节的心意，更可以看到长屋王的国际视野。

长屋王的汉诗流传至今的是以下三首：

元日宴应诏
年光泛仙御，月色照上春。

玄圃梅已故，紫庭桃欲新。

柳系入歌曲，兰芳染舞巾。

于焉三元节，共悦望云仁。

于宝宅宴新罗客赋得烟字一首

高旻开远照，遥岭霭浮烟。

有爱金襴赏，无疲风月筵。

桂山馀景下，菊浦落霞鲜。

莫谓沧波隔，长为壮士篇。

初春于作宝楼置酒

景丽金谷室，年开积草春。

松烟双吐翠，樱柳分含新。

岳高暗云路，鱼惊乱藻滨。

激泉移舞袖，流声韵松筠。

    第一首是新年宴会的应诏诗，第二首为新罗使节饯宴诗，第三首是在自家宅邸作宝楼的诗宴诗。新年宫廷仪式于文武天皇大宝元年（701）被调整为正月贺正礼。新年的应诏诗仅存《怀风藻》中藤原史的五言诗《元日应诏》。它与长屋王的诗题相同。虽然不清楚当时新年贺正礼之后是否正式举行诗宴，但这两首诗在研究正月礼仪时，具有重要的地位。长屋王第一首诗中的"三元节"，典出《荆楚岁时记》"正月一日是三元之日也"，或许在同一场所创作[1]，以及"长幼悉正衣冠，以次拜贺，进椒柏酒，饮桃汤、屠苏酒"。由此可以看出是民间的正月风俗。《乐府诗集·燕射歌辞·晋四厢乐歌》中便以"朝元日，宾王庭"[2]记述元日宫廷宴的召开；而《燕射歌辞》中有《正旦大会行礼歌》和《上寿酒歌》，皆是在元日贺正礼宫廷宴上吟咏的祝贺诗。由此可见，古代日本的元日

---

[1]《荆楚岁时记·清嘉录·熙朝乐事·小窗别纪》，汲古书院，《和刻本汉籍随笔集》第一辑，1974 年。

[2]（宋）郭茂倩编：《乐府诗集》，台湾中华书局，1997 年。

仪式亦传承中国的贺正礼和元日宴。长屋王应诏参加元日宴。他吟道：新春的情趣已溢满庭院，天皇的御花园宛如仙境，三元之节，能凝望恰似昔日尧帝的云朵。歌中表达了君臣共悦的心情。

第二首《于宝宅宴新罗客赋得烟字一首》，是长屋王在其宅邸——作宝楼宴请新罗使者以示友好的诗作。作宝楼聚集了众多文人墨客，尤以外来移民诗人居多。一句"有爱金襕赏"，便表达出欲与新罗使者结下金兰般友情的心愿。而这份友情就存在于这庭园美景之中。自白村江之战（663）以来，日本和新罗两国关系一度跌入冰点，而今似乎有回暖的趋势，多愿能再次构筑昔日般深厚的关系。诗中寄托了长屋王的美好愿望，而这愿望中亦显现出长屋王的国际意识。诚然，使者们历经骇浪远道而来，长屋王深感其中的艰辛，故吟作"莫谓沧波隔，长为壮士篇"，建议暂且忘却沧海的隔阂，重温男士的友情，共同作诗。长屋王在新罗使节来日时，犒劳他们路途的艰辛；在他们归国之际，举办饯别会。在古代日本国际交流史上，这是首次用以诗会友的方式，来加深两国间的友情。

第三首《初春于作宝楼置酒》，是长屋王在其别墅举办的季节性诗宴中的一首。上述诗中可见晚秋、初春、春、春日、秋日等诗题，可知王邸诗宴蕴含着丰富的季节性。诗中"金谷室"是指晋朝石崇建造的金谷园。石崇是有名的大富翁，他斥资修建金谷园，聚集时贤召开诗会，金谷园以此闻名。此诗以石崇的金谷园为引，描绘自家宅邸庭园之美，勾勒初春景象。从"年开积草春"一句大抵可推断：诗题中"初春"应指立春之日，在天皇贺正礼结束后，长屋王在傍晚邀请诗人做客作宝楼，举办元日诗宴。王邸的初春诗宴，对诗人们而言，是继天皇初春宴后的又一大盛宴。而能有幸参加这场诗宴，对文人墨客们来说，想必一定是莫大的荣誉吧。

可以说，长屋王邸聚集文人墨客，具有文艺沙龙的色彩。别墅作宝楼附有庭园，为诗人们吟诗之文化场所。而四季宴之时，诗人们就于此庭园享受美景，吟诗作赋。由此可知，长屋王既是一名文人宰相，又是当时具有国际意识的政治家。

三、长屋王的偈语与鉴真和尚来日之缘

二十多年前，在平城京遗址中发现了长屋王旧址，从中出土了大量的当年的木简。其中有"长屋亲王宫鲍大赞十篇"。"亲王"是仅对天皇兄弟及皇子的称号，"大赞"是天皇用膳的特定词汇——故有人推断长屋王虽贵为亲王，却可能试图利用权力觊觎皇位。长屋王事件发生时，圣武天皇下诏痛斥长屋王"忍戾昏凶，触途则著，尽慝穷奸，顿陷疎网"。一纸诏书，长屋王沦为古代大逆不道之王，而"亲王木简"的出土，进一步加深了长屋王事件的谜团。《日本灵异记》之《恃己高德刑贱形沙弥以现得恶死缘》（中卷第一篇）中记载：在大法会中，卑贱的沙弥捧钵欲受食之际，长屋王嫌其肮脏，便用玉笏打破了沙弥的脑袋。沙弥头部鲜血直流，含恨离开。传言长屋王因此遭到报应，被处以死刑。书中还记载：天皇下令弃长屋王尸骸于城外，焚其尸骨欲撒入河海之际，长屋王的恶灵显现，致百姓中出现众多死者，故天皇不得不施以援手。可见长屋王死后，在佛教因果报应思想的影响下，被彻底贬为恶王。

其实遭此般贬低的长屋王，是一位虔诚的佛教信徒。和铜五年（712）和神龟五年（728），长屋王曾两度手抄玄奘所译《大般若波罗蜜多经》六百卷，即"长屋王愿经"。"和铜经"（《和铜五年长屋王发愿大般若经》）是为文武天皇（圣武天皇之父）祈求冥福而抄写，跋文中写有"长屋殿下"一语。"神龟经"（《神龟五年长屋王发愿大般若经》）写于五月五日，而长屋王事件便发生于九个月之后，即神龟六年二月。"神龟经"跋文以"佛弟子长王"为始，具体内容如下：

神龟五年岁次戊辰五月十五日

佛弟子长王，至诚发愿，奉写大般若经一部六百卷。其经乃行行列华文，句句含深义。读诵者蠲邪去恶，批阅者纳福臻荣。以此善业，奉资登仙二尊神灵，各随本愿往生上天。顶礼弥勒，游戏净域，面奉弥陀，并听闻正法。俱悟无生忍，又以此善根，仰资现御禹天皇并开辟以来代代帝皇，三宝覆护，百灵影卫。现在者争荣于五岳，保寿于千龄。登仙者生净国，升天上闻法悟道，修善成觉。三界含识，六趣禀灵，无愿不遂，有心必获明矣。因果达焉罪福，六度因满，四智果圆。[1]

　　长屋王奉写经书的目的，一是祈愿父母能往生极乐净土，二是祈祷圣武天皇平安并供奉历代天皇。他悟得世间善恶终有报的佛法，希望众人能从中大彻大悟，便通过奉写《大般若经》六百卷这一善举以示众人。彼时儒教、道教、佛教三大教相互交融，相互竞争，并走向了三教融合。而且，当时神仙思想有很大的影响力。从经书里记载的"登仙二尊神灵"、"登仙者"等可以看出，当时已经有了人死后会羽化登仙的观念，这体现了佛教极乐往生和登仙这一思想的融合。

　　值得一提的是，长屋王因学习左道，被冠以谋反之名，最后自尽的人生经历和中国汉代的淮南王刘安颇为相似。刘安为汉高祖刘邦之孙，喜好文学，常召集许多道士举办文化沙龙，学习当时被视为是"异端"的道术和神仙道，并著有《淮南子》一书。最后被诬陷意图造反，被迫自尽。罪称其无视法度，欺诈并迷惑天下，妖言惑众。这些亦即"左道"（《礼记·王制》），故被诬陷并冠以谋反之罪被迫自尽。据《神仙传》记载，刘安一心求道，服用丹药后便化为尸解仙上天。但为防止后人仿效刘安，疏于公务，耽于求道，史书只记载了刘安获罪自杀。此外，传说刘安升天时把剩下丹药给庭院的鸡狗服食，如今空中仍能听到鸡狗鸣叫的声音。高祖之孙、文人雅士、神仙道术、异端学习，这是对淮南王刘安的评价，其命运与长屋王惊人地相似，二人皆因学习"旁门左道"而被诬陷意图谋反，最后被迫自尽。可见，和刘安办的文化沙龙一样，在长屋王宅邸举办的文化沙龙上，诗人、文人、学者、阴阳家们共聚一堂，在自由愉快的气氛中共同探讨了三大教和神仙道。

　　以上便是长屋王奉写《大般若经》的寓意，另一方面，他对佛教有很浓厚的兴趣，这也是众所周知的。在王家木简[2]中发现了写着"药师处"、"观世音寺藏唯口"、"佛造帐内"、"佛造司"等残简，可推测府邸

---

[1] 竹内理三编：《宁乐遗文》中卷，东京堂，1968 年。
[2] 奈良国立文化财研究所编：《平城京长屋王邸宅和木简》，吉川弘文馆，1991 年。

里曾设有与佛教有关的部门。可见长屋王已有招纳唐朝僧人的计划。据记录鉴真访日的《唐大和上东征传》载：

> 日本国长屋王崇敬佛法，造千袈裟弃施此国大德众僧。其袈裟缘上绣著四句曰：山川异域，风月共天。寄诸佛子，共结来缘。以此思量，诚是佛法兴隆有缘之国。[1]

当长屋王委托第七次与第八次出使唐朝的遣唐使，望其将千条袈裟赠予唐朝高僧，并传达来日的愿望，鉴真有幸得到袈裟，认为日本是"佛法兴隆有缘之国"，于是决心远渡日本。当时在日本若要成为僧人，大多自己剃度修行，而圣武天皇却一直苦寻已皈依佛门的得道高僧。当时鉴真在唐朝已是远近闻名的戒律高僧，因此弟子们百般劝阻他不要远渡日本。但鉴真却说"为是法事也，何惜身命"，不顾弟子们反对，执意渡日。此后，他先后五次渡日，却都以失败告终。第六次渡日时，双目失明，但终于踏上了日本的土地。鉴真渡日这一段佳话广为人知，但更重要的是，长屋王在袈裟上绣上的四句诗赠予唐朝高僧，为鉴真渡日创造了契机，这是与建立东大寺戒坛院有关的重大功绩，同时也给日本佛教带来了深远的影响。《全唐诗》（第 11 函第 3 册）收录如下：

长屋日本相国也诗一首

绣袈裟衣缘　明皇时，长屋尝遣千袈裟，绣偈于衣缘，来施中华。真公因泛海至彼国传法焉。

山川异域，风月同天。寄诸佛子，共来结缘。[2]

据传宣宗皇帝（明皇）时，长屋王将"偈"绣于千条袈裟上，并赠予唐朝僧人。鉴真公有幸得之，决心渡海赴日宣扬佛法。正如上文将四句诗称为"偈"一样，四字四句为偈颂的形式。在佛经中，"偈"是遵循诗体，赞美佛教的歌颂。袈裟上的"偈"是希望能与唐朝僧人共结佛

[1]《大正新修大藏经》第五十一卷《史传部三》，大正新修大藏经刊行会，1928 年。
[2]《全唐诗》，上海古籍出版社，1986 年。

缘的期盼。此外，《宋高僧传》的《唐扬州大云寺鉴真传》中也有类似于《东征传》的记载：

> 悉闻南岳思禅师生彼为国王兴隆佛法，是乎！又闻彼国长屋曾造千袈裟来施中华名德。复于衣缘绣偈云：山川异域，风月同天。寄诸佛子，共来结缘。以此思之诚是佛法有缘之地也，默许行焉。所言长屋者则相国也。[1]

这里也把这四句诗称为"偈云"，可以说长屋王这句偈打动了鉴真的内心。长屋王渴望学习新佛法的呼唤——"共结来缘"与鉴真"佛法有缘之地"相呼应，就这样奠定了日本戒律的基础。

四、结语

奈良初期的文人宰相、左大臣长屋王，因学习左道被诬陷造反，最后被迫自尽。此后的佛教说话集《日本灵异记》中如此记载长屋王，称他是一个殴打僧人，并且自视甚高的亲王。但是，无论是在政治上，还是佛教上都被驱逐抹杀的长屋王，在事发九个月前，奉写了《大般若经》六百卷，为父母往生极乐净土、为圣武天皇平安祈愿，并供奉了历代天皇。正因为他对佛教如此热忱，所以才自称为"佛弟子"。若是长屋王的四句诗促使鉴真渡日的话，那么可以肯定这四句诗定是触动了鉴真的内心。

归纳长屋王的功绩，一为聚集诗人、文人在作宝楼举办文化沙龙，让奈良时期的汉诗文化得以传承、发展；二是在宅邸宴请新罗使者，举办诗宴，加深了两国的国际交流；三为奉写《大般若经》六百卷，使之作为一个重要的文化遗产流传至今；四为创造了鉴真渡日的契机。时隔三十年第七次派遣遣唐使，长屋王从他们那里得到唐朝的最新信息，这被认为是邀请唐朝高僧来日的开端。第七次派遣遣唐使是在武则天时期，唐朝出现了佛先道后的现象，迎来了佛教的繁荣时期。遣唐使在唐

---

[1]《大正新修大藏经》第五十卷《史传部二》，大正新修大藏经刊行会，1928 年。

朝目睹佛教的繁荣，回国后，在长屋王宅邸的文化沙龙上传达了这一信息[1]。因此，为了在日本创造一个新的佛教时代，长屋王把绣了"偈"的千之袈裟赠予了中国僧人，赠予唐朝僧人袈裟的数量之多，从侧面体现了长屋王对兴盛日本佛教的强烈期盼。综上所述，长屋王对海峡彼岸充满了期待，渴望跨越国境交流佛学，历史上长屋王的故事应该是真实存在的。

（浙江工商大学东方语言文化学院硕士研究生
麻思宇、侯惠迪、朱百慧译）

---

[1]《万叶集》口的诗人山上忆良也曾搭乘第七次遣唐使的船只，忆良回国后于神龟元年，参加了长屋王举办的七夕诗宴，并吟咏了一首七夕歌。

东亚汉文小说的汉字学研究[*]

王晓平^{**}

一、东亚汉文小说保留了各国丰富的汉字字形资料

东亚汉文小说中保留了丰富的汉字字形资料，这种丰富性主要是源于汉文小说俗书性质、内容的庞杂性、作者用字的随意性以及写本的流传方式。

首先，汉文小说有别于正统诗文，是对文字要求最为宽松的文体。唐颜元孙撰《干禄字书》，将字分为三类，即籍账、文案、券契、药方等庶民日常文体使用的俗字，表奏、笺启、尺牍、判状等民间、官方通用文体使用的通字，以及著述文章、对策、碑碣和进士考试等在重要场合使用的正字。在古代东亚，小说多属于俗书，也就是属于颜元孙所说的第一类，其中俗字众多也就不足为怪了。同时，能够刊印传世的小说不过九牛一毛，大量的小说抄本在下层知识分子中流传，也是相当普遍的现象。现存写本绝大多数是重抄本，虽历经淘汰，得以保存至今的大多极其珍贵，但各种写本、重抄本的制作者汉文水准参差不齐、书写时求快求便，因而文字驳杂、乱相丛生也就在所难免。宋元明清小说戏剧传本多俗字，刘复、李家瑞所编《宋元以来俗字谱》字形主要采自这些书。受宋元以来俗文学影响很大的东亚汉文小说也就不免同情同理。

然而从另一方面说，这些书又是最真实地呈现当时民间流传状态的资料，较之后两种文献来说，俗字也最为丰富，从总体上说，汉字资料也就更为完备多样。可以说，不论是研究汉字的传播史，还是周边国家的汉字，这些汉文小说资料都是需要格外予以关注的。

从 20 世纪以来，受到敦煌写卷研究兴起的启示，有一些学者开始

* 本文为国家社科基金重大项目"东亚汉文小说整理与研究"（13&ZD113）的阶段性研究成果。
** 王晓平，天津师范大学文学院院教授、博士生导师。

对韩国俗字展开初步研究。金荣华编《韩国俗字谱》[1]所收录的大量字形，就出自汉文小说。从另一方面说，由于汉文小说中的俗字很多不见于历代字书，所以，如果把汉文小说中的文字资料放在一边，那么也就很难完整反映韩国的文字全貌。近来，中国学者吕浩所著《韩国汉文古文献异形字研究》[2]，为中国学者系统研究韩国汉字的开拓性成果之一，其收录的字形主要出自各类字书。如果以此来对照就会发现，汉文小说中出现的很多字形，在书中并无踪迹。

例如，"樂"字，该书只收录了"楽"、"楽"等几种字形。而金万重所著《九云梦》一书中，"樂"多有作"挙"者："然兄是后来之客，虽作诗可也，不作亦可也。与吾辈饮酒洽好矣，仍促传巡杯，使满坐诸妓迭奏众挙。"[3]

凡"樂"之部件，均可作"挙"。"藥"作"萃"（"性真即入，见到处士戴葛巾，穿野服，坐于中堂，对炉火煎萃，香臭霭霭然袭衣。"[4]）、"爍"作"煠"（"忽有异香掠鼻而迅，既非兰麝之薰，亦非花卉之馥，而精神自然震荡，鄙吝倏尔消煠，悠扬荏弱，不可形喻。"[5]）。

金万重《九云梦》癸亥本简化俗字尤多。如"罒"简作"曰"，"罪"作"皐"（"伏乞诸佛，俯怜吾两人之心事。世世生生俾免为女子之身，消前生之皐。"[6]）。

"夫"作"文"，"贊（赞）"作"贅"（"玉燕以地之远，虽未得见，南来之人，无不称贅，可知其决非虚名。"[7]）、"潜"作"濳"（"弟恐兄迷而不悟，祸将不测，濳以杜真人逐鬼之符置于兄束发之间，而兄醉倒不省矣。"[8]）、"輦"作"篜"（"上览之叹曰：'孝哉！杨少游也。'特赐黄金千斤，綵帛八百匹，皈为老母寿，且令篜母遄返。"[9]）。

[1] 金荣华：《韩国俗字谱》，亚细亚文化社，1986 年。
[2] 吕浩：《韩国汉文古文献异形字研究》，上海人民出版社，2013 年。
[3] 金万重：《古本小说集成·九云梦》，上海古籍出版社，1981 年。
[4] 金万重：《古本小说集成·九云梦》，第 19 页。
[5] 金万重：《古本小说集成·九云梦》，第 8 页。
[6] 金万重：《古本小说集成·九云梦》，第 194 页。
[7] 金万重：《古本小说集成·九云梦》，第 54 页。
[8] 金万重：《古本小说集成·九云梦》，第 111—112 页。
[9] 金万重：《古本小说集成·九云梦》，第 268 页。

根据对以上俗字部件的分析，我们不难对释录作些纠谬工作。例如："丞相云：'我未得其详，娘子负则以此事替为古谈，而说与我也。'"[1]"替"，丁奎福《九云梦研究》录作"替"[2]，误。"替为古谈"，颇费解。窃以为"替"乃"赞"字之讹。原本"赞"字上部简化为"交"，字作"赞"，尾部脱落，故与"替"字同形。据文意，当为"赞"。

其次，汉文小说内容的庞杂性，也是形成字形丰富的因素。广义的汉文小说，可以包括汉文撰写的全部叙事文字。既有百字短文，写一人一事，堪称微型小说或小小说，也有人物众多、情节跌宕的长篇巨制，既有史传、志怪、志人、假传、本事等粗陈梗概的类型，也有言情、战争、历史演义等类型，涉及社会生活十分广阔，其中有一些是正统诗文不太触及的下层日常生活。三教九流，异境他国，无所不包；天上人间，牛鬼蛇神，无所不有。不仅需要大量的汉字来表述，而且有时还要根据内容的需要创造一些新汉字来表述特有文化空间的生活。日本汉文小说的写本与刻本，保留了相当丰富的字形资料。宽文八年京都洛阳小川林和泉掾刊行本《史馆茗话》[3]多俗字，如卩阝相混（如"抑"作"抑"、"御"作"御"，"卿"作"卿"）、刀力相混（如"分"作"分"、"协"作"协"），艹灬相混（如"莞"作"莞"）、方口相混（如"邊"作"邊"）、歹夕相混（如"列"作"列"）、易昜相混（如"易"作"易"）、月目相混（如"消"作"消"）、日月相混（如"渭"作"渭"、"謂"作"謂"）、氺小相混（如"泰"作"泰"）、夫关相混（"泰"作"恭"）、刂寸相混（"冠"作"冠"）、曰田相混（如"璋"作"璋"）、矛弟相混（如"橘"作"橘"）、米采相混（如"繙"作"繙"）、口日相混（如"踏"作"踏"）等。这些都反映了江户时代汉书书写的较为普遍的现象，太宰春台《倭楷正讹》[4]对日本汉字书写的讹误曾有相关论述。

汉文小说作者用字的随意性也表现在多个方面。游戏笔墨的态度，炫耀才学的冲动，不拘一格的写法，使得很多汉文小说中随意夹杂着古

---

[1] 金万重：《古本小说集成·九云梦》，第 256 页。

[2] 丁奎福：《九云梦研究》，高丽大学出版部，1974 年，第 448 页。

[3] 本间洋一编：《史馆茗话》，新典社，1997 年。

[4] 太宰春台：《倭楷正讹》，种玉堂，1766 年。

字、假借字、地域性很强的字，甚至专为某些特殊场合生造的字。

写本的传播方式，也是决定字形多样的原因。古代汉文小说的流传，写本或称手抄本功不可没。正是凭借这些写本，不仅这些作品在当时赢得了众多读者，而且使得众多有名或名不见经传的作者的一时之作能够保存至今，成为那一时代人们精神生活的写照启迪后人。从中国文化的传播与接受来看，汉文小说写本的资料，成为东亚各国文化互通互鉴的教材，也是当今构建东亚新文化可以互读互用的资源。汉文小说的抄写与传播，对于周边各国文化来说，还别有一番意味。对他们来说，汉文是非日常生活语言，而汉文抄写本身，则是一种复杂的思维活动与细腻的肢体活动，抄写不仅是复制了一个新写本，而且也将抄写者的思维活动和肢体活动的痕迹留在了这个新写本上，也就是说各种原本、重抄本、再抄本，以及不同时代、不同个人制造的写本的比较研究，会为我们提供丰富的有关那一时代的文字、语言、观念的信息，其中特别值得重视的，就是其中的汉字信息。如果要考察汉字在这些国家的传播与演化，就不能不对这些写本加以重点研究。

二、加强汉字研究，有助于东亚汉文小说的准确识读

东亚各国正统诗文受到历代官方与文人的重视，有些反复刊刻，历经研读，流传广泛，而多数汉文小说却并没有这样幸运，它们中能够刊行的比重不大，很多甚至只有抄本在小范围被阅读过，更不用说有人给它们做校勘、注释了。因而，今天的东亚汉文小说研究必须从校注整理开始。这一工作，就不能没有汉字学的介入。

汉文小说汉字研究的任务，首先就是要破解文字校勘中的难题。《怀风藻》中的作者小传和《万叶集》中的部分汉文序，是日本最早的叙事文学之一，也可以说是日本汉文小说的滥觞。这些小传和汉文序也有一些不符合汉文规范的表述方式，或者是不见于中国典籍的词语。历来的研究者对这些从中国典籍中找不到原典的字词，往往从作者汉文欠佳或者是汉文日本化即所谓"和习"去找说法。然而，如果换一种思路去考虑这个问题，却可能提出新的解释。正因为那时的作者汉文掌握并不那么纯熟，他们反而格外愿意使用那些在中国典籍中有依据的词句或方式

东亚文化比较研究

加以模仿，而不会轻易采用了无来处的表述方式，也就是说，他们并不是那么热衷于创造自己的语汇，这与后世的作者有显著的不同。那么，为什么会出现一些今天看来读不通或者没有原典的词语呢？可以肯定，其中有一部分正是早先写本流传"惹的祸"。

试举两例。卷第十六《有由缘並杂歌》序："昔者有娘子，字曰樱儿也。于时有二壮士，共誂此娘子，捐生拓竞，贪死相敌。于是娘子歔歐曰：'从古来今，未闻未见一女之身，往适二门矣。方今壮士之意，有难和平，不如妾死，相害永息。'尔乃寻入林中，悬树经死。其两壮士，不敢哀恸，血泣涟襟，各陈心绪，作歌二首。"[1]文中的"拓"，一般作"击，格斗"讲。《说文·手部》："拓，击也。"宋王观国："史书言格杀、格斗者，当用从手之'拓'，而亦或用从木之'格'。如《汉书·子虚赋》用从木之'格'，盖古人于从木、从手之字，多通用之。"将"拓竞"解释为"格斗，竞争"，固似可通，然"格竞"一语，不知何据，且与前后文连在一起来看，也有不协之感。盖"捐生拓竞，贪死相敌"，本为对句，"捐生"对"贪死"，若"拓"作"各"，则"各竞"对"相敌"，则十分工稳。"各"，各自，双方；"相"，相互，交相。这里是说两者互不相让，拼死相斗。或因承前"捐"字影响，抄写者为"各"字妄增"扌"旁，致使后来人望文生义。俞樾《古书疑义举例》有"字因上下相涉而加偏旁例"，说："字有本无偏旁，因与上下相涉而误加者。"[2]"各"变为"拓"，可列入此例。

又如卷第十六 3821 和歌后注文："右时有娘子，姓尺度氏也。此娘子不听高姓美人之所誂，应许下姓媿士之所誂也。于是儿部女王作此歌嗤彼愚也。"[3]"媿士"一词，即"醜士"。小岛宪之本《万叶集》校注："醜，音キ，羞愧之意，而此处通'醜'，意为难看。"[4]此说可从。不过为何"媿"通"醜"，尚需求证。"酉"部草书笔势如"ゐ"，"女"部草书笔势如"め"。一般情况下当不会混淆，但"ゐ"字下部连写时相交部过窄时，也很容易被看成"め"。

[1] 鹤久、森山隆编：《万叶集》，樱枫社，1988 年，第 489 页。

[2] （清）俞樾等：《古书疑义举例五种》，中华书局，1983 年，第 146 页。

[3] 鹤久、森山隆编：《万叶集》，第 496 页。

[4] 小岛宪之、木下正俊、东野治之校注、译：《万叶集》4，小学馆，2004 年，第 111 页。

韩国汉文小说不少以写本流传，其以刻本传世者，也多根据写本整理而成。在对这些写本和刻本进行校注时，也不能不充分考虑原本在传抄过程中出现的讹书。这是因为传抄者与原作者知识结构完全对称的情况实为罕见，这恰如翻译者与原作者之间存在知识鸿沟一样，而面对原本不够清晰无法正确理解的字句，传抄者仍然要根据对原本的理解照搬下来，这也恰同"译"即意味着"讹"一样。看清传抄者与原作者知识结构的鸿沟，尽可能恢复原本的"原生态"，便成为后世研究者的任务之一。

金万重《九云梦》癸亥本中出现了"公麽"一词："洞庭龙女与少游有三生宿缘，即天宫之好，簿真人之所知也。我不过顺天命也，奉天教也。公麽鳞虫，何无礼若是也。"[1]"公麽"，《九云梦研究》与《韩国汉文小说全集》均录作"么麽"，不误。微不足道的人；小人。《鹖冠子·道端》："无道之君，任用么麽"陆佃解："么，细人，俊雄之反。"《三国志·吴志·吴主传》："而觑么麽，寻丕凶蹟。"《明史·杨涟传》："何为受制幺麽小魋，令中外大小惴惴莫必其命？"明刻本中的"公"字乃"么"字之讹。"么麽"亦作"幺麽"，"幺"同"么"。辻达《史馆茗话序》："逮于王纲解纽，世道幺麽，文章与时隆污，至于禅林风月之徒，窃执其柄，以为己业，不亦异乎？"[2]此文中的"幺麽"，非就人言，而是言世道不足称。

又如，《九云梦》中如下一节中的"磼"字："翰林性本好奇，闻之欣喜曰：'天下无神仙则已，若有之，则只在此山中矣。'方振衣欲赏，忽见郑生家僮，家僮流汗而来，喘促而言曰：'娘子患候猝磼，走请郎君矣。'"[3]"猝磼"，《九云梦研究》和《韩国汉文小说全集》均作"猝瓵"，误。《康熙字典》："瓵，《广韵》：'胡南切。'《集韵》；'胡南切，并音含，似瓶有耳。'《类篇》：'瓵瓵，小缾。'又《集韵》：'姑南切，音甘。器敛口者。'""瓵"为器物，"猝瓵"则不可解。

"猝磼"，即"猝颔"。"磼"为"颔"之增笔字。"颔"，极度疲倦。

[1] 金万重：《古本小说集成·九云梦》，第181页。
[2] 本间洋一编：《史馆茗话》，第93页。
[3] 金万重：《古本小说集成·九云梦》，第92页。

《说文·人部》："佝，微佝受屈也。"清段玉裁注："《子虚赋》曰：'微ಮ受屈。'郭璞曰：'ಮ，疲极也。'司马彪云：'微，遮也。ಮ，倦也。谓遮其倦者。'按长卿用假借字作ಮ，许用正字作佝。"上文中的"猝ಮ"，就是突然疲困，顿感不适。

东亚汉文小说中，有些涉及汉字的内容，更需要通过汉字研究来阐释。《史馆茗话》第 87 则载：

> 宋朝《类苑》引杨文公《谈苑》曰："景德三年，日本僧寂昭入贡。其后，南海商船传国王弟野人若愚、左大臣藤道长、治部卿源从英寄寂昭书三篇，其书皆二王之迹，而若愚特妙，中土能书者亦鲜能及"云云。《书史会要》亦载之。若愚，未详其何人。惺窝先生以为具平亲王之匿名乎，以其时代考之，则若其然乎？景德当我宽弘年中，此时无曰"源从英"者，而源俊贤为治部卿，"从英"盖其草书"俊贤"二字之转而误写者乎？[1]

宋代《皇朝类苑》所引《谈苑》中出现的日本书法家"源从英"，不见于日本文献，而《史馆茗话》的作者之一的林鹅峰推测，可能是传写之误。那么，为什么林鹅峰会认为，"从英"可能为"俊贤"二字的草书误写呢？"从"（從）与"俊"草书字形相近，而"贤"俗作"㕙"。《古本小说集·忠烈侠义传》："王爷深敬达人忠正㕙能"[2]（"再者六合王亦是㕙王"[3]"㕙弟，你休要害怕。"[4]）由于"㕙"字与"英"字字形相近，故从草书"俊贤"很容易被看成"从英"，尤其是不识"㕙"字者，更易误认。林鹅峰从草书字形出发，对中日两国典籍流传过程中出现的差异做出自己的解释，正是利用汉字学知识进行考证例证。《异称日本传》提出了另外一种说法："'从英'当作'俊房'，'从'、'俊'字似，'英'、'房'训同，源俊房者。道长公外孙，后号堀川太政大臣，尝著《水左

---

[1] 本间洋一编：《史馆茗话》，第 165－166 页。
[2]《古本小说集成·忠烈侠义传》，上海古籍出版社，1981 年，第 615 页。
[3]《古本小说集成·忠烈侠义传》，第 618 页。
[4]《古本小说集成·忠烈侠义传》，第 1027 页。

记》《夜鹤庭训抄》云。俊房能书榜,妙笔。"[1]此则以音训相同判定"从英"乃"俊房"之讹。究竟孰说为是,尚需进一步考订。

三、东亚汉文小说表现了各国作者品味的汉字之趣

东亚汉文小说,多不关仕途,无补世用,不少属于文人游戏笔墨,是东亚文学"以文为戏"传统的产物。

汉文小说作者有时选用生僻的字来取得奇特的效果。天理大学图书馆藏高冈木一贯孟恕戏著所作汉文笑话集《㖤谭》,题下有注:"《玉篇》云:匹悬切,《音篇》:唾声也。"考《大广益会玉篇》:"㖤,匹玄切,唾声也。"《康熙字典》:"㖤,《玉篇》:'匹悬切。'《音篇》:'唾声也。'"矶部彰子认为:"㖤是啐口水之声,'㖤谭'就是唾弃之语的意思""从'㖤'这个奇异的字中,可以看出作者在表面上的自嘲背后,对于自身的汉文笑话创作力所持有的极强自负心"[2]。浩斋在该书序中还谈到"㖤"有灵㖤、宝㖤、盲㖤、腐㖤。西施之香㖤之说,盖作者之用㖤字,当有多重考虑。㖤从口从不,是一个象声词,略同于现代的"呸",以这样一个俗语词作为小说名,本身是一种创造,给人以极俗的、不严肃的感觉,正与笑话性质相符。

依田学海《谭海》有一篇《丿贯先生》。"丿",音 piě,《说文·丿部》:"丿,右戾也。象左引之形。"段玉裁注:"右戾者。自右而曲于左也……音义略同撇。书家八法谓之掠。"为汉字笔形之一。作者采用这种扭曲的字形,为的是表现主人公的不同凡俗。他的看似离奇的行为,是对享有盛誉的千利休的讽刺,文末说:

> 丿贯尝邀利休点茶。窃凿穿圹于室前丈余,覆以簧,撒土其上。利休陷,衣皆泥,乃惊谢,请浴之,换以新衣。后利休谓人曰:"曩者有期,明者戒余以兹,然不陷其计,是负主好意也。野史氏曰:"丿贯之戏,盖有深意焉。利休不唯不晓之,且以聪明夸

[1] 近藤瓶城编:《新加憧记》第十三,近藤活版所,1901年,第93页。

[2] 张伯伟编:《域外汉籍研究集刊》第八辑,中华书局,2012年,第200页。

人，其见戮，亦宜笑。"[1]

作者肯定的是丿贯有预见的智慧，嘲笑千利休的小聪明，实际上赞美的是不慕荣利的人生哲学。丿这个字看似常见，用来作人名却很罕见，这正是作者要追求的新奇效果。同时，丿的字形又与日语的ノ同，而其发音则近于与英语的否定词，这些都让人凭增联想，也许这种多样联想的不确定性，正是作者所期待的。

汉字的象形特征有时也被用来制造笑料。西田维则遗著、冈白驹编《奇谈一笑》有"仓颉作笑粥字"：

> 仓颉欲制"笑"字，于六义未得比拟，一日，与群臣入朝，班于阶下。忽有一犬戴竹笼出于阶前，群臣见之，皆俱匿笑。仓颉因以得其形象矣。故其字象犬戴竹，今从天者非古。
>
> 又欲制粥字，先为粥请同僚。既及举箸，仓颉出而揖食，同僚起而答之，皆置箸椀上，乃箸与椀缘，为两弓相向状。仓颉见之，即作粥字。故其字米在两弓中。[2]

此外，用拆字来暗示某些事物，以提供某些断案线索的情节，在公案小说、犯罪小说中时有所见。韩国汉文小说中还有用拆字诗来嘲讽贪官，讽喻世相的。如果没有相应的汉字知识，就无法鉴赏这些内容。

四、东亚汉文小说汉字研究与汉字学的扩容与升级

汉字是东亚汉字文化圈各国人民共有的文化遗产。值得注意的是，在中国之外，历史上也曾出现过一些卓越的汉字字书与汉字研究著述。它们不仅保存了一些中国散佚的文字资料，而且也为汉字研究提供了一个跨文化的视角。新世纪以来，中国汉字学研究视野越来越宽，一些域外汉书与研究著述越来越受到研究者的关注，并陆续出版了一些开

[1] 依田学海：《谭海》，凤文馆，1885 年，第 47 页。
[2] 王三庆、庄雅州、陈庆浩、内山知也主编：《日本汉文小说丛刊》第一辑世情类、艳情类、笑话类，学生书局，2003 年，第 396 页。

29

拓性很强的研究著述，如何华珍《日本汉字和汉字词研究》[1]、吕浩《篆隶万象名义研究》[2]《篆隶万象名义校释》[3]《韩国汉文古文献异形字研究》，张磊《〈新撰字镜〉研究》[4]，潘钧《日本汉字的确立及其历史演变》[5]与《日本辞书研究》[6]等，都显示了汉字研究扩容与升级的新动向。

　　不过，上述著述仍属国别汉字研究，对于汉字文化圈整体研究一部分的东亚汉文小说研究来说，还需要并且能够打通各国汉字字书与汉字学研究，利用它们来辨同析异，并参照解决各国汉文小说整理中的语言文字问题。

　　江户时代涌现出一批汉字研究著述，新井白石的《同文通考》对汉字省文的研究颇有见地。"樂"作"条"。新井白石《同文通考·省文》："楽（ラク、カン），樂也。条，同上。凡從藥、櫟等從楽從条，並非。"[7]《九云梦》："但传闻易爽，虚实难副，小女欲因某条，亲见郑氏，其容貌才德，果出于小女之右，则小女屈身仰事；若所见不如所闻，则为妾为仆。"[8]文中的"某条"，即为"某乐"，全句意为借助音乐去接近郑氏，《韩国汉文小说全集》作"某条"，误。

　　又如《九云梦》癸亥本："蟾月顾见翰林，颇有羞涉之态。翰林问曰：'桂娘曾与狄生相亲乎？'"[9]文中的"羞涉"，盖为"羞涩"之误、日本、韩国俗书所谓"品字型"简化字很流行，即有三个相同部件的字，"品"字型排列的，下面两个省作"〻"，"澁"作"渋"，"渋"与"涉"形近，《九云梦》中"羞涩"还有误作"羞瀒"的（"桂卿若不故作娇态，则必有瀒羞之心而然也。"[10]），亦是后人不识"渋"字而妄改。

　　日韩两国汉文小说中多见古字与草书，这应该与小说作者和传抄者

[1] 何华珍：《日本汉字和汉字词研究》，中国社会科学出版社，2004年。

[2] 吕浩：《〈篆隶万象名义〉研究》，上海古籍出版社，2006年。

[3] 吕浩：《〈篆隶万象名义〉校释》，学林出版社，2007年。

[4] 张磊：《〈新撰字镜〉研究》，中国社会科学出版社，2012年。

[5] 潘钧：《日本汉字的确立及其历史演变》，商务印书馆，2013年。

[6] 潘钧：《日语辞书研究》，上海人民出版社，2008年。

[7] 新井白石著、古屋彰解说：《同文通考》，勉诚社，1979年，第296－297页。

[8] 金万重：《古本小说集成·九云梦》，第191页。

[9] 金万重：《古本小说集成·九云梦》，第132页。

[10] 金万重：《古本小说集成·九云梦》，第46页。

写字癖好、习惯有关。喜好晒才学的，提笔思古，喜好写字耍"酷"的，往往多用草书。草书属于"快捷型"，适合于文思泉涌的人，不少俗书正来自草书。字因草书而讹变其体者甚多。张涌泉《汉语俗字研究》（增订本）："草书楷化是简体俗字滋生的主要来源之一。"[1] 草书之个性化同于美感，也是其中深得汉文小说书写者所爱的原因之一。张怀瓘《书断》说："草法简略，省繁录微；译言宣事，如矢应机；霆不暇发，电不及飞；征士已没，道愈光辉；明神在享，其灵有歆；斯艺漫流，终古无绝。"[2] 汉文小说正字中夹杂的众多草书，正是书写者平时书写习惯的自然流露。

有些草书字在明治维新期间的汉文小说中仍偶然出现。成岛柳北（1837 — 1884）《柳桥新志》结尾，有一段文字，回答"设如有人以二千金买此编，不知一字之值几何钱"的问话：

> 一金即一两，通作六十钱。置六千七百廿字为一率，以二千金通银百廿贯文为二率，以一字为三率，求得四率。
>
> 答：一字之值银十七文八分六厘二毛有奇。[3]

文中的"夂"字，即俗书"钱"字。日本《异体字解读字典》所载"钱"字的异体字还有"又"。"夂"与"又"都是俗字"钅"的变形。"钅"字在我国元代便很流行，见于元刊本杂剧。《古今杂剧·新编岳孔目借铁拐李还魂·鲍老儿》："官司将牛马禁，私地里将母猪宰。悬羊头卖犬肉，赖人钅债。"[4]《古今杂剧·新编足本关目张千替救妻岳孔·赏花时》："哥又道不敬豪门只敬礼，不羡钅财只敬德。"[5]《古今杂剧·新刊关目闺怨佳人拜月亭·金盏儿》："嫌这攀蟾折桂做官迟，为那笔尖上发禄晚，见这刀刃上变钅疾。你也待风高学放火，月里做强贼。"[6] 上文中的"钅"，皆为"钱"。《忠烈侠义传》"钱"字皆作"乂"（"赏了轿

---

[1] 张涌泉：《汉语俗字研究》（增订本），商务印书馆，2010 年，第 83 页。
[2] 孟兆臣校释：《书品》，北方文艺出版社，第 101 页。
[3] 成岛有北：《柳桥新誌》，奎章阁，1874 年，末页。
[4] 续编四库全书集部戏剧类《古今杂剧三十种》，第 108 页。
[5] 续编四库全书集部戏剧类《古今杂剧三十种》，第 39 页。
[6] 续编四库全书集部戏剧类《古今杂剧三十种》，第 58 页。

上廿吊乂"[1]；"贵客方便赐我儿几文乂"[2]）"乂"也是"𤣥"的变形。

直到我国近现代，"𤣥"的写法仍然不绝于书。张立华《从手稿阅读原生态胡适》指出，《胡适全集第 18 卷收入的《一个狄克推多》中的四个"出乎"均应作"出钱"，手稿均作"出𤣥"，"𤣥"是"钱"的异体字，因其书写便捷而深受实用问题的喜爱[3]。

宋元戏剧小说中时有俗字满目之书，草书笔画也多见。如"车"字中间部分，多以三横带过，作"丰"。"辄"字作"抾"。这一写法亦见于日本明治时代伴鸥醉渔撰写的《柳桥新志序》："既而墨坨之花，二州之月，绫濑之风，真乳之雪，船必聘妓，楼抾唤酒者，殆将七八年焉。"[4]

钱大昕曾列举一些收于《龙龛手鉴》中的"鄙俗之字"，说它们"妄诞可笑，大约俗僧所为耳"[5]。在各国汉文学小说中都有一些俗僧众流行的字。日本禅僧虎关师炼（1278—1346）于元亨二年（1322）完成的日本最早的僧传《元亨释书》[6]，书中收录了很多佛教故事，特别是卷九之后的感应故事与卷十九愿杂故事，堪称志怪小说汇编，是当前汉文小说研究尚未关注的书。书中的很多写法，源自汉译佛经，也有的融入了日本假名或汉字日语音读的元素。如"释"作"尺"（目录："东大寺法藏　到帝尺宫赞观音像"）、"融"作"虫"（目录："园城寺庆祚　演圆虫三谛救增贺病患"；目录："大原山良忍　劝虫通念佛六时供ミタ不怠命终圣僧七十余人不知来处集从丧觉胜法师"）"变"作"反"（目录："能知他心修八字　文殊庭前大石反成师子迥吼鞍马多闻"）、"弥陀"作"ミタ"（目录："大原山良忍　劝虫通念佛六时供ミタ不怠命终圣僧七十余人不知来处集从丧觉胜法师"；目录："书写山性空　身无蟻虱胸雕ミタ像右拳握针生"；目录："楞严陀信敬　终念ミタ安祥而逝"）等。此外，《日本高僧传要文抄》等汉文小说中也不乏这类与佛教相关的简省字。

[1]《古本小说集成·忠烈侠义传》，第 666 页。

[2]《古本小说集成·忠烈侠义传》，第 719 页。

[3] 张立华：《从手稿阅读原生态胡适——〈胡适手稿〉编后》，《中华读书报》2014 年 9 月 24 日第 14 版。

[4] 成岛有北：《柳桥新志》，第 1 页。

[5]（清）钱大昕著，杨勇军整理：《十驾斋养新录》，上海书店出版社，2011 年，第 79 页。

[6] 黑板胜美、国史大系编修会：《国史大系》第三十一卷《日本高僧传要文抄·元亨释书》，吉川弘文馆，1965 年。

它们或利用音同或音近字，或利用偏旁或捐弃偏旁，或干脆利用日语假名，以求书写快捷。只要理清了这些字的源流与规律，就能顺畅准确地读通原文。

《元亨释书》中有一些省代字，较之一般常用俗字更为简便。如"严"作"厶"（《目录》："莲藏法师　归法花法严华严云花厶勉而神人迟供"）、"壇"作"圵"（《目录》："兴福寺贤憬　天平胜宝七年东大戒壇成本朝登圵之始也"）、"暦"作"厂"（《目录》："唐如宝　延厂廿三年正月招提开律讲"）、"灌顶"作"氵丁"（《目录》："园城寺　昔大友氏与多所建本号御井珍大师地势似青龙寺聚此水为三部氵丁"）。

汉字在东亚各国的旅行，孕育了万紫千红的文化景观，每一个汉字，都是一部文化交流史。

五、东亚汉文小说汉字研究与写本学的构建

如果说写本是书写与文本合二为一的样式，那么刻本便是书写与文本分离的开始。写本时代培育的书写情结在印本时代还延续了相当一段时间。既然印刷文化已相当发达，这些序跋还有什么必要呈现写本的形式，这样做无疑会增加印制的成本，书商会斤斤计较的。然而我们仅就当时的汉文小说来看，正文前后附以书写的序跋的决不在少数。当然，在江户时代不仅刊刻的汉文小说有书写的汉文序跋，而且明清小说的日文译本，甚至不少假名小说也都有汉文手书的序跋，这不能不说是一种特别值得注意的现象。

在近代东亚，印刷文化已经步入了机械化时代，但许多当时刊行的文集、汉文小说集，都会保留作者、作者友人、文坛名家撰写并书写的序跋，或者专请书法名家书写的序跋。这些都可以看作写本时代的遗迹。成岛柳北所著《柳桥新志》，前附有菊池三溪撰稿、雪江关书写的魏碑体的《柳桥新志题词》，又附有大岛信书写的序，书后还附有清泉白石老人筠书写的后序。这些笔写的序跋与书家刻写的文字，给人以完全不同的感觉。书写展现个性、挥洒才情，书写中有情绪、有念想，是整齐划一的印刷符号不能代替的。那时文人将对书写的钟爱和寄托，就表现在这些手书的序跋上。文如其人，字如其人，是当时文人中普遍存在的

观念。对于很多人来说，字是天生面孔之外的第二面孔。天生的面孔，美丑已定，而第二面孔之美丑却可以通过习得予以"整容"，而这第二面孔，恰好也是文才之标志物、品味之视觉化，这也就不难解释当时的汉文小说不弃书写的原因了。

　　总之，东亚汉文小说的汉字学研究对于打通中国与周边国家之间的汉字研究、探讨汉字文化的传播与演化、深化东亚文化与文学交流都具有重要意义。东亚汉文小说汉字研究，更是写本文献学研究的重要方面。

十二生肖文化与民间信俗

李溪旭*

一、十二生肖的由来

（一）十二生肖

关于十二生肖，中国是与十二地支相配以人的出生年份的十二种动物为"十二生肖"，在韩国也称"十二生肖"。十二生肖又称十二属相，即子—鼠、丑—牛、寅—虎、卯—兔、辰—龙、巳—蛇、午—马、未—羊、申—猴、酉—鸡、戌—狗、亥—猪。

最初记录十二生肖的文献是东汉时期王充（27—97？）《论衡》中的《物势》和《言毒》，另外以十二生肖为题材的最早的诗诞生于南北朝时期，即陈国人沈炯（502—506）所写的作品"十二属诗"[1]。

十二生肖文化的发展阶段可分为五个阶段：

第一，十二地支的产生；

第二，十二地支与方位或时间的对应；

第三，十二地支与十二个动物对应所产生的"十二生肖"；

第四，兽面人身像的十二神像的出现；

第五，十二生肖的民间信仰化。

从中国湖北省秦代古墓中出土的竹简记录来看，我们可以推断十二生肖大约形成于公元前226年之前。另从中国少数民族彝族的历法和风

---

* 韩国中央大学国语国文学科教授。

[1] 华惠伦、吴焱皇编：《十二生肖丛书·蛇》，上海科学技术出版社，1990年，第1—2页。

"鼠迹生尘案，牛羊暮下来。虎啸坐空谷，兔月向窗开。龙隰远青翠，蛇柳近徘徊。马兰方远摘，羊跪始春栽。猴栗羞芳果，鸡砧引清杯。狗其怀物外，猪蠡窗悠哉。"

俗来看，可以追溯到夏代禹时期的公元前 2205 年。这是相当于全世界类似生肖文化中最早的时期。十二生肖传到韩国的时间为新罗圣德王陵建造的 736 年以前。

十二生肖的诞生地，是古代文明的发祥地黄河西部支流附近的古西羌族、彝族所居住的地方。从这里东传至韩国与日本，北传至蒙古，南传到印度和越南等东南亚国家，之后再远渡大洋，传播至墨西哥。而西部巴比伦王国的生肖文化与中国截然不同，并且它的发生时期也比中国晚。

（二）十二生肖动物的选择与排序

十二生肖是一种历史悠久的文化现象。在历史的长河中不断推移，世代传承，使十二生肖贯穿于民俗文化的方方面面。它与阴阳五行的哲学思想和古代天文历法有着密切关系，同时在民俗、婚姻、葬礼风俗中也有体现，而且又与饮食文化、民间医学、造型艺术等有着很大的关联。

在日常生活中，人们对十二生肖往往提出几个疑问。首先，在那么多的动物中为何选定鼠、牛、虎、兔、龙、蛇、马、羊、猴、鸡、狗、猪十二种动物呢？其次，这些被选定的十二种动物为何如此排序？再次，十二种动物之间到底有什么关联？本文主要针对这些疑问，从十二种动物的选择和排序两个层面加以探讨。

1. 选择

（1）民间传说

在民间传说中，关于选择十二种动物的故事基本上是一致的，就是神召集动物时，按照到达的顺序来选定十二动物并排序。

（2）身体缺陷说

身体缺陷说主张，被选定的十二种动物本身都带有一个缺陷。一般哺乳类动物都具备五脏六腑和四肢，而被十二生肖选定的动物的身体器官中某一器官是没有或者退化，或者相比其他动物具有明显不同的特征。

宋代《因话录》记载：鼠无胆，兔无肾，马无胃，鸡无肺。

明代《草木子》把动物身体缺陷说进一步解释为："鼠无牙、牛无齿、虎无脾、兔无唇、龙无耳、蛇无足、马无胆、羊无瞳、猴无臀、鸡无肾、犬无胃、猪无筋。"

对此，麻衣天引用《周易》的"申无脾，故喜食果物，母性爱强"的记载[1]，认为猴没有脾脏。其实，猴子与其他动物相比，臀部不突出，并非无脾脏。只是因脾胃虚弱，被理解为猴是一种易怒、好动、动作凌乱的动物。

另外还有"牛没有瞳，羊没有腮"的说法。

以鼠为例，现代兽医学对鼠进行解剖的结果是，鼠其实没有胆[2]。一般有胆囊的动物在肝里制造胆汁，事先储藏后再根据其食物消化（脂肪）的需要进行适当的分泌。而鼠由于没有胆囊，因而肝里结成的胆汁通过胆管直接流到十二指肠，来助消化吸收。因此鼠虽然没有胆囊，但因为其胆管大，所以可以替代胆汁的浓缩机能。

相传，虎没有脖子。那么怎样区分虎的身体和头部呢？其实虎无脖子是由于虎不太使用脖子的生来习性而定的。因此脖子部位的肌肉极度退化使脖子变短，表现出头部几乎贴近于肩膀部位的摸样。由此虎的动作显得又大又威严，被称为山中之君。

以"蛇足"的成语广为所知的蛇，又该如何解释呢？蛇本来就有腿，但是在适应自然环境的过程中，逐年退化成了如今的无足蛇。

龙作为传说中的动物，它的耳朵是如何退化的呢？对这种提问，要回答十分困难。龙确实是传说中的动物，在许许多多雕刻品和绘画作品中也频频出现。综合传承下来的文献资料来看，龙的头部比其身体大一些，而其耳朵比其头部，小得几乎都看不到。事实上，龙作为水中动物的帝王，生活在水中，被视为是呼风唤雨的神圣动物。我们在钓鱼或者吃鱼的时候，几乎都找不到鱼的耳朵。在鱼身上找不到耳朵，就是因为鱼在水中生活的时候，耳朵对其游泳有所阻碍，所以退化了。先人们根据水中的鱼无耳的外形，制作龙的时候去掉耳朵，添加了角。因为龙是通过角来感知声音的。这就是龙耳朵退化的所谓依据吧。

民间传开的俗语中，有"属龙的人性格倔强"的说法。龙的耳朵逐渐退化，听不到大自然的声音。但是龙的哭声可以震动山川，连鬼都可

[1] 麻衣天：《六甲经》，图书出版同伴人（도서출판 동반인），1992年，第171－172页。
[2] 김무강 외：《수의해부학》（兽医解剖学），정문각（JMK出版），1994年。

以吓跑。与此相同，龙年出生的人如同龙，坚持自己的主张，但是因为龙无耳，所以不听别人的劝言或者忠告，成为固执偏强的人。

（3）"姓"图腾说

据文献记载，从公元前一世纪开始，三百年间通古斯系的夫余族所建立的部族国家——扶余国曾经设置了马加、牛加、猪加、拘加等部族长，分割统治通往扶余国都城的东西南北诸关门。扶余国的马加、牛加、猪加、拘加等名称，很可能是他们部族图腾的名称。比如牛加是把牛视为图腾的部族。在古代很可能以古老部族图腾作为部族民的姓，或者部族名称，或者部族长称呼。

据王小盾《原始信仰和中国古神话》，黄帝的儿子共有 25 宗，其中被赐姓者 14 人，其姓有 12 姓。其中与图腾相关联的姓有酉、巳、苟三姓，"酉"代表鸡图腾，"巳"代表蛇图腾，"苟"代表狗图腾。

"酒"字，本来是古代祭祀时用的模仿酒瓶的象形字"酉"，但是因为在十二地支中把第十位的"鸡"为"酉"字，所以为了辨别前者酒瓶的象形字"酉"和后者"鸡"的"酉"字，在酒瓶的象形字"酉"加三点水为"酒"字。在中国有酉姓家族，此酉姓家族很可能是以鸡为图腾的部族，把自己的图腾作为姓氏来使用。

苟和狗也是同样的意思。从古文字的字音和字形来可以证明。金文中的苟字是形象地表达狗贴近耳朵四处张望的模样。在"苟"字加"攵"成"敬"字，"敬"字就是以狗来护卫的意思。

"巳"字是表达蛇曲折的模样。从"龙"和"蛇"的关系来看，"龙"字是"巳"字变成而来的。在"巳"字上加个头角，然后在下面加腿就成为"龙"字。据《左传》昭公 29 年的记载，祝融八姓中有"巳"姓，"巳"姓的一个分支后来成为"董"姓。实际上"董"族也是以龙为图腾的部族。

"申"姓是以猴为图腾的部族，中国少数民族彝族是把猴看成是自己的图腾。仓颉最初创造文字时，以猴的象形来造"申"字。篆文中的"＝＝"字，或者"＝｜＝"是表达两只猴子相望的形象[1]。

---

[1] 郭沫若在《甲骨文研究·释支干》中主张与此不同的观点。

综上所述，十二生肖所属的十二动物或许是借用了古代氏族社会图腾的一部分。

2. 排序

十二生肖所属的十二动物的排序以鼠为开头，依次为牛、虎、兔、龙、蛇、马、羊、猴、鸡、狗、猪。对于这十二动物的排序问题，一直有许多说法。

（1）脚趾偶奇说

仔细观察十二生肖所属的十二种动物排序的话，会发现一个十分有规律的现象。就是动物的脚趾数按照奇、偶的顺序来排序。见下表：

十二动物	鼠	牛	虎	兔	龙	蛇	马	羊	猴	鸡	狗	猪
脚趾数	前4后5	4	5	2	5	2	1	4	5	4	5	4
偶奇	奇	偶	奇	偶	奇	偶	奇	偶	奇	偶	奇	偶

对此，宋代《暘谷漫录》认为，子、寅、辰、午、申、戌都属阳，取脚趾奇数的动物为其属相；丑、卯、巳、未、酉、亥都属阴，取脚趾偶数的动物为其属相。巳属阴，舌尾分两部分，因此取偶数的属相[1]。这个脚趾偶奇说是符合古代阴阳说中的奇数属于阳，偶数属于阴，十二支地属于阴阳的说法。龙作为中国传说中的动物，脚趾数也是5个[2]。

[1] "子寅辰午申戌俱阳，故以相属之奇数为名，鼠虎龙猴狗俱五指，马则单蹄也；丑卯巳未酉亥俱阴，故取相属之偶数为名，牛羊鸡猪俱四爪，兔两爪，蛇两舌也。"

[2] 龙是象征国王的吉兽。所以国王的衣服为衮龙袍，国王面相为龙颜，国王椅子为龙床。在韩国为了赞扬世宗大王的开国正当性，有一位儒者写了《龙飞御天歌》的诗歌，诗歌中的龙就是指国王。在东亚历史上韩中日的国力不同，所以象征国王的龙的姿态也不同。任东权教授在他的《民俗学概论》中指出：中国的龙的脚趾是5指，韩国的是4指，日本的是3指。

（2）阴阳时位说

　　阴阳家们在十二地支中把子、寅、辰、午、申、戌归为阳，丑、卯、巳、未、酉、亥归为阴，再把它们配置于十二时辰和十二个月。

十二支	子丑	寅卯辰	巳午未	申酉戌	亥
阴阳	阳阴	阳阴阳	阴阳阴	阳阴阳	阴
时辰	23-01 01-03	03-05 05-07 07-09	09-11 11-13 13-15	15-17 17-19 19-21	21-23
月	11　12	1　2　3	4　5　6	7　8　9	10
季节	冬	春	夏	秋	冬

　　所谓的阴阳时位说是指，以上述阴阳家们的时间概念和十二动物的脚趾数所蕴含阴阳含义来解释的十二生肖排序。

　　"巳"是蛇，应属阴。蛇无足，有两舌。十二生肖中这种特殊例子是无法解释的。只能解释为"虽然其数是偶数，但时间属阳"。即巳在十二支顺序中位于第六，为偶数，所以配对为阴。但是"巳"时是上午9点至11点之间，这个时候阳逐渐上升为纯阳的时候了，因此时间上属于阳。另外，"巳"属于阴历4月，4月是阳气最旺盛的夏天。所以符合"其数是偶数，但时间属阳"的观点。

　　以阴阳时辰说来解释"申"的话，属于"申"的猴因为其脚趾数是5，即奇数，所以"申"是属于阳，其对应的时辰也应是阳。"申"的时辰虽然属于阳，但这是包含3阴的阳[1]。因此"申者言阴用事申赋万物"[2]，"申坚于申"[3]，"申，身也，物皆成其体"[4]。

　　"申"时是吃晚饭的晡时[5]，即午后3点到5点之间，是太阳落山

---

[1] 午时的时候达到顶点的"阳"逐渐消弱，同时"阴"逐渐旺盛，到申时的时候，午时的"阴"渐渐变成三阴。所以在酉的时候阴阳相互分开。三阳是属于寅。

[2] 《史记·律书》。

[3] 《汉书·律历志》。

[4] 《释名》。

[5] 在汉代太初历出现之后，把一天分为12时，为夜半、鸡鸣、平旦、日出、食时、隅中、日中、日昳、晡时、日入、黄昏、人定。在这里晡时是吃晚饭的时间，这时候太阳还没有落山了。

之前的时间段。

据夏历的建寅之正，申月是指阴历 7 月，属于孟秋，是万物成熟期。但是从阳历的 24 节气来看，申月是经过大暑（阳历 7 月 22 日）、立秋（阳历 8 月 7 日），还没到处暑（阳历 8 月 22 日）的时间段，因此严格意义上来说属于季夏到孟秋的时间段。

（3）动物习性说

明代的郎瑛对动物身体缺陷说提出了疑问：龙是传说中的动物，是人们的想象中产生的，为何要谈论耳朵的有无？他把阴阳时为的观点和动物习性的观点相结合，对十二生肖的排序所包含的意义，加以综合解释。他在《七修类稿》中解释道：

> 子为阴极，幽潜隐晦，以鼠配之，鼠藏迹也。
> 午为阳极，显明刚健，以马配之，马快行也。
> 丑为阴也，俯而慈爱生焉，以牛配之，牛有舐犊。
> 未为阳也，仰而秉礼行焉，以羊配之，羊有跪乳。
> 寅为三阳，阳胜则暴，以虎配之，虎性暴也。
> 申为三阴，阴胜则黠，以猴配之，猴性黠也。
> 日生东而有西酉之鸡，月生西而有东卯之兔，此阴阳交感之义，故曰犯酉为日月之私门。今兔舐雄毛则成孕，鸡合踏而无形，皆感而不交者也。故卯酉属兔鸡。
> 辰巳阳起而动作，龙为盛，蛇次之，故龙蛇配焉。龙蛇，变化之物也。
> 戌亥阴敛而潜寂，狗司夜，猪镇静，故狗猪配焉。狗猪，持守之物也。

据阴阳说，子时阴到顶级，而午时阳到顶级。阴到顶级的话，即阴躲藏在安静且黑暗的地方的意思。鼠的习性就是常常隐藏自己，所以把鼠排序在子时。子时正好是从晚上 11 点到凌晨 1 点的时间段，这个时候是万物被黑暗包围休息的时候了，唯独鼠醒来旺盛地活动。即鼠在阳气旺盛的午时躲藏在安静黑暗的角落，阴气旺盛的子时最活跃。

据民间传说"未"羊知礼。刚出生的羊与其他动物不同,膝跪吸奶,所以郎瑛也说羊崽知道对母的礼仪。一般对母行礼为善,善字是羊膝跪吸奶的象形字。与羊不同,小牛或小马一出生,要是自己不能站起来便会死。因此,小牛或小马只能用四只脚站立吸奶才能生存。这样看来小牛或小马当然不知礼仪。

对"卯"和"酉",明代王逵在《蠡海集》中记载:"卯酉为日月二门,二肖皆一窍。""日月二门"是指卯和酉在十二辰方位上的东和西,东和西就是表示太阳和月亮升落的方向。所以称为"门"。二肖指的是卯的生肖和酉的生肖。"一窍"的意思可能是指兔和鸡的产道,因为古人认为兔和鸡都是以尿道来代用产道。有"鸡奸"的俗语,这句话的语源很可能是来至"一窍"。

民间有"兔子舔雄毛而孕,感而不交也。鸡和踏而无形,交而不感也"的说法。我认为此说法是基于兔子和鸡的身体特征和生理现象的特殊性所产生的误解。兔子是交尾之后就排卵。兔子只有通过交尾后受刺激才能排卵。民间流行的"雌兔没有雄兔也可以望月胚胎"的说法、"兔子的爱情把戏"(兔子阴阳交尾时出现的早泄现象)等说法都可能来自于兔子的生理特征。

郎瑛的动物习性说是他在长期观察十二种动物习性和阴阳二气、十二时辰综合起来,加上已存在的十二生肖加以分析的结果。其中从相冲的观点来解释阴阳关系的部分更为精彩。

在中国,除了郎瑛动物习性说外,还有把十二动物与十二时辰相结合,加以解释的新的说法。

子时(下午11点-上午1点):鼠活动最敏捷。

丑时(上午1点-上午3点):牛在反刍白天嚼过的草,准备出去牟耕。

寅时(上午3点-上午5点):老虎在这个时间段最凶暴。

卯时(上午5点-上午7点):太阳升起之前,是玉兔开始捣药草最繁忙的时间。

辰时(上午7点-上午9点):龙开始准备降雨。

巳时（上午9点-上午11点）：蛇开始活动。

午时（上午11点-下午1点）：太阳如日中天，阳达到顶级，配置马。

未时（下午1点-下午3点）：羊前天咀嚼的草又重新长出来。

申时（下午3点-下午5点）：猴的活动最活跃，而且哭声也最多。

酉时（下午5点-下午7点）：一整天啄食料的鸡回到巢穴。

戌时（下午7点-下午9点）：天黑，狗开始守夜。

亥时（下午9点-下午11点）：猪开始取睡眠。[1]

以上解释大体上与前面所述的动物习性说相似。只是在辰时的解释上，将龙与雨结合在一起的部分不同而已。在东晋葛洪的《抱朴子》中记载：辰日称雨师者，龙也。在这里把龙视为掌管降雨的灵物或者神。《说文解字》曰：辰也，三月阳气动，雷电震，民农时也，物皆生。从这里可以看出，辰就是阳冲上天的形容。一般来说，"花开鸟鸣的阳春三月"就是指辰月。清代《广阳杂记》中也记载：辰者，三月之卦，正群龙行雨之时，故辰属龙。以《周易》的卦来解释辰，继而把龙与雨连在一起了。

（4）植物生长周期说

《史记·律书》、《汉书·律历志》、《释名》、《淮南子》、《白虎通》等古籍根据阴阳论理，认为十二支的排序与植物的发生、生长、成熟、衰微、孕育过程是相同的。

孳（子）：生。阳气开动，万物复苏。

纽（丑）：枝叶被捆在一块，尚不能伸长的状态。

螾（寅）：植物仿佛泥鳅一样伸展的形象。

茂（卯）：开始生长的植物越来越茂盛的形象。

震（辰）：生长得很活跃的模样。

巳（巳）：生长到头，再无法生长的意思。

仵（午）：到繁茂的顶峰之后开始衰退的意思。

---

[1] 吴裕成：《人与十二属相》，天津大学出版社，1993年，第31页。

味（未）：万物成熟并别有韵味。

身（申）：万物重新结成本来的形态。

酉（酉）：衰老萎缩的形象。

灭（戌）：被隔开灭亡的意思。

核（亥）：把万物收藏在籽里的意思。

（5）《周易》两卦说

配置于十二生肖的动物可以分为家畜和野兽两种。牛、马、羊、鸡、狗、猪这六种动物属于家畜，后者鼠、虎、兔、龙、蛇、猴属于野兽[1]。古人认为六畜为阳，野兽为阴。《周易》算卦中，阳爻为"—"，阴爻为"--"。对于阳爻和阴爻有些人认为源于男女生殖器，或者源于巫婆算卦时用的奇数偶数的符号，但是现阶段无法解释其真正含义。只是靠推测认为阳爻和阴爻是在人类思维只能分辨光和暗、上和下、善与恶等二元思维体系的最原始状态下，把事物简单地分辨为阳爻为"—"，阴爻为"--"等的形象化符号。

"比吉"卦象的符号为䷇，依次以阴爻、阳爻、阴爻，阴爻，阴爻，阴爻的五阴一阳所体现。第一个阴爻是鼠，第二个阳爻是牛，其后四个阴爻是虎、兔、龙。即，"比吉"的六爻中家畜是第二个阳爻牛，其余的都是阴爻属于野兽。

"小禽"卦象符号为䷈，依次为阳爻、阳爻、阴爻、阳爻、阳爻、阳爻的五阳一阴。十二生肖中，相对应的是马、羊、猴、鸡、狗、猪。"小禽"卦象中只有猴子属野兽，即阴爻，其余都是阳爻属于家畜。以此来看，"小畜"和"比吉"两卦六阴六阳与十二生肖的六种家畜和六种野兽相吻合。

（6）一大一小说

把十二支与十二生肖配对的话，就成为"子鼠、丑牛、寅虎、卯兔、辰龙、巳蛇……"的排序。通常人们习惯性地把两种生肖捆绑为一组。对此刘天在1991年《淄博师专学报》里发表的论文中，主张每组都有

---

[1] 东汉蔡邕《月令问答》：凡十二辰之禽，五时所食者，必家人所禽，丑午、未羊、戌犬、酉溪、亥猪而已，其余龙虎以下，非食也。冬水王，水胜火，当食马，而礼不以马为牲，故以其类食豕也。

共同的特点，即一个生肖为身体庞大的动物，另一个生肖为身材娇小的动物。比如，在子鼠、丑牛这组中鼠小牛大，在寅虎、卯兔中虎为大、兔为小。就这样六组生肖都是以一大一小的对应来组成。刘天认为每组生肖的生活习俗相反或类似。比如，鼠是在夜间活动，而牛是在夜间休息。龙和蛇是较相似，马和羊都是喜欢吃草，猴和鸡是喜欢动脚，虎是凶暴而兔是温顺，狗爱跑爱叫而猪是又懒又不爱叫。

子鼠、丑牛—相反　　寅虎、卯兔—相反　　辰龙、巳蛇—类似

午马、未羊—类似　　申猴、酉鸡—类似　　戌狗、亥猪—相反

从上述排序来看，几乎有相反—相反—相反，类似—类似—类似的规律，对此刘天没有进一步的探讨。为什么有这样的规律性？对此现阶段我们无法解释，但是在"相反"和"类似"加以"时辰"原理的话，我们可以得出一个新的事实。即从第一个类似——"辰时"开始到最后的类似——"酉时"为止的时间段是上午 7 时到下午 7 时，此时间段是太阳升起到落山的白天时间段。同样从第一个相反——"戌时"开始到最后的相反——"卯时"为止的时间段是太阳落山之后的夜间时间段。从此可以看出"类似"与"相反"的二元性规律就是白天和夜间的对立。

二、十二生肖和民间信俗

（一）信俗语

在韩国民间疗法中，有"对于流鼻血的症状，吞墨水就止；被狗咬的伤痕上写'虎'字就能愈合"的奇异的说法[1]。鼻血是红色，所以在五行中属于火；墨水是黑色，在五行中属于水。服墨水止鼻血，指的就是阴阳五行说中所说的水克火的相克关系。同样被狗咬的伤痕上写虎字的说法也是可以用动物习性说来解释。虎是吞噬狗的猛兽，即虎对于狗来说是恐怖对象。因此在被狗咬的伤疤上用墨写上虎字的话，狗的毒性

[1] 李墍撰：《松窝杂说》，《국역 대동야승》（国译大东野乘）14，민족문화추진회（民族文化推进会），1983 年，第 216 页。

便逃之夭夭。

民间有"女人属虎或者属马薄福"的俗语。这种说法源于封建社会的"女子必须温顺"的女性观。在封建社会，如果女性的性格像老虎或者马一样凶猛的话，会成为攻击对象。所以，民间以为属虎或者属马的女性天生具有老虎或者马的性格，由此产生了"类生类"的原始的有感咒术性俗信。

这种有感咒术性的俗信已经被广泛运用在判断人的性格、命运、才能等方面上。人们通常认为，属兔的人继承了兔子的形象或者性质，比如，兔子的毛白皙，因此属兔的人具备白皙的肌肤；兔子耳朵很大，所以属兔的人能成为菩萨一样的贵人或者无病长寿；兔子上唇裂开呈现出女阴的模样，因此属兔的人淫心多或者能多生孩子。还有根据兔子的生理特征，认为属兔的人精力虚弱，或者属兔的夫妻恩爱等俗信语。在朝鲜时代的一幅民画中出现的桂树下的兔子，就是在交尾欲旺盛时用后退跺脚的形象。

民间还有"属龙的人吃狗肉会生病"、"属狗的父母和属龙的子女不易同住屋檐下"等俗信语。这些也可以从动物习性得以解释。十二生肖中龙和狗是相对应的。对这种对应关系，民间称之为"相冲"。所谓"相冲"关系，就是相互反目敌视，一方祸害另一方的关系。因此认为属龙的人和属狗的人之间会发生疾病和不和。因为狗是最怕热的动物[1]，所以爱出汗。与此相反，龙在水中生活，是主管雨的雨师。狗的热气和龙的水气是两个相冲的性质，因此属狗和属龙是相冲的关系。

《孟子》中有"不畜牛羊"一说。这是因为牛和羊的动物习性不同，因此一起饲养的话会争吵致病，不易繁殖后代。这种"牛和羊"的关系如同"狗和龙"的关系，也是相冲关系。

在饲养家禽方面有一种"鸡和兔同时饲养的话，可以预防鸡的疾病"的俗信。鸡和兔子从五行而言，对应金和木，是属于相克关系。而且在十二生肖排序上，兔子和鸡是相冲关系。这种相冲关系有时也会成为相

---

[1] 韩国人在暑期最热的时候吃狗肉汤，其理由是以热治热。即以热气旺盛的狗肉汤来驱赶身上的热气。相反中国人是在寒冷的冬天吃狗肉汤，其理由就是以狗肉汤的热起来驱赶身上的寒气。

互互补的关系。即阴和阳组合的时候，会出现强力的太极现象。在中国也有"养猿治马"的俗信语，即养猴来预防马的疾病的意思。猴子（金）和马（火）是火克金的相克关系。但实际上二者也具有相互互补的关系。由此可知，兔和鸡、马和猴的相互互补关系的真实性。那么，这种两者之间的互补关系的论理能不能适用于其他生肖之间的关系上呢？在前面已经观察过的龙和狗的关系是相冲、相克的关系，而兔和鸡是互补的调和关系。因此，我们只能认为上述的说法是不全面的。

民间还有根据十二生肖动物所具备的身体特征来判断人的性格的俗信。比如根据鼠的形象和习俗来判断属鼠的人是天生"鬼点子多"、"才艺多"等积极评价外，同时还有"胆子小"、"奸猾"等负面评价。《荀子》中也记载鼠有三技。即用尾巴沾酒喝的酒技，四脚活动自如的舞技，按节奏发出声音的唱技。俗信也认为属鼠的人也有这三技。

民间有"肝胆凉"、"肝小如豆"、"肝肿了"、"胆大"等说法。由此可以看出，人的感情与肝或者胆有关系。身体缺陷说认为鼠无肝、无胆。因此属鼠的人被认为是胆子小。通常比喻狡猾的人"一会儿黏于肝、一会儿黏于胆"或者"没肝没胆"。这些说法也可能来自于"鼠没肝没胆"的身体缺陷说。

牛是走路缓慢，但是在途中不会中断，奔着目标不断前进，因此被视为忍耐和韧劲的象征，或者不屈精神的表现。因此，民间一般认为属牛的人，性格也像牛一样可靠、忍耐力强。另外，身体缺陷说中还有"牛没有臼齿"的说法。因为牛无臼齿，所以牛在吃草时不咀嚼而直接吞下。然后晚上回牛棚之后，整夜都反刍加以消化。所以根据牛的这种反刍的属性，民间有属牛的人具有忍耐和韧劲的性格。

此外，民间有以属相来算命的俗信。典型的例子就是"属鼠的人，应该生在夜间才会发财"的说法。这种说法就是源于时辰和动物的习性结合的形态。即子时（下午 11 时到凌晨 1 点）鼠的活动最活跃，因此夜间生的鼠勤劳且命好。这样的属什么的生在什么时辰应该命好的说法现在也很流行。

还有丈夫的属相动物比妻子的属相动物小（男属鼠，女属虎）的话，男方被女方压着、活得不自在等说法。此说法好像与"一大一小说"有

关系，但是缺乏可信度。

（二）冤嗔拘忌法

　　冤嗔通常被释为"宫合（合婚）"中相互排斥的"煞"。对冤嗔有三种记载：李能和《朝鲜女俗考》（1927）中是"元辰"，金东缙《百方吉凶秘诀》（1918）中是"冤嗔"，申琦澈、申瑢澈编的《新国语辞典》（1988）中是"元嗔"。在中国的辞源里是找不到"冤嗔"和"元嗔"，只有"元辰"一词，被解释为"吉利之时日"。因此严格意义上来说，应该是忌讳"元辰煞"而不是忌讳"元辰"。

　　关于冤嗔拘忌的内容，已经在李能和《朝鲜女俗考》中有详细说明：

　　　　我俗婚嫁忌冤嗔，冤嗔即星相凶煞之名，其法以男女生年地
　　支，合而看之，即如子与未。寅与酉、辰与亥、丑与午、卯与申、
　　巳与戌、相与为冤嗔，犯此煞者，相婚则夫妇之间，平生不和，若
　　不生离，即有死别，有诀曰；鼠忌羊头角、牛嗔马不耕、虎嫌鸡嘴
　　短、兔恨猴不平、龙憎猪面黑、蛇惊犬吠声。[1]

　　所谓冤嗔是在合婚八字中最凶的八字，如果夫妻间一方有冤嗔煞的话，肯定一方死亡或者遭遇不幸。此种俗信在中国也存在：

　　　　只为白马怕青牛，羊鼠相交一断休。

　　如上所述，冤嗔法是韩中两国所共有的俗信，其来悠久。并且对属于冤嗔关系的十二动物，两国都是以阴和阳相反的性质组合。

　　　　鼠（阳）—羊（阴）

　　　　牛（阴）—马（阳）

　　　　虎（阳）—鸡（阴）

[1] 李能和：《朝鲜女俗考》，东洋书院，1927年，第65—66页。

兔（阴）—猴（阳）

龙（阳）—猪（阴）

蛇（阴）—狗（阳）

从上述组合来看，冤嗔不是十二支的五行关系，而是在每个属相组合的动物之间某种特殊的关系组合而成。这可能是因为每个组动物之间的对立关系，从而产生了冤嗔（怨恨和憎恨）这个术语。

考察"鼠忌山羊头角"的意思，更能确定冤嗔的含义。鼠的锋利牙齿不仅用来保护自己，又能细嚼食物或者使用于挖洞。相反鼠没有头角。从鼠的角度来看，山羊的头角和胡须是象征身份的高贵，鼠不能怨恨山羊有头角。因为山羊又没有鼠的锋利牙齿，所以山羊吃草消化只能靠反刍。这就是所谓的"角者无齿"的意思。由此可知，所谓秘诀只是根据动物的外形或者行动来忌讳对方。犹如有些人常说的"莫名其妙地讨厌"或者"一见面就是不喜欢"。一般行家之间比"纳音宫合"还要忌讳这种冤嗔煞，甚至认为冤嗔之间要是结婚的话绝没有不离婚的。

对这种冤嗔煞过度执迷，就违背自己的命运，不是贤明之举。因此，夫妻之间应该相互尊重，相互扶持，对秘诀应视为必要的修身资料或者参考资料。

正如世间的所谓"穷即通"、"结即解"，假如男女之间是"冤嗔关系，但是内合婚八字好则不必太忌讳"[1]，所以即使在合婚八字里有冤嗔煞，其他诸条件适合的话，没有必要回避婚姻大事。

三、结论

十二生肖文化是十二支思想的一方面，是十二支思想在时代思潮的变迁过程中形成的一种文化习俗。作为十二生肖文化精髓的十二支思想，又与阴阳五行说相结合，形成了丰富多彩的民俗文化。

十二生肖文化在天文、历法中，以表示方位或者时间的概念来体现；在风水、占卜、解名、择日、四柱、宫合（合婚八字）中，以预知吉凶

49

的秘诀来出现；在陵墓的护石、玄石内部的壁画、寺刹的佛画及民画等中，作为辟邪节庆的守护神或者象征吉祥的图案形态来体现；还有陶器、土器、木器等生活用具及各种装饰物中以审美纹样的形态来出现。

十二生肖文化超越了预测或者了解人的性格、态度以及人与人之间的复杂关系的象征体系，扩大到不仅预知和判断人类的命运，而且规定人类活动的俗信境界。

十二生肖的形成时期按照中国湖北省秦朝坟墓出土的竹简的记录，可推定为公元前226年以前。而且以中国少数民族彝族的历法和风俗来看，最远追溯到夏禹时期，在全世界类似的生肖文化中，属于最早的时期。传到韩国的生肖文化"嚆矢"最迟也要推定为修筑新罗圣德王陵的736年以前。

关于十二生肖的发生地，一般认为古代文明的发祥地黄河西部支流附近的古西羌族彝族所居住的地方。在这里发源的十二生肖向东传至韩国与日本，向北传到蒙古，向南到达印度和越南等东南亚国家，之后再远渡大洋，传播至墨西哥。众所知的西部巴比伦王国的生肖文化是与中国截然不同，而且它的形成时期比中国晚一些。

在十二生肖动物的选择和排序上，本文首先从民间传说、身体缺陷说、姓图腾说来接近并加以解释。在其排序上从"脚趾偶奇说"、"阴阳时位说"、"动物习性说"、"植物生长周期说"、"《周易》两卦说"、"一大一小说"等六种说法来进行解释。此六种说法都以阴阳思想来设定或者解释十二生肖。除了"植物生长周期说"之外的五种说法，都从十二生肖的每个动物本身的生理习性来加以解释。其中"动物习性说"不只是将十二生肖排序平面化，而且从空间化的角度说明动物之间的相生、相克关系。这样的解释是通过长期观察阴阳五行思想，在此基础上结合动物身体特征或者生来的习性得出的结论。

十二生肖的民间俗信反映在我们生活的各个方面，其发生动因在于阴阳五行说，与十二动物的选择和排序的原理密切相关。而冤嗔拘忌法则是媒婆和诸多巫女间流传下来的惯言。这种惯言现在也往往迷惑世人，打乱婚姻大事，破坏家庭和和谐社会，所以应该作为邪说来看待。

柳宗元《种树郭橐驼传》的断句和管到

——论日中韩的汉文学传统及特性

古田岛洋介*

中国的古典文学传到日本及朝鲜半岛后，历经一千多年，形成了所谓的"汉文学"传统。在如此漫长的历史岁月中，日本和朝鲜各自积累了不少汉文学作品，对中国的古典文学也形成了各自独特的理解，这自在情理之中。

本文将以名篇《种树郭橐驼传》为例介绍日中韩的不同理解。该文作者为唐宋八大家中声名远扬的唐代诗人柳宗元（773—819）。此文开篇不久有一段文字："皆争迎取养视驼所种树或移徙无不活且硕茂蚤实以蕃"，对此三国有不同的解释。

需要说明的是，柳文中提及的"移徙"一词，有版本作"迁徙"，但"移"、"迁"在日语训读中音义皆同，故除注中特别引用外，本文中一律作"移徙"。

一、关于"养视"的断句

首先是断句的问题。笔者虽不敢妄言参阅中日韩全部有关柳文断句的注解书，总结大致情况如下。

* 日本明星大学教授，擅长中日比较文学及汉文训读理论的研究。

51

　　在日本，"养视"被看作一个词，通常断句如"……养视。驼……"[1]。日本最大的汉和辞典《大汉和辞典》（诸桥辙次编，大修馆书店）中，"养视"的词条下就收录了柳文这一段作为用例。在此，"养视"为动词，宾语可以理解为"橐驼"或"树木"。宾语为"橐驼"时，只需训读为"（橐驼を）养视す"即可；宾语为"树木"时，则训读作使役形式"（橐驼に树木を）养视せしむ"较妥。下文"且ニ视テ而暮レニ抚テ"（早晚照料爱抚）、文末"吾问ヒテレ养フヲレ树ヲ"（我询问照料树的事情）中，"视"、"养"都是"照料树"的意思，由此回顾上文，"养视"应理解为后者"让橐驼照料树"更为恰当，即训读为"养视せしむ"。

　　此外，也有注解认为"取"解释为"恳请并采取"，原文训读为"迎ヘテ取ルニ养视ヲ一"［迎接并（采取）照料（行为）］[2]。但笔者以为"迎取"二字断开不当。"取"应该作为添在动词"迎"后的助词，不必训读[3]。

　　而在中国（含台湾）和韩国，"养视"并不作为一个词，而是断句成"……养。视驼……"，"养"做动词，宾语为"橐驼"[4]。此时，"养"大概会训读成"养ふ"。当然，这并不是否认"养视"这个词的存在。

[1] 参考日本注解书如下：
服部宇之吉校订：《笺解古文真宝（后集）》，《汉文大系》第二卷，富山房，1910 年 / 增补版，1972 年；三岛毅评点：《唐宋八家文》，《汉文大系》第三卷，富山房，1910 年增补版，1972 年；林罗山解读、醍饲石斋增述：《古文后集》，《先哲遗著汉籍国字解全书》（扉页标题《古文真宝后集集谚解大成》）第十二卷，早稻田大学出版部，1927 年；近藤正治：《古文真宝新释》，弘道馆，1929 年；笹川种郎译注：《国译唐宋八家文》，《国译汉文大成》第三卷，国民文库刊行会，1939 年 /（副刊）第六卷，日本图书中心，2000 年；星川清孝：《古文真宝（后集）》，《新释汉文大系》第 16 期，明治书院，1963 年；星川清孝：《唐宋八大家文读本（二）》，《新释汉文大系》第 71 期，明治书院，1976 年；渡部英喜、田部井文雄、吉崎一卫：《文》，《研究资料汉文学》第六卷，明治书院，1996 年，《种树郭橐驼传》注解出自田部井文雄；竹田晃编：《柳宗元古文注释—说・传・骚・吊—》，《新典社注释丛书》第 23 期，新典社，2014 年，《种树郭橐驼传》译注为高芝麻子。
[2] 三岛毅评点：《唐宋八家文》，第 38 页；笹川种郎译注：《国译唐宋八家文》，第 1313 页上；星川清孝：《古文真宝（后集）》，第 308 页；星川清孝：《唐宋八大家文读本（二）》，第 881 页。
[3] 见《文》，田部井注："'迎'，迎接。'取'，虚词，可不读。"
[4] 参考中国（含台湾）、韩国注解书如下：《柳宗元集》第二册，《中国古典文学丛书》，中华书局，1979 年；尚永亮《柳宗元诗文选评》，《新世纪古典文学经典读本》，上海古籍出版社，2003 年。俞元淡、方祖燊选注：《古今文选》第 73 期，1953 年 2 月 9 日，《唐宋八大家文选》，台北国语日报出版部，1978 年；佚名《古今文选》，世新出版社，1983 年；高政一注释：《古文观止》，利大出版社，1984 年再版；卞孝萱、朱崇才注译：《新译柳宗元文选》，三民书局，2006 年。韩武熙译解：《古文真宝》，《惠园东洋古典》第 13 期．惠园出版社，1999 年。

中国最大的汉语词典《汉语大词典》中就收录了"养视"这一词条，还列举了《管子》、《汉书》、《后汉书》中的相关用例。尽管如此，柳文依然断句如"……养。视驼……"。另外，《汉语大词典》中"观游"词条下列举了《种树郭橐驼传》作为其中一个用例，但是只引用至"……皆争迎取养"，在此也可以看出该句被理解为"……养。视驼……"。

但是，韩国的注解书中，该句虽然断句为"……养。视驼……"，译文却是"大家争相迎接橐驼到自己家，让他种树并照看，对植树热情高涨。橐驼种的树……[1]"。这和日本注解书中"……养视。驼……"的理解大同小异。

如上，究竟应断句为"……养视。驼……"，还是"……养。视驼……"？笔者以为，两者无论在语法还是意义上都能够自圆其说，只能说是理解不同的结果。

二、关于"或"的解释

在日本，有解释认为"或"为并列连接词。这种解释在中韩的注解书中并没有出现，在日本也比较少见，为慎重起见在此做简单介绍。训读如下：

驼ノ所ニ种 エレ树ヲ或イハ移徙スルー　（驼种树或移树之所）[2]

不过，这种训读不免牵强。第一，"种エレ树ヲ"为动宾结构，"移徙ス"为动词并列结构，两词语法结构不同，并列并不自然。第二，"种树"中动词"种"的宾语为"树"，但动作的对象又是"所"，宾语与动作对象重复，引起语法混乱。不过，语序若为"驼种树或所移徙"则另当别论。

若硬要把"或"理解为表示并列的连接词的话，只能训读如下：

[1] 此处为拙译。韩武熙书第 432 页原文为"…养하니，视驼…"，第 433 页通译"모두가 서로 다투어 탁타를 자기 집에 맞아들여 나무를 기르고 돌보게 하며 나무 심기에 열을 올렸다. / 탁타가 심은 나무는……"。。

[2] 见《文》，田部井注第 122 页。

駝ノ所ニ种树シ或イハ移徙スルー［驼种植（树）或移植（树）之
所］

在此，并不以"种树"为动宾短语，而是与"移徙"的构词结构（由
动词"移"、"徙"组成的动词短语，意均为移动）类似，把"种"和"树"
都理解为动词，意均为"种植"。按此训读，标题《种树郭橐驼传》中
的"种树"就与文中两次提及的"种ウレ树ヲ（种树）"的语法结构不同，
不能完全使人信服[1]。

笔者仍以为，"或"为指示词，指代上文"驼所种树"中的一部分，
或是作为副词解释为"有时"，并训读如下，最为恰当：

駝ノ所ノレ种エシ树ハ、或イハ移徙スレドモ（驼种的树，即使移
植……[2]）

再结合上述中韩对"视"的理解，则全句训读为"视レバニ駝ノ所ノレ
种エシ树ヲー、或イハ移徙スレドモ"（看驼种的树，有时即使移植）。

三、关于"无不"的管到

这个问题和第一节的断句情况相同，日本与中国（含台湾）及韩国
的解释也不同。

日本认为，"无不"管到"蕃"，一般训读如下[3]：

---

[1] 星川清孝《唐宋八大家文读本（二）》第309页中有关于"或"表示"种树"和"移徙"
的并列关系的解释"この場合の〈種樹〉は、二字とも植えるの意で、題意（種樹郭橐駝伝）
の〈樹を植える〉の用語例に反するから、従わない"。
[2] 拙文所列的日本注解书中，该句都训读为"或いは移徙すれども"，三岛书第38页及笹
川书第1313页上的"或いは移徙すとも"也是同义。在训读中，表示转折确定的"已然形＋
ども"和表示转折假定的"終止形＋とも"不能明确区分。仅上页注②所示的田部井注的训
读为例外。
[3] 拙文所列日本注解书中，几乎全都解释为"无不"的结句至"蕃"为止，仅林罗山书第
467页下中训读为"或ハ遷徙スレドモ、無シレ不コトレ活キ（即使移植也全部成活）"，这一点与中国（含
台湾）、韩国解释相同。

东亚文化比较研究

无 ^シ 不 ^{ルニ} 活 ^キ 且 ^ツ 硕茂 ^シ 、蚤 ^ク 实 ^{リテ} 以 ^テ 蕃 ^{ラー} ＝无不〈活且硕茂，蚤实以蕃〉

当然，"硕茂し（せきもし）"训读为"硕いに茂り（おほいにしげり）"，"蚤く（はやく）"训读为"蚤く（とく）"也可。但是，既然下文中有"硕 ^二 – 茂 ^{セシム} 之 ^{ヲー}（使枝叶繁茂）"及"能 ^ク 蚤 ^{クシテ} 而蕃 ^{ラシムレ} 之 ^ヲ（使结果又快又多）"两句，在此训读为"硕茂し（せきもし）"・"蚤く（はやく）"较妥。否则，若训读为"硕いに茂り（おほいにしげり）"，"しげる"则与下面"蕃る（しげる）"重复；若训读为"蚤く（とく）"，则下文"能 ^ク 蚤 ^{クシテ} 而蕃 ^{ラシムレ} 之 ^ヲ"中的サ变动词"蚤 ^{クス}（とくす）"不似自然的日语表达。

另，中国（含台湾）和韩国则认为，"无不"管到"活"，后七字"且硕茂，蚤实以蕃"被分离[1]。训读如下：

无 ^{クレ} 不 ^{ルレ} 活 ^キ 、且 ^ツ 硕茂 ^シ 、蚤 ^ク 实 ^{リテ} 以 ^テ 蕃 ^ル ＝无不活，且硕茂，蚤实以蕃

对此，究竟是遵从日本的解释，在"无不"后接两个四字短语"活且硕茂、蚤实以蕃"，还是选择中国（含台湾）或韩国的解释，在"无不活、且硕茂"两个三字短语后接"蚤实以蕃"？如上所述，两种解释在文意上均无瑕疵。或许，与第一节的断句类似，只能将其归结于理解不同。

[1] 拙文所列中国（含台湾）、韩国注解书中都断句为"无不活，且硕茂，蚤实以蕃"。在此列出笔者所译台湾卞、朱书及韩书中"视驼所种树……蚤实以蕃"的译文，后附原文，仅供参考。

卞、朱书：橐駝が植えた木を見ると、たとえ移植したものでも、根づかない木が一本もないばかりか、すべて高く生長して盛んに茂り、実を結ぶのも早く、その数も多かった。（看看橐驼所种的树，即便是移栽的，也没有不成活的，而且都长得高大茂盛，果实结得又早又多。／第313页）

韩书：橐駝が植えた木は、時として移植されたとしても枯れることがなく、活き活きと大いに茂って生長し、実の結び方もすべて他の者が植えた木より遥かに早く結び、また、結ぶ実の数もそこまで数多く実をつける木はほかにないほどだった。（탁타가 심은 나무는 때로 옮겨 심는다 해도 죽는 일이 없으며 싱싱하고 크고 무성하게 자라서 열매 맺는 것도 다른 것보다 훨씬 빨리 맺고 또그 열매의 수량도 그렇게 많을 수가 없었다. ／第433页）

愚见认为全段断句并训读如下最合适：

> 皆争ヒテ迎ヘ取リテ养视セシム。驼ノ所ノレ种ヱシ树ハ、或イハ移徒スレドモ、无クレ不ルレ活キ、且ツ硕茂シ、蚤ク实リテ以テ蕃ル。[大家争相迎接（橐驼）让其照料（树木）。驼种的树，即使移植，无不成活，且枝繁叶茂，结实又快又多。]

四、总结

本文探讨的只是柳宗元所著名篇《种树郭橐驼传》中的一小部分。即便如此，日中（含台湾）韩三国在断句和管到的问题上有不同的理解。这种差异出现在唐宋八大家之一柳宗元的《种树郭橐驼传》中，究竟意味着什么？

中日韩三国都视中国古典为共通的古典，这是毋庸置疑的事实。但是即使是同一部作品，对其理解也未必完全相同。日韩两国受中国古典的影响由来已久，在漫长的历史岁月中，两国完全可能对中国古典产生不同的解释。换言之，有可能出现"同中存异"的现象。

当然，对某部作品的全部解释完全不同的情况极少。但是对于作品的某一部分，即使字句相同，其解释也极可能因国家或个人而异。因此，笔者认为，我们在研究中国古典作品的时候不要因为是三国共同的古典便掉以轻心，至少应浏览各国主要的注解书，以示慎重[1]。

（浙江工商大学东方语言文化学院硕士研究生林奇译）

---

[1] 此为拙文《训读一般および柳文の训读について》的一部分，载于竹田晃编：《柳宗元古文注释—说·传·骚·吊—》，第455－481页，参考中韩各位学者意见已酌情修改。

中日文化篇

白居易诗和菅原道真诗
——关于湖泊诗

波户冈旭*

一、前言

面朝湖水，无论是谁都会诗兴大发。尤其是诗人，不论古今，吟诵出无数优秀的湖泊诗。

当然，中唐诗人白居易也创作了大量湖泊诗。这些诗大都是为了欣赏景色，白居易不仅喜欢天然湖泊，甚至还让人在自家庭院里修建池塘，然后临池咏诗，这是众所周知的事情。比如，被贬为江州司马时，他让人在官舍前的小院里修建小型池塘，在庐山草堂时也修建了池塘。大和三年即白居易58岁时，他在洛阳履道里的府宅修建池塘并写出有名的《池上篇并序》。

平安时代的菅原道真深受白居易湖泊诗的影响，也作有几首湖泊诗。不过，它们都是作于赞岐守时代。

本文主要论述白居易湖泊诗的特点，结合菅原道真的《秋湖赋》等几首诗赋，论述白居易诗对菅原道真的影响。

二、曲江与白居易诗

白居易的湖泊诗远超二百首。加上登高临水这一类型的《水上送别》诗，白氏的湖泊诗数量会更多。但是，我们认为对于湖泊的感怀以及诗兴最为引人入胜。

这些湖泊中，曲江位于自汉代以来就很有名的庭园中，是都市之人经常游玩宴请的地方。因为进士及第者会在此接受皇帝的赐宴，所以特别是对于文人官僚和诗人来说，曲江是个会让人产生很深感慨的地方。

---

* 日本国学院大学教授。

立于曲江之畔，白居易和很多诗人一样，也会作诗感慨一生之中所经历的事情。白氏以曲江为诗题的诗作大概有十七首。另外，在其文集的诗篇中"曲江"一词多达四十余处。

首先，来看一下贞元二十年或永贞元年（804年或805年），也就是白居易33岁或34岁时的诗作。当时白居易为校书郎，正在考备才识兼茂明体用科。

> 答元八宗简同游曲江后明日见赠
> 长安千万人，出门各有营。
> 唯我与夫子，信马悠悠行。
> 行到曲江头，反照草树明。
> 南山好颜色，病客有心情。
> 水禽翻白羽，风荷蝙翠华。
> 何必沧浪去，即此可濯缨。
> 时景不重来，赏心难再并。
> 坐愁红尘里，夕鼓鼕鼕声。
> 归来经一宿，世虑稍复生。
> 赖闻瑶华唱，再得尘襟清。

白居易病愈后和好友元宗简一起行至曲江，看到美景精神为之一振。诗中"何必沧浪去，即此可濯缨"一句依据《孟子·离娄篇》来赞叹作为官员的清廉气概。诗中写道：回家之后，如果产生俗念，读一下友人在曲江江畔所作的诗篇，这时心灵便能得到净化。总之，站在"曲江"江畔，心灵能够得到净化。又，诗中的"瑶华"据于《楚辞·九歌·大司命》。

白氏同时期的作品中有十韵诗《早春独游曲江——时为校书郎》，其曰：

> 慵慢疏人事，幽栖遂野情。
> 延看芸阁笑，不似有浮名。

即虽然自己在这个社会上有秀才之名，但实际上想做一个慵懒、不谙世事、过着安静生活的野人。这便是这首诗的诗意。面朝湖泊，确定自己想要成为野人的志趣并进行培养。在《白氏文集》中，白居易称自己为"野夫""野人""野客""野翁"，且把与这些称呼有关的心情称为"野情""野心"，白居易这样的诗有十来首。白居易出身寒门，把自己称为野夫符合实际。但即使身为官僚，也自称为"野人"，并且想要永远地做一名野人，这大概是依据《论语·先进篇》中的"先进于礼乐，野人也"。白居易身居湖泊之豪气，心灵更坚定地做个野人。

元和二年（807）秋，白居易时年 36 岁，即将成为翰林学士。他在此前作了以下这首诗：

曲江早秋

秋波红蓼水，夕照青芜岸。
独信马蹄行，曲江池四畔。
早凉晴后至，残暑暝来散。
方喜炎燠销，复嗟时节换。
我年三十六，冉冉昏复旦。
人寿七十稀，七十新过半。
且当对酒笑，勿起临风叹。

诗中对曲江早秋的景色描写只出现在开头两句，这两句以丰富的色彩描绘了傍晚时分的湖景。诗意是吹着凉爽的湖风，意识到自己开始衰老。但是，他饮酒为乐，并没有一味地感叹自己的衰老。对白居易来说，湖泊就是用来自我反省，追求内心平和的地方。诗中的"临风叹"依据于《楚辞·九歌·少司命》中的"临风怳兮浩歌"，以及谢庄《月赋》中的"临风叹兮将焉歇"。

白氏完成《曲江早秋》之后过了一两年，又作了一首《曲江独行》。这时他已成为翰林学士，该诗便是这时所作。诗曰：

> 独来独去何人识，厩马朝衣野客心。
>
> 间爱无风水边坐，杨花不动树阴阴。

道出了自己的野客心情和静谧的心境。

另，元和五年（810），白居易40岁时作了《曲江早春》和《曲江感秋》，后者曰：

> 沙草新雨地，岸柳凉风枝。
>
> 三年感秋思，併在曲江池。
>
> 早蝉已嘹唳，晚荷复离披。
>
> 前秋去秋思，一一生此时。
>
> 昔人三十二，秋兴已云悲。
>
> 我今欲四十，秋怀亦可知。
>
> 岁月不虚设，此身随日衰。
>
> 暗老不自觉，直到鬓成丝。

这是根据晋代潘岳的《秋兴赋》中的"二毛之叹"所作，诗意是感叹自己已年过四十，身体出现衰老。改诗临湖反省自身，感叹衰老，其意境属于白氏悲秋文学系列。

如前所述，白居易的曲江湖畔诗在《白氏文集》中有近二十篇。尤其是下面的这首《曲江感秋》，是白居易51岁时所作。当时其辞去中书舍人知制诰的职位，希望能够亲自赴任杭州刺史。这年七月，在离开长安之前，伫立于曲江江畔，不由回忆起此前自己人生的转折点，感慨颇深地创作了这首诗。

曲江感秋二首

元和二年、三年、四年，予每岁有曲江有感诗，凡三篇，在第七集卷。是时予为左拾遗、翰林学士。无何，贬江州司马、忠州刺史。前年，迁主客郎中、知制诰。未周年，授中书舍人。今游曲江，又值秋日。风物不改、人事屡变。况予中否后遇，昔壮今衰，慨然感怀，复有此作。噫！人生多故，明年秋又何许也？时二年七月十日云耳。

> 元和二年秋，我年三十七。
> 长庆二年秋，我年五十一。
> 中间十四年，六年居谴黜。
> 穷通与荣悴，委运随外物。
> 遂师庐山远，重吊湘江屈。
> 夜听竹枝愁，秋看滟堆没。
> 近辞巴郡印，又秉纶阁笔。
> 晚遇何足言，白鬓映朱绂。
> 销沉昔意气，改换旧容质。
> 独有曲江秋，风烟如往日。

如诗中所写的"穷通"（《孟子·尽心章句上》）、"荣悴"（《淮南子·说林训》）、"委运随外物"（《庄子·外物》）那样，白居易曾在元和二年秋和长庆二年秋（即白居易 37 岁到 51 岁）的十四年间，担任翰林学士、左拾遗、京兆户曹参军，并在下邽服丧三年。后来成为了太子左赞善大夫。在这之后的六年中，有过"居谴黜"的经历，被贬为江州司马，后出任南方内地的忠州刺史。元和十五年（49 岁）冬，任尚书司门员外郎，同年十二月荣升为主客司郎中知制诰。长庆元年（50 岁），加朝散大夫，转至上柱国，成为中书舍人知制诰。这样，在这十四年间，白居易经历了从显达跌向穷困，从穷困转向显达的境遇。但是，在这期间他还参加庐山白莲社，拜祖师慧远为师开拓道路；去湘江吊唁屈原；聆听了鄙野的哀歌——竹枝词；欣赏滟滪堆的奇岩。他的身心也因此都得到了安慰。就像诗序所载：社会就是"风物不改，人事屡变"。他更加"慨然感叹"道："况予中否后遇，昔壮今衰"。但是，白居易诗中的"穷通、荣悴和运随外物"出自《庄子·外物》中的"外物必不可少"，所以可以窥探出白居易努力不受境遇左右的心境。

三、江州时代与白居易的湖上诗

白居易在左迁为江州司马、忠州刺史的六年间创作了大量的湖上诗,如《湖上闲望》。众所周知,白居易在任职左赞善大夫时因谏言被贬,之后他就很少写讽论诗,而主要创作闲适、伤感一类的诗歌。

白居易于元和十二年(817)任江州司马第三年时,创作了《湖上闲望》:

> 藤花浪拂紫茸条,菰叶风翻绿剪刀。
> 闲弄水芳生楚思,时时合眼咏离骚。

题目《湖上闲望》,指在湖畔闲望湖面风光。起句和承句描写湖畔的紫藤花和摇曳的菰叶。但是转句突然勾起"楚思",结句吟诵"离骚"。这里的"楚思"指身为"楚客"的忧愁。"楚思"一词在《卢侍御与崔评事为予于黄鹤楼置》中也出现过。屈原失势被流放于湘江,而自己被左迁,显然,这里白居易与屈原的哀愁有相似之处。"闲弄水芳"的"水芳"指水草之花,这让人想起《离骚》中"制芰荷以为衣兮,集芙蓉以为裳"这句诗。另,白居易在后述同时期作品《南湖晚秋》中也使用"水芳"一词。也就是说,起承句描写的是"闲望",与诗题吻合,而转结句把自己的遭遇与屈原的境遇结合起来,叙述左迁之忧愁,这似乎与诗题"闲望"的韵味相异。

但是,欣赏起承句,或者反复吟诵转结句,可以发现,其景物描写并非写实,而是蕴含着某种寓意。首先,在白居易39岁所作的新乐府《紫藤》中,就把紫藤花比作祸国殃民的佞臣,对它极力抨击。所以,"藤花浪拂紫茸条"的"茸条"是杂乱丛生之意,把它比作佞臣的骄横跋扈。另,"菰叶风翻绿剪刀"中,把"菰叶"比作"绿剪刀",诗人是想用"菰叶"这把剪刀剪断藤蔓。"剪"是指把排好的东西一起切断(喻指把敌人一网打尽),白居易正是没处理好"剪"字而被流放。因此,可以说这其中也蕴含着诗人的丝丝悔恨。我们只有从诗人貌似简单的湖畔景色描写中领会这层寓意,才能理解转结句中"楚思"、"离骚"的深刻含义。

白居易同时期的另一首作品《南湖晚秋》，亦作于鄱阳湖上。咏哀秋，叹衰老，并且，"有兄在淮楚，有弟在蜀道"，痛心兄弟离散的悲惨境遇（白居易兄幼文任职浮梁县首簿，弟行简贡职于剑南东川节度府）。

此外，白居易与上述《湖上闲望》及《南湖晚秋》同时期的作品还有《江南谪居十韵》：

> 自哂沉冥客，曾为献纳臣。
> 壮心徒许国，薄命不如人。
> 才展凌云翅，俄成失水鳞。
> 葵枯犹向日，蓬断即辞春。
> 泽畔长愁地，天边欲老身。
> 萧条残活计，冷落旧交亲。
> 草合门无径，烟消甑有尘。
> 忧方知酒圣，贫始觉钱神。
> 虎尾难容足，羊肠易覆轮。
> 行藏与通塞，一切任陶钧。

诗意大体是，我被左迁江州，曾任左拾遗，为谏言之臣，胸怀壮志，为国家鞠躬尽瘁，但"天意弄人"，落魄至此。"葵枯犹向日，蓬断即辞春"，此句意思是：向日葵虽枯稿却仍追随太阳，鄙臣如向日葵一般仰慕陛下，但却像在风中连根拔断的蓬，从朝廷中被驱逐出来。如今，我如"泽畔长愁地，天边欲老身"，与屈原遭遇（《渔父辞》）相同，在忧愁中老去。"虎尾难容足，羊肠易覆轮"，去那些极其危险，地势险要的地方，会招致生命危险。因此，我现在进退维艰，只好"听天由命"。

当然，这种听天由命的心境，并非是诗人真正领悟到了人生的真谛，而是诗人在"自言自语"，"聊以自慰"。例如《晚题东林寺双池》中，诗人也是反复描写同样的忧愁，"临流一惆怅，还忆曲江春"。然而，在《江南谪居十韵》之后6年，白居易51岁作《曲江感秋二首》时，我们从"穷通与荣悴，委运随外物"中可以发现白居易正在追求这种"顺其自然"

的境界。

元和十三年（818），白居易被任命为忠州刺史（47岁），翌年三月抵达忠州。在自江州奔赴忠州途中，他驻足在洞庭湖时创作了名篇《题岳阳楼》：

> 岳阳城下水漫漫，独上危楼凭曲阑。
> 春岸绿时连梦泽，夕波红处近长安。
> 猿攀树立啼何苦，雁点湖飞渡亦难。
> 此地唯堪画图障，华堂张与贵人看。

"春岸绿时连梦泽，夕波红处近长安"描述的是眺望之景，但在写景中，诗人寄思于云梦泽，似在怀念惨遭贬放的屈原。眺望夕阳西下，这里寄寓着诗人对京城长安的眷恋之情。"猿攀树立啼何苦，雁点湖飞渡亦难"，用"猿啼"抒发旅愁。大雁贴湖低飞，即使时至新春，一路向北亦非容易，以此比况自己返回长安之艰难。该句描述从岳阳楼上眺望之美景，风景如画，宜绘成画卷，悬挂在豪奢的大厅里，让那些贵人们赏玩。诗中寓情于景，含蓄地表达诗人羁旅漂泊之感。

白居易还作有《江州赴忠州至江陵已来舟中示舍弟五十韵》：

> 早接文场战，曾争翰苑盟。
> 掉头称俊造，翘足取公卿。
> 且昧随时义，徒输报国诚。
> 众排恩易失，偏压势先倾。
> 虎尾忧危切，鸿毛性命轻。

这首诗写给与其同行的弟弟白行简，白居易回顾过往，直言不讳吐露其被罢黜的实情以及悔恨之感。诗意大体是：我曾经在翰林学院努力争光，好不容易崭露头角，被公认为俊才，有望登上公卿之位，却不擅长迎合时流，空怀一颗报效国家的赤城之心。最后遭众人排斥，失去恩宠，陷入苦境。

但是，白居易以后逐渐减少这种直抒胸中苦闷的诗句。而是追求"看庭前花开花落"的豁达境界，寄情于山川草木、花鸟鱼虫。或通过湖上闲望，表达自省，隐含上述寓意。

四、菅原道真的湖泊诗

菅原道真学习白居易诗歌的意境，在深受其影响的同时形成独自诗风。那么对于白居易的湖泊诗，他又受到哪些影响呢？道真年轻时曾出使越前国第一宫的气比神宫（现福井县敦贺市），后来官至赞岐国守，往返于濑户内海。之后又左迁至大宰府，历经长途跋涉。虽说如此，加上道真所作的海边诗、湖泊诗也并不多。即便加上《菅家文草》、《菅家后集》，湖泊诗也就大约只有十一首（其中包括障子诗二首）。嵯峨天皇时代，在神泉苑的大池、河阳离宫（山崎附近）的淀川、近江的琵琶湖等地经常举办诗歌宴会，所以这些地方也常被写进诗歌中。然而在经过了大约八十多年之后，到了宇多天皇统治时期——道真所在时代，这些池塘以及河川几乎不再被吟咏过。或许是因为道真在作为使者前往气比神宫时，没有选择近江（现琵琶湖）的道路，从而没有伫足湖上的闲暇。

道真的湖泊诗主要如下:《海上月夜》、《宿舟中》、《舟行五事》、《江上晚秋》、《亚水花》、《水边试饮》、《水声》、《渔父词屏风画也》、《傍水行近院山水障子诗》、《海上春意近院山水障子诗》、《秋湖赋》等。

以上诗作大多是把赞岐守时代赞岐官衙附近的绫川、濑户内海比拟为湖水创作而成。其余的大抵是绘画和诗赋题材。然而，赞岐守时代的作品《秋湖赋》是赋，不是湖泊诗。并且此作品好像是把濑户内海的海湾之景比拟为湖水倾力创作而成。在道真左迁大宰府后，几乎没有再创作过湖泊诗。《江上晚秋》是仁和四年（888）道真44岁任赞岐守第三年秋所作。关于诗题中的"江上"，与其说把绫川比拟为"江"，倒不如说是把濑户内海比拟为"江"。

江上晚秋

不敢闲居任意愁，劝身江畔立清秋。

山衔落日分阴驻，水趁凋年一种流。

鸥鸟从将天性狎，鲈鱼妄被土风羞。

销忧自有平沙步，王粲何烦独上楼。

"不敢闲居任意愁，劝身江畔立清秋"，很明显与白居易的湖泊诗是相通的。既之，"鸥鸟从将天性狎"见《列子·黄帝》，"鲈鱼"句见《晋书·张翰传》。第八句自注中有"仲宣赋云，暇日聊以解忧"，可见基于王粲的《登楼赋》。此外，诗中的"销忧"在《白氏文集》中出现四例，《菅家文草》中出现三例。

道真的以下诗作，尤其是划线部分可以看出深受白居易诗的影响。

亚水花

花发岩边半入流，红匀绿潄两悠悠。

日烧迅濑熏龙脑，风猎低枝破鸭头。

恰似湘妃临岸泣，欺诬蜀锦带波浮。

无人共见陶春意，触物空添旅客愁。

水边试饮

销忧见说有黄醅，游出江头试劝盏。

先饮三分惊手热，更添一酌觉眉开。

戏言凛凛秋难醉，专酌厌厌夜不回。

倾听旁人相慢语，琉璃水畔玉山颓。

诗中"玉山颓"出自《晋书·嵇康传》和《世说新语·容止篇》中"其醉也，俄若玉山之将崩"。

冬夜九·咏水声

夜久人闲也不风，潺缓触听感无穷。

石棱流紧如成曲，疑是湘妃怨水中。

障子诗·傍水行

诱引春风暂出山，知音老鹤下云间。

此时乐地无程里，鞭鞚形神独往还。

诗中"形神"出自《列子·仲尼》"形神不相偶，不与可群"。

障子诗·海上春意

蹉跎斃雪与心灰，不觉春光何处来。

染笔支颐闲计会，山花遥向浪花开。

首句中的"心灰"出自《庄子·齐物论》"心固可使如死灰"。

五、代结语

道真的《秋湖赋》拙稿已有论述，在此仅略作介绍。

这首赋的主人公是骑着疲惫的马匹、历经长途奔波归来的旅人。当时，道真的弟子文屋时实考上了文章得业生，他是来向身在赞岐的道真传达文屋时实感谢之意的。赋中，道真借文屋时实的口吻，描写了自己作为诗人的心境:否定老庄"不系虚舟"的人生观;排斥佛家"不求斗薮"的主张;不接受隐遁思想，反诘"何暇枕流";不赞同孔子仁智的自然观，强调"不乐水"。道真对上述思想及处世之术了然于胸，但他认为真正的诗人不应该去感悟这些思想，受这些观念的束缚，而应该寓情于物，净化情感，吟咏诗篇。换言之，道真虽然精通这些思想，但他认为沉浸于晚秋的自然美景，在感受到物哀的同时净化心灵，只有这样才是真正的诗人。即《秋湖赋》阐释了所谓诗人不应寻求一时感悟，应寄情于四季的自然美景，感叹物转星移，唯有如此才是诗人的最高境界。

（浙江工商大学东方语言文化学院硕士研究生

孙小庆、徐铮铮、赵建培译）

互相关联的主题
——以《大云寺缘起》所载成寻的日本奇瑞为中心[*]

水口干记[**]

一、问题点

在现今京都府的京都市左京区岩仓，有一座名为大云寺的小寺庙，其近傍为实相院，每当红叶时节，游人如织，人声鼎沸，这里至今还存留有冷泉天皇的皇后昌子内亲王的陵墓。天台僧成寻年愈六旬还偷渡赴宋，而大云寺则以成寻曾为此寺住持而闻名遐迩，不过当时较之现在的寺院面积更大。

关于成寻，我们可以根据他写下的渡航记《参天台山五台山记》、以及由其母亲深情缀集的与他离别有关的诗歌与文章集《成寻阿阇梨母集》，来详细了解成寻渡海前后的情况[1]。然而，要想知道出生年份及出家情况等成寻的个人经历，则还需查阅《大云寺缘起》。

关于成寻的传记，最早的作品是 12 世纪初由大江匡房编纂的《续本朝往生传》，不过从某一时期开始，出现了初期传记中所没有的在日

[*] 本文为日本科学研究费助成事业基盘研究（Ｂ）（一般）《前近代東アジアにおける術数文化の形成と伝播·展開に関する学際的研究》（课题番号：16H03466）的部分研究成果。
[**] 日本藤女子大学副教授。

[1] 即使仅举专著，相关成果也有岛津草子的《成寻阿阇梨母集·参天台五臺山记の研究》（大藏出版，1959 年），平林文雄《参天台五臺山记　校本並に研究》（风间书院，1978 年），宫崎庄平《成寻阿阇梨母集　全訳注》（讲谈社，1979 年），伊井春树《成寻の入宋とその生涯》（吉川弘文館，1996 年），同《成寻阿阇梨母集全释》（风间书房，1996 年），斋藤圆真《参天台五臺山记》Ⅰ、Ⅱ、Ⅲ（山喜房佛书林，1997、2006、2010 年），藤善真澄《参天台五臺山记の研究》（关西大学出版部，2006 年），同译注《参天台五臺山记》上、下（关西大学出版部，2007、2011 年），王丽萍校点《新校参天台五台山记》（上海古籍出版社，2009 年），森公章《成寻と参天台五臺山记の研究》（吉川弘文館，2013 年），拙著《渡航僧成寻、雨を祈る一〈僧传〉が语る異文化の交错一》（勉诚出版，2013 年）等。

本的奇瑞谭（《续本朝往生生传》只记载其在宋事迹）[1]。而最详细地记载了这一奇瑞谭的是《大云寺缘起》，那是关于大云寺内的宝塔院中两种童子出场的奇瑞谭。其详细情况将在后述，但是，它们都是讲述成寻诵经之卓绝，以及神佛调和的故事。那么，该故事何以作为成寻所引起的奇瑞而记载于成寻的传记中呢？

为考察此问题，本文详细地探讨了《大云寺缘起》所载的成寻在日本发生的奇瑞谭。具体来说，以"青衣"为研究关键词，尽可能地列举中日两国中有关青衣的事例，类分"青衣"的含义。特别是，列举了中国高僧传等相关作品中的神佛调和（神身脱离、护法善神）的事例，指出在成寻奇瑞的背后有中国神佛调和故事的影子，此外，还指出"青衣"所具有的众多主题复杂地互相关联在一起而形成成寻奇瑞谭。

二、《大云寺缘起》所载的成寻日本奇瑞

接下来，先例举几个相关的内容。本文所采用的《大云寺缘起》文本，是以考彰馆本为底本的活印《续群书类从》第二十七辑所收本（以下称为续群书本），和另一系统的东京大学史料编纂所藏实相院本（以下称为东大藏实相院本）[2]。

成寻的日本奇瑞谭有两类，第一是宝塔院奇瑞。（以下称为奇瑞 A）

> 如法院之东建立多宝塔，内阵三重坛筑，法华曼荼罗木像四十六尊安置，多宝院号。每日十二时，一千日之间，法华三昧。塔艮角住，昼夜睡眠止。然处青衣天童降而诵经听闻，是莲华坊恒久阿阇梨常见。此恒久者，庆祚大阿阇梨上定弟子，护法善神常来而遗，或钵空飞神变现人也。（续群书本）

---

[1] 以前的观点认为《大云寺缘起》最早，但是笔者将《续本朝往生传》认定为最早，具体情况请参考前注拙著《渡航僧成寻、雨を祈る》。

[2] 对于这两版本的详细情况，请参考拙著《東京大学史料编纂所藏实相院本〈大云寺缘起〉の紹介・翻刻》（小林真由美、北条勝貴、增尾伸一郎编《寺院缘起の古层—注释と研究—》，法藏馆，2015 年）。又，在这之外，还有诸多版本，可详见角田文卫《大雲寺と観音院—創建と初期の历史—》（《角田文衛著作集》第四卷《王朝文化の諸柜》，法藏馆，1984 年。初刊于1968 年）。

如法院之东建立多宝塔〈号宝塔院〉，内阵筑三重坛，奉安置木像法华曼陀罗四十六尊。□日十二时修法花秘法一千日，兼行常住法花三昧。住塔艮角，昼夜不眠。然青衣之天童二人降来宝塔之上，听闻大师之诵经。于莲华房恒久阿阇梨常见之，则告申大师。此恒久者，庆祚大阿阇梨付法之上息，或仕护法、或飞空钵，现神变人也。（东大藏实相院本）

两者虽然在语句上略有不同，但是大意相同。故事为恒久阿阇梨所见之事，即成寻在如法院东面所建立的多宝塔内讲法华三昧经时，"青衣天童"（"青衣之天童"）（续群书本没有记载人数，东大藏实相院本记载为二人）从天而降听其诵经。这个故事在《大云寺缘起》以外的文本中也可得见，按照作品的成书时间列举如下：

口传云，巖仓成寻阿阇梨，常法花经读诵。或时，室上青衣童子出现。邻房圆寂房阿阇梨云人，我坊见之，庭上来向礼敬之云云。彼童子乘云，合掌礼彼成寻。彼圆寂房作奇特之念。（《读经口传明镜集》）（弘安七年，1284）[1]

寻在大云寺时，常读法华。一日青衣童子来屋上闻经，众人皆见，童忽隐。（《元亨释书》卷十六《力游·宋传法院成寻》）（元亨二年，1332）

法华法行岁。法行经读时，青衣童子常室上。（《真言传》第六）（正中二年，1325）

一日青衣童子来屋上闻经。众人皆见，童忽隐。（《本朝法华传》卷二《神感第六·大云寺成寻》）（万治三年，1660）

寻在大云寺，转法华。有青衣童子来听。（《东国高僧传》卷六《宋传法院善慧大师》）（贞享四年，1687）

有青衣童子来屋上听。人见则隐。（《本朝高僧传》卷

---

[1] 此处依据柴佳世乃的《読経道の成尋阿闍梨説話―読誦と奇瑞―》（藤原良章编《中世人の軌跡を歩く》，高志书院，2014年）。

六十七《宋国传法院沙门成寻传》)（元禄十五年，1702）

第二是关于位于宝塔院东南方的大槻木的奇瑞(以下称之为奇瑞B)。

又宝塔院巽方有大槻木，枝叶茂盛。成寻读经给，夜半非风雷之冒，件槻木枝俄折大地落。怪给处。我从伊势大神宫之御使也童子来。汝之诵经之声遥至梵天。殊内外之宫不离，虽无不足，犹为结缘参临处也。仍眷属之神多木之枝居给故也，不可怪云。双还童子神被遗身也，虚空飞去。（续群书本）

一、宝塔院巽方有大槻木，枝叶茂盛。大师坐禅诵经给夜半计无风雪冒，件树枝俄折落地。大师为怅处，其晓自伊势太神宫〔或贵船云云〕有御使〔号双环童子〕〕云、大师之诵经之声遥至大梵天。不离内外宫，听闻虽为足，犹为结缘所参临也。而眷属之神士，多居木枝，故折毕，不可为怪〔云云〕。成此言讫童子忽隐。（东大藏实相院本）

73

这也是关于成寻诵经的故事。成寻读经时，虽然深夜无风，大槻树的树枝却突然折断落地。成寻惊讶之时，伊势大神宫（东大藏实相院本中记载为"或为贵船"）的御使童子（双还[环]童子）出现并告诉成寻，"你诵经之声响彻梵天，在内宫外宫久绕不离，听一听便已觉享受，但是为与你结好来到此地，许多亲族也来于此，停留在树枝上，因此树枝折断，不必惊讶。"

与奇瑞 A 相同，在其他作品中也有所记载。

大云之宝塔院东南有大槻树。寻诵经，中夜无风其枝自折。侵晓童来诊曰，伊势太神宫传语，阇梨诵经声极梵天。我虽不离本宫，常来闻之。今夜又率眷属来，诸神多居树上，故枝折耳，愿师莫诊也。语已不见。（《元亨释书》卷十六《力游·宋传法院成寻》）

大云之宝塔院东南有大槻树。寻诵经，中夜无风其枝自折。

侵晓童来谂曰，伊势大神宫传语，阇梨诵经声极梵天。我虽不离本宫，常来闻之。今夜又率眷属来。诸神多居树上，故枝折耳，愿师莫讶也。语已不见。（《本朝法华传》卷二《神感第六·大云寺成寻》）

寺之傍有大树，一夜无风其枝自折。侵晓童子告曰，伊势大神传语，阇梨诵经时，声彻梵天。我等不离本宫，常来随喜。夜来又率眷属至，诸神多栖树上，故枝折，愿勿讶。语已不见。（《东国高僧传》卷六《宋传法院善慧大师》）

寺之傍有大槻树，一夜无风其枝自折。凌晓童子来告曰，伊势太神传语，阇梨诵经时，声通梵天。我等不离本空，常来随喜。夜来又率眷属至，诸神多集树上，故有枝损，愿勿为虑。语毕不见。（《本朝高僧传》卷六十七《宋国传法院沙门成寻传》）

关于上述的奇瑞 A、奇瑞 B，在与成寻相关的先行研究中基本未有涉及，但是两奇瑞谭何时形成的这一问题，对于考察《大云寺缘起》的成书非常重要。本文将以奇瑞所涉及的"青衣"为中心进行探讨（另，对于两奇瑞谭之间的密切联系将于后述）。

三、"青衣天童"的背景——中国

本节对中国文献中出现的"青衣"进行探讨。

（一）与五行有关的"青衣"

五行思想将万物分为五类,将各种各样的东西分别配对于五行(木、火、土、金、水)，并对它们进行灵活运用。这其中的"木"在方位上被分配于东方，在季节上分配于春季，在颜色上分配于青色。为此，"青衣"在与木、东和春有关的文章中经常登场，以下且举一例：

孟春之月，招摇指寅，昏参中，旦尾中。其位东方，其日甲乙，盛德在木，其虫鳞，其音角，律中太蔟，其数八，其味酸，其臭膻，其祀户，祭先脾。东风解冻，蛰虫始振苏，鱼上负冰，獭祭鱼，候雁北。天子衣青衣，乘苍龙，服苍玉，建青旗，食麦与羊，服八风水，爨其燧火，东宫御女，青色衣，青采，鼓琴瑟，其兵矛，其畜羊，朝于青阳左个，以出春令。（《淮南子·时则训》）

初春的月份里，天子身穿"青衣"，驾驭"苍龙"，佩戴"苍玉"等，所有东西的叙述都限定在青（苍）中。这种叙说法也散见于其他文献。

（二）作为卑贱身分者的"青衣"

东汉的蔡邕（133—192）著有《青衣赋》[1]。该赋的内容是叙述对"青衣"的恋慕之情，在这里"青衣"是指"女佣人"、"婢女"[2]。以《青衣赋》为代表的作为卑贱身份者象征的"青衣"，也散见于其他文献。

魏孝昭之世，搜扬天下才俊，清河崔罗什，弱冠有令望，被征诣州，夜经于此。忽见朱门粉壁，楼台相望。俄有一青衣出，语什曰："女郎须见崔郎。"什怳然下马，入两重门，内有一青衣通问引前。（《酉阳杂俎》卷十三《长白山西有夫人墓》）

此处登场的"青衣"在东洋文库本《酉阳杂俎》（今村与志向雄译）中，被翻译为"女奴隶"，仍然还是作为卑贱身份者的代表。

崇真寺比丘慧凝，死一七日还活。经阎罗王检阅，以错名放免。慧凝具说过去之时，有五比丘同阅。一比丘云是宝明寺智圣，坐禅苦行得升天堂。有一比丘，是般若寺道品，以诵四十卷涅槃，亦升天堂。有一比丘云是融觉寺昙谟最，讲涅槃、华严，领众千人。阎罗王云："讲经者心怀彼我，以骄凌物，比丘中第一粗行。今唯试坐禅、诵经，不问讲经。"其昙谟最曰："贫道立身以来，唯好讲经，实不闇诵。"阎罗王勒付司。即有青衣十人送昙谟最向

---

[1] 见《艺文类聚》卷三十五、《初学记》卷十九，但并不完整。
[2] 福井佳夫：《蔡邕の《青衣赋》について一游戏文学論（五）一》，《中京国文学》二二，2003 年。

西北门。屋舍皆黑，似非好处。有一比丘云是禅林寺道弘，自云教化四辈檀越，造一切经，人中金象十躯。阎罗王曰："沙门之体，必须摄心守道，志在禅诵，不干世事，不作有为。虽造作经像，正欲得他人财物。既得他物，贪心即起。既怀贪心，便是三毒不除，具足烦恼。"亦付司，仍与昙谟最同入黑门。有一比丘云是灵觉寺宝明，自云出家之前，尝作陇西太守，造灵觉寺成，即弃官入道。虽不禅诵，礼拜不缺。阎罗王曰："卿作太守之日，曲理枉法，劫夺民财，假作此寺，非卿之力，何劳说此。"亦付司，青衣送入黑门。（《洛阳伽蓝记》第二《城东·崇真寺》）[1]

这里讲述的是慧凝死后复苏的见闻。宝明寺院的智圣等五个僧人在阎罗王处被审判各自生前的行为。其中融觉寺的昙谟最，是"讲涅般，华严，引领众千人"的人物，但是阎罗王将讲经等行为判罪为"比丘中第一粗行"，于是他被送到"西北门"、"黑门"（大概是通向地狱那样地方的入口）。那时，领着他去的是"青衣十人"。剩下的禅林寺的道弘、魂觉寺的宝明也同样被送到"黑门"，宝明还是由"青衣"送去。据此可知，这里的"青衣"代表的是阎罗王的侍从。

释法照，不知何许人也。大历二年，栖止衡州云峰寺，勤修不懈。于僧堂内粥钵中，忽睹五彩祥云，云内现山寺。……则五年四月五日到五台县，遥见佛光寺南数道白光。六日到佛光寺，果如钵中所见，略无差脱。其夜四更，见一道光从北山下来射照，照忙入堂内。乃问众云："此何祥也，吉凶焉在？"有僧答言："此大圣不思议光，常答有缘。"照闻已，即具威仪，寻光至寺东北五十里间，果有山。山下有涧，涧北有一石门，见二青衣可年八九岁。颜貌端正，立于门首。一称善财，二曰难陀。相见欢喜，问讯设礼，引照入门。向北行五里已来，见一金门楼。渐至门所，乃是一寺。寺前有大金榜，题曰大圣竹林寺，一如钵中所见者。方圆可

[1]《宋高僧传》卷二十九《慧凝传》记载有同样的故事。

二十里，一百二十院皆有宝塔庄严，其地纯是黄金，流渠华树，充满其中。照入寺至讲堂中，见文殊在西，普贤在东。各据师子之座，说法之音，历历可听。文殊左右菩萨万余，普贤亦无数菩萨围绕。照至二贤前，作礼问言。……造大圣前，作礼辞退。还见二青衣，送至门外。礼已举头，遂失所在，倍增悲感。乃立石记，至今存焉。（《宋高僧传》卷二十一《法照传》）[1]

在这个故事中，法照在修行时曾发现粥钵内出现云，云中出现了山寺（竹林寺），而当他真正去到那里，便发现在钵中看到的石门，那里还出现了年龄大概八、九岁，相貌端正的"二青衣"，他们分别是"善财"和"难陀"。他们把法照带到了文殊和普贤的住处，回来时也是"二青衣"把他送到门口。这里的"青衣"（童子）是作为带领法照到文殊和普贤处的领路者。

隋有康抱者，江南搢绅之士，少有学行。大业九年，杨玄武作乱。其兄受玄武官，抱缘兄坐，当死而潜避，自匿于京师。至十年，抱因入秘书省，寻觅旧识。是时炀帝不在皇城，诸门皆闭。唯开安上一门，出入皆由之。抱适入门，遇见一旧相识人姓曾。曾亦江南人，时判留守事。见抱与语，问其所安。抱知其相悉，亦以情告。既别而入，曾氏使人逐捕之。抱入秘书，逐者捕以告官。时王邵为秘书少监，先与抱故识，不欲罪之。乃迎谓："捕者我早识。"康抱知其旨，应声答曰："实南丁避役耳。"邵驱出令去。捕者还报曾，曾又于安上门邀捕擒之。抱知不免，谓曾曰："我诚负官死，自我分，然无负于卿。卿与我故知，不能相济，易及如此。若死者有知，必当相报。"抱寻伏法。后数日，曾宅在太平里。将入留守，由善和里于西门内忽见抱，乘马，衣冠甚鲜，二青衣从后。谓曾："我命亦将尽，然尚可三年。由卿任我，我今任太山主簿，已请天曹报杀卿。"曾叩头谢罪，请为追福。抱许而忽不

---

[1]《净土往生传》卷下《释法照传》也载有同样的故事。

见。数日又遇抱。于此谓曾曰："我终杀卿。放卿七日，修福。过此当先取卿头将去。若不信者，卿死面当在背。"曾惧还家修，如期而死，回于背，果如所言。康亲识人说云尔也。（《冥报记》卷下《第十六话·江南康抱传》）

因为哥哥参与杨玄武之乱而受连坐的康抱，让老朋友曾氏掩蔽自己，结果却遭其背叛，于是临刑前留下"若死者有知，必当相报"之语。几天后，后面跟随着"二青衣"的康抱造访了曾氏的住所。在这里，"青衣"也是被认定为侍从的形象。

综上所述，在很多的传说中，青衣是作为侍从或领路者这样的卑贱身份。而且，虽然不能一概而论，但是在这些场景中，出场者人数似乎多在两人以上（偶数）。

（三）作为非人的"青衣"

虽然在上一章节中，也已看到作为非人存在的"青衣"，但是还有单独作为不可思议之存在而出场的故事。

> 颜含，字弘都。次嫂樊氏，因疾失明。医人疏方，须蚺蛇胆，而寻求备至，无由得之。含忧叹累时，尝昼独坐，忽有一青衣童子，年可十三四，持一青囊授含。含开视，乃蛇胆也。童子逡巡出户，化成青鸟飞去。得胆，药成，嫂病即愈。（《搜神记》卷十一）[1]

这个故事是说，颜含的二嫂樊氏，因病而失明了。医生说医治必需蚺蛇胆（蟒的肝），而就在因不能得到蚺蛇胆而悲叹不止时，突然出现"一青衣童子"并给他装有蛇肝的"青囊"，然后变成"青鸟"飞走了。也就是说，"青衣童子"即"青鸟"。

[1] 卷数根据二十卷本。

古巢，一日江水暴涨。寻复故道，港有巨鱼，重万斤，三日
乃死。合郡皆食之。一老姥独不食。忽有老叟曰："此吾子也。不
幸罹此祸，汝独不食，吾厚报汝。若东门石龟目赤，城当陷。"姥
日往视。有稚子讶之，姥以实告。稚子欺之，以朱傅龟目。姥见，
急出城。有青衣童子曰："吾龙之子。"乃引姥登山，而城陷为
湖。（《搜神记》卷二十）

这是流传甚多的洪水传说之一。当有人说若石龟的眼睛变红就会发
洪水，城便会沉没于水底时，一个小孩把石龟的眼睛涂红了。看到此事
的"一老姥"出城后，"青衣童子"说是"吾龙之子"，带一老姥带到了
山上。结果，城所在的地方变成了湖。此处可知，"青衣童子"是"龙之子"。

糜竺用陶朱计术，日益亿万之利，货拟王家，有宝库千间。
竺性能赈生恤死，家内马厩屋及有古冢，中有伏尸，夜闻涕泣声。
竺乃寻其泣声之处，忽见一妇人袒背而来，诉云："昔汉末妾为赤
眉所害，叩棺见剥，今袒在地，羞昼见人，垂二百年。今就将军乞
深埋，并弊衣以掩形体。"竺许之，即命之为棺椁，以青布为衣
衫，置于冢中，设祭既毕。历一年，行于路西，忽见前妇人，所著
衣皆是青布，语竺曰："君财宝可支一世，合遭火厄，今以青芦杖
一枚长九尺，报君棺椁衣服之惠。"竺挟杖而归。所住邻中常见
竺家有青气如龙蛇之形。或有人谓竺曰："将非怪也？"竺乃疑
此异，问其家僮。云："时见青芦杖自出门间，疑其神，不敢言
也。"竺为性多忌，信厌术之事，有言中忤，即加刑戮，故家僮不
敢言。竺货财如山，不可算计，内以方诸盆瓶，设大珠如卵，散满
于庭，谓之宝庭，而外人不得窥。数日，忽青衣童子数十人来云：
"糜竺家当有火厄，万不遗一，赖君能恤敛枯骨，天道不辜君德，
故来禳却此火，当使财物不尽。自今以后，亦宜防卫。"竺乃掘沟
渠一周绕其库。旬日，火从库内起，烧其珠玉十分之一，皆是阳燧
旱燥自能烧物。火盛之时，见数十青衣童子来扑火，有青气如云，
覆于火上，即灭。童子又云："多聚鹳鸟之类，以禳火灾，鹳能

聚水于巢上也。"家人乃收鸡鹊数千头养于池渠中，以厌火。竺叹曰："人生财运有限，不得盈溢，惧为身之患害。"时三国交锋，军用万倍，乃输其宝物车服，以助先主。黄金一亿斤，锦绣毡罽积如丘垄，骏马万匹。及蜀破后，无复所有，饮恨而终。（《拾遗记》卷八《蜀》）

在该故事中，有三种"青"出场。首先是"妇人"。这个妇人，是死了二百年的死人，主人公糜竺曾用"青布"给她制作衣服进行吊唁。第二种是"青芦杖"。这是在糜竺吊唁妇人的一年后，裹着"青布"的妇人为了保护糜竺的家产不受火灾危害而给他的，是形状像"龙蛇"一样，会冒"青气"的不可思议的拐杖。"家僮"因为曾见其自由出入门庭而怀疑其为"神"。而第三种是"青衣童子数十人"。他们在糜竺收到"青芦苇拐杖"不久后突然出现，是来告知将发生火灾的。而且他们在实际火灾发生时也在灭火。这个时候，据说"青气"像云一样地出现。这样，该故事以"青"为基调进行具象化，展开浓郁的青的世界。裹缠"青布"的妇人和"青衣童子"都是作为救助主人公的不可思议的存在而出现。

除上述记载外，在僧传之中同样也有作为非人存在的"青衣"登场。例如在《梁高僧传》卷十一《习禅·竺昙猷传》[1]中：

> 晋太元中，有妖星。帝普下诸国有德沙门，令斋忏悔攘灾，猷乃祈诚冥感。至六日旦，见青衣小儿来悔过去，横劳法师。是夕星退。

可知"青衣小儿"即妖星。此外，新罗崔致远作的《唐大荐福寺故寺主翻经大德法藏和尚传》中记载有"况初译经时，龙变青衣童子"。即龙变化成青衣童子。而且，这个传说是新罗人记载的，因此这种对"青衣"的认识可能在新罗也流行。

---

　[1]《法苑珠林》卷八十三《感应缘》、《神僧传》卷二《昙猷传》中也载有该文。

往宝林山寺行法华三昧，初日初夜，如有人来摇动户扇。璪即问之："汝是何人夜来摇户。"即长声答云："我来看灯耳。"频经数过，问答如前。其寺内先有大德慧成禅师，夜具闻之。谓弟子曰："彼堂内从来有大恶鬼，今闻此声，必是鬼来取一人也。"天将欲晓，成师扣户而唤璪。未暇得应便绕堂唱云："苦哉苦哉其人了也。"璪即开户问意，答云："汝犹在耶！吾谓昨夜鬼已害汝。故此嗟耳。"成师以事咨王，王遣数十人执仗防护。璪谓防人曰："命由业也，岂是防护之所加乎？愿诸仁者将领还城，启王云尔。"防人去后，第二日夜，鬼入堂内，搋壁打柱，周遍东西。堂内六灯，璪即灭五留一。行道坐禅诵经坦然无惧。于三七日中事恒如此。行法将讫，见一青衣童子，称赞善哉，言已不现。（《续高僧传》卷十九《释智璪传》）[1]

在这个故事中，在宝林山寺行法华三昧时，会有鬼来杀人。听说了此事的王想要有所防护，不过智璪以"生命源于业"为由拒绝。第二日夜晚鬼进入堂内，敲墙锤柱，但智璪只留下六盏灯中的一盏，行道坐禅念经，不为所惧。经过了二十一日，在行法即将结束的时候，来了一位青衣童子称赞说"善哉"，后来（鬼的）声音就销声匿迹了。在这里，虽然不能判断"青衣童子"是神还是鬼，但显然是非人的存在。

（四）作为神的"青衣"

这里想探讨以神的姿态出场的"青衣"，这时需要注意的是，大多数是在与神佛调和相关的故事中出场的。

嵩岳破灶堕和尚，不称名氏。言行叵测隐居嵩岳。山坞有庙甚灵。殿中唯安一灶，远近祭祠不辍，烹杀物命甚多。师一日领侍僧入庙，以杖敲灶三下云："咄，此灶只是泥瓦合成。圣从何来？

---

[1]《弘赞法华传》卷四《释智璪传》、《法华传记》卷三《释智璪传》、《神僧传》卷五《智璪传》也载有该文。

互相关联的主题——以《大云寺缘起》所载成寻的日本奇瑞为中心

81

灵从何起？怎么烹宰物命。"又打三下，灶乃倾破堕落［安国师号为破灶堕］。须臾，有一人青衣峨冠，忽然设拜师前。师曰："是什么人？"云："我本此庙灶神，久受业报。今日蒙师说无生法，得脱此处，生在天中。特来致谢。"师曰："是汝本有之性。非吾强言。"神再礼而没。（《景德传灯录》卷四）[1]

　　这里说的是庙堂的"灶神"因为一位僧人而获得解脱的故事，此时的"灶神"以"青衣峨冠"的姿态出现。这个故事似乎在日本中世以后也很有名，堤邦彦氏的研究表明"从中世到近世，在僧院之中，大陆源起的"青衣"和禅僧的教化故事是作为众所周知的演讲材料而广为流传"[2]。这里认为僧（佛教）比神（神祇）地位更高，和《大云寺缘起》中的奇瑞A、B的观念相同。若如堤氏指出的那样，这个故事在中世以后传播开来并产生各种各样的说话故事，那么，我们也可以考虑该故事对奇瑞A、B成立的影响。只是，因为目前的研究已经表明，与神佛调和有关的故事从古代开始就受到中国文献的影响[3]，所以，我们也可以从这之前的故事来加以探讨。我们想关注的是唐朝道宣撰写的《集神州三宝感通录》卷下所收载的如下的故事。

　　汉桓帝时，沙门安清字世高者，安息国王之太子也。舍位出家入于圣果。自云："过去曾至广州值一昔怨，见便唾手以刀逐之。"高曰："卿之宿怨犹未除也。"其人曰："真得汝矣。"便申颈受刃，于彼命终。今生为太子，即高身也。有一同学好施，多瞋。高曰："卿明经好施，不在吾后，然多瞋怨，命报如何？"彼曰："物来相恼，诚难忍之，冀受报时，希垂拯济。"高然之。彼

[1]《佛果圜悟禅师碧岩录》卷十、《万松老人评唱天童觉和尚颂古从容庵录》卷四《第五十八·则刚经轻贱》、《佛祖历代通载》卷十三、《五灯会元》卷二《嵩岳破灶堕和尚传》也载有该文。
[2] 堤邦彦：《青衣の得脱者—《雨月物語》"青頭巾"まで—》,《芸文研究》65，1994年。
[3] 吉田一彦：《多度神宮寺と神仏習合》，梅村乔编《古代王権と交流》四《伊勢湾と古代の東海》，名著出版，1996年；北条胜贵：《〈神身離脱〉の内的世界—救済論としての神仏習合—》,《上代文学》104，2010年，等等。

命终已，便于此土为亭湖神，威力所统上下千里，祈祷给福，分风沿沂。

高历游中原将往度之，寄载至湖。舟人奉牲请福。神曰："船上沙门可召来也。"即召来至。神曰："吾昔与君本惟同学。但以多瞋故受神报，命在旦夕，死入地狱。然此形骸恐污江湖。当徙于西岸。有布绢千匹并宝物，可用致福。"高曰："故来相造叙昔旧缘，报至难免，长慨如何，可现真形。心愿尽矣。"神曰："丑形可耻，如何示人。"高曰："但出无损。"神乃从座后出身，乃是大蟒，伸颈至高膝上。高见已泪出如泉，蟒亦下泣。便作胡呗三契为除。鳞内小虫又作胡语数百言已，蟒便渐隐。高命舟人尽取财宝，载往豫章举帆西引。蟒又登山出身极望。夜宿江浦，有青衣者上船曰："蒙为兴福，得免苦趣，极受安乐。"高以其物为造东寺。明日江西泽中有一死蟒。头尾相去极远。今浔阳蛇头蛇尾村是也。

高重往广州，问昔害身犹尚在，执手解仇为善知识。

这个故事讲的是，安清（安世高）前世的同学虽然好布施却因"多瞋怨"而受"神报"成为亭湖神（身形为"丑形"的"大蟒"），在现世与安清再次见面时，便请求他帮其"致福"。在安清契三遍"胡呗"，念数百言"胡语"后，蟒蛇也在不久后消失了。安清拿着亭湖神给的财宝，乘船往西行去。夜晚停泊时有"青衣者"上船，向他述说已脱离了"苦趣"而得以享受"安乐"，次日发现了蟒蛇的死骸。这个也是神借助僧的力量脱离苦海的故事，也是"神身离脱谭"。这里的"青衣者"以"蟒"的形态登场，实际上是"亭湖神"[1]。该故事在《梁高僧传》卷一《译经上·

互相关联的主题——以《大云寺缘起》所载成寻的日本奇瑞为中心

---

[1] 关于安清的传说，详见北条胜贵的《東晋中国江南における〈神仏習合〉言説の成立—日中事例比較の前提として—》（根本诚二、宫城洋一郎编《奈良仏教の地方的展开》，岩田书院，2002 年）。

汉洛阳安清》中也有同样的记载，不过在那里被记载为"一少年"[1]，而并非就是"青衣"。然而这本书在正仓院文书中也能见其书名[2]，显然奈良时代已经传到日本。所以，有人阅读"青衣者"的故事也很正常。同样，在正仓院文书中有其书名的《续高僧传》[3]中，也记载了有"青衣"登场的"神身离脱谭"。

> 少傅沈约，隆昌中外任，携与同行。在郡惟以静漠自娱。禅诵为乐，异香入室，猛兽驯阶。常入金华山采桔，或停赤松涧游止。时逢宿火乍属神光，程异不思故略其事。有道士丁德静，于馆暴亡。传云，山精所弊。乃要大治祭酒居之，妖犹充斥。长山令徐伯超立议，请约移居，曾未浃旬，而神魅弭息。后昼卧见二青衣女子，从涧水出礼悔云："夙障深重堕此水精，昼夜烦恼，即求授戒。"自尔灾怪永绝。（《续高僧传》卷六《释慧约传》）

这个故事也是神凭借僧的力量而得救的故事。沈约在隆昌（南齐年号）年间赴外地任职，慧约在和他同行时发生很多不可思议的事。因此，（徐伯超）请慧约移居（至此），结果不到十天（浃旬），"神魅弭息"（鬼

---

[1] 原文如下。又，《出三藏记集》《开元释教录·附入藏目录》、《贞元新定释教目录》也有"一少年"。

高游化中国，宣经事毕，值灵帝之末，关洛扰乱，乃振锡江南。云："我当过庐山，度昔同学。"行达亭湖庙。此庙旧有灵威，商旅祈祷，乃分风上下，各无留滞。尝有乞神竹者，未许辄取，舫即覆没，竹还本处。自是舟人敬惮，莫不慑影。高同旅三十余船，奉牲请福。神乃降祝曰："船有沙门，可便呼上。"客咸惊愕，请高入庙。神告高曰："吾昔外国与子俱出家学道，好行布施，而性多瞋怒，今为亭庙神。周回千里，并吾所治。以布施故，珍玩甚丰，以瞋恚故，堕此神报。今见同学，悲欣可言。寿尽旦夕，而丑形长大。若于此舍命，秽污江湖，当度山西泽中。此身灭后，恐堕地狱。吾有绢千疋并杂宝物，可为立法营塔，使生善处也。"高曰："故来相度，何不出形？"神曰："形甚丑异，众人必惧。"高曰："但出，众人不怪也。"神从床后出头，乃是大蟒。不知尾之长短，至高膝边。高向之梵语数番，赞呗数契。蟒悲泪如雨，须臾还隐。高即取绢物，辞别而去。舟侣扬帆，蟒复出身，登山而望。众人举手，然后乃灭。倏忽之顷，便达豫章。即以庙物造东寺。高去后，神即命过。暮有一少年上船，长跪高前，受其咒愿，忽然不见。高谓船人曰："向之少年，即郝亭庙神。得离恶形矣。"于是庙神歇末，无复灵验。后人于山西泽中，见一死蟒。头尾数里。今浔阳郡蛇村是也。

[2] 在天平九年八月廿五日的"经纸充经帐"（《大日本古文书》卷七，第113页）中有几处可见"集神州三宝感通录三卷用纸一百十四枚"等。

[3] 在天平胜宝五年三月六日的"僧智憬启"（《大日本古文书》卷三，第618页）中有几处可见。

魅消失了）。之后，"二青衣女子"来礼悔，说是因"夙障"深重而堕落成水精，日夜烦恼，所以求他为之授戒。此后，灾怪绝迹。此处可知，神变成了"青衣女子"。

因此，神佛调和（神身离脱）的类似故事，应该在堤氏所指出的时代之前已经传到日本。而且，这些故事里如神作为"青衣"或者"一少年"等出现，说明已有青衣和童子相关联的言说。

再者，不仅仅是神身离脱，在护法善神的说话故事中也有青衣登场。例如，《佛祖统纪》卷三十六（卷五十三也有同样的故事）中：

> 二年，益州刺史傅琰言，沙门玄畅建齐隆寺，感青衣神人绕山守卫。

可以看出，沙门玄畅建齐隆寺后，青衣神人绕山守卫。又，《续高僧传》卷六《释慧韶传》中：

> 当于龙渊寺披讲将讫，静坐房中感见一神，青衣帕服致敬曰："愿法师常在此弘法。当相拥卫。"言讫而隐。遂接席数遍，清悟繁结。昔在杨都，尝苦气疾，缀虑恒动。及至蜀讲众病皆除。识者以为寺神之所护矣。

这里是说，慧韶和梁武陵王一起去蜀时，在龙渊寺披讲完后，在房中静坐，这时出现了一个"青衣帕服"的神，说完"法师请在这里弘扬佛法，我会保护你的"后就消失不见。这里主张的是"青衣帕服"的神保护法师（佛教）。

如此，在与神佛调和相关的故事中，常常是神以"青衣"的形象登场，凭借僧人而得以解脱或承担保护僧人的作用。

（五）作为僧（形象）的"青衣"

另一方面，也有以僧的形象呈现的"青衣"，如《续高僧传》卷七《释法朗传》：

昔梁天监十年六月七日，神僧宝志记兴皇寺云："此寺当有青衣开士广弘大乘。"及朗游学之时初服青纳，及登元席乃兴与符同。

这里讲的是，根据神僧宝志对兴皇寺院的记载，上面写有"此寺当有青衣开士广弘大乘"。后来，法朗游学，始穿"青纳"，登上元席，该事迹和宝志记载相一致，也就是说通过"青衣"证实了宝志预言和现实的一致。还有，在《续高僧传》卷二十六《释法揩传》中，也有很多"神瑞"出现，其中之一例有"又见大树，青衣沙门执炉而立"之语。

此外，虽然不是佛教僧，但在与道教相关的文献中也有"青衣"登场。举一例，《南岳总胜集》卷下《章詧》：

> 詧尝看黄庭经。凡看罢，童窃窥之。一日有青衣童，持书至詧。接书已失青童。詧观书皮云南岳布衣真一子书，至西州冲退处士处开。……逾月，詧别相知而尸解。

（六）作为接引者的"青衣"

该部分主要介绍带人们去净土的作为接引者的"青衣"记载。

> 又梦七层浮图。澄身居第五层上，向西望见，宝绳阶道，无有涯际。有二金刚，执杆在两厢立。数个青衣童子，捉白拂，拂此阶道。问童子云："此是何所？"答云："此是西方宝绳阶道，来迎澄法师。"法师睡觉。（《弘赞法华传》卷六《释跋澄传》）

这里讲的是：释跋澄在梦中看到了七层浮图。跋澄在第五层上向西望见宝绳阶道。有两金刚立于两厢，几位青衣童子拿着扫帚在清扫阶道。他问童子："这里哪里？"童子回答："这里是西方的宝绳阶道，是用来迎接澄法师的"。这时，释跋澄就醒了。

> 临终之时，旁人梦见百千青衣人来迎。明指天而去矣。

（《三宝感应要略录》卷下第十四《释诠效明法师发愿造慈氏菩萨三寸檀像感应》）

在这里，有多达百千的"青衣人"来接引。

及其终夕，褒公侍侧，见有青衣二童执花而入。紫气如光从英身出，腾焰屋栋。《续高僧传》卷二十五《释道英传》）

这里讲的是道英圆寂时，出现青衣二童执花进入房间。接下来从道英的身体中散发出像光一样的紫气，照亮了整个房子，三日后才消失。也就是说这里的"青衣二童"是作为接引者的存在。

四、"青衣天童"的背景——日本

前节讲述了在中国的"青衣"，从中可见其出现于各种场景，在故事中起到一定的作用。本节将讲述在日本的"青衣"。

（一）作为非人的"青衣"

首先，这里想要关注的是在中国文献中也经常出现的作为与人相异之存在的"青衣"。

如此终日琐碎无聊着，为何不去参拜寺院？母亲却是像古代人那样怯懦多忌讳，言道："去初濑真是太可怕了。要是在奈良遭遇坏人，如何是好。翻越石山，关山，也很可怕。鞍马寺的那座山，太危险。若父亲回京以后，可偕你前往。"对我似乎厌烦，不管不顾，后来也仅是勉强带我去清水寺宿寺参拜。当时照例毫无认真祈祷之心情。正是彼岸会，香客拥挤，人声喧闹，不由假寐，似睡非睡之际，梦见一身穿青绸衣服，头戴绣帽，足穿麻鞋之僧侣，看似别当，走出帐幕垂挂之栅栏，来到身边，斥责道："不识来路艰辛劫，迷于眼前无聊事。"言毕，复入帐幕之内。不由惊醒，梦中之事亦不告人，亦不介意，离开（寺院）。（《更级日记·镜之影》）

在《更级日记》中，梦是作为一个重要的要素来叙说的。上述引文之后的场景是，作者的母亲替她让僧人去初濑（长谷寺）参拜，使作者生梦，而上引部分就是在这之前的场景，其中也记载有梦。里面的出场人物是"身穿青绸衣服，头戴绣帽，足穿麻鞋之僧侣"，他说了句类似预言的话："不识来路艰辛劫，迷于眼前无聊事。"便离去了。

《今昔物语集》中也有很多"青衣"登场。譬如，卷六之三十二"震旦僧灵干，讲华严经语"中有这样的记载："忽有青衣童子来此所，引我往兜率天宫。"这里的"青衣童子"是前往兜率天宫（异界）的引路者[1]。但是这是中国的故事，也有人指出其出典于《三宝感应要略录》卷中[2]。在《今昔物语集》中，震旦部有很多"青衣"登场。卷六之二十七中"震旦并洲常慜，渡天竺礼卢舍那语"（出典是《三宝感应要略录》卷上）的"表衣之夜叉童子"（岩波新古典认为当是"青衣"。小峰和明校注），卷七之九"震旦宝室寺法藏，诵持金刚般若得活语"（出典是《三宝感应要略录》卷中，《三国传记》卷九，《法苑珠林》卷十八）的"忽见一人着青衣，丽装饰花，在高楼之上"，卷九之三十五"震旦庾抱，被杀曾氏报怨语"（出典是《冥报记》卷下。上揭）的"二个着青衣之人从其后"（冥途的从者），卷九之四十三"晋献公王子申生，依继母丽姬谗自死语"（出典是《孝子传》卷下）的"青衣令吞，即死"（下毒之职）。在日本部，则仅有卷二十七之二十"近江国生灵，来京杀人语"（出典未详）的"着青衣之女房"（即生灵）。这些暗示着，至少在《今昔物语集》的世界里，有种观点认为"青衣"来自中国。

但是下面的条文可能让其追溯到更早，为慎重起见，且列举如下。

空中有乘龙者。貌似唐人，着青油笠，而自葛城岭，驰隐胆

---

[1] 在《三宝感应要略录》卷下第四十二"淄州释慧海画无著世亲象得天迎感应"记载，梦中有两童子来带慧海去兜率天，有四十九重摩尼殿，其中到处是"青衣人"（原文为"四十九重摩尼殿青衣人其中充满"）。如此可确认作为兜率天居民的"青衣"。
[2] 小峰和明校注：《今昔物语集》二，岩波书店，1999 年。此外，《续高僧传》卷十二《释灵感传》、《华严经传记》卷二、《法苑珠林》卷十六、卷八十九也载有同样的故事。

驹山。及至午时，从于住吉松岭之上，向西驰去。（《日本书纪》
"齐明元年五月庚午朔"条）

该条记载因与道教的关系而常见引用[1]，一般认为其中戴"青油笠"
的人物与"唐人"相似。不过，该条记载与其前后的记载没有关联，而
是孤立的存在，所以在此并不想仅凭此而粗率下结论。

（二）与祈雨有关的"青衣"

在举行真言宗的祈雨——请雨经法时，必定会身穿"青衣"。关于
这一点的详细内容请参考拙著[2]，以下且举一些例子。前者是经典，后
者是在日本实际进行祈雨的相关文献。

若天亢旱时，欲祈请雨者，于露地作坛。除去瓦砾及诸秽，
张设青幕，悬青幡。……于坛四角，置四清水瓶，随其力分，饮食
果子等皆染作青色。以殷净心布列供养。烧香散青色华。道场中所
用皆作青色。……作法之时，吃三白食，每日香汤沐浴，着新净青
衣。于坛西面，以青物为座。（《大云经祈雨坛法》）（唐不空译）

（六月）十七日，……自源大纳言御许告送云，如御修法净
衣青色也。是越中所课也［越中守为其子息］。仍令调备之处，今
夜家女之中有梦。童男降自天在净衣裁缝所。其身着彼净衣。又左
大臣殿杂色清方有梦想。件男伺坛所，大师御影与大阿阇梨之中间
坛上一有灵蛇。大阿阇梨以黄色衣裹取之。……昨日祥云，今夜瑞
梦。众僧等弥致信仰之间，渐及未时巽方有阴云（割注省略）。少
时之间，周遍一天。又青蛇出自中岛泛来水上，蟠大坛下。于时云
雷数声，雨脚滂沱，自晡时至夜景。其后青蛇如本归中岛。众人见
之，无不惊叹。又岛艮边蟠耸天。其体如彩云。众人悉谓，瑞云起

[1] 下出积与：《齐明纪の两槻官—民众道教の问题点—》，同《日本古代の道教・阴阳道と
神祇》，吉川弘文馆，1997年。初版于1972年。
[2] 拙著《渡航僧成寻，雨を祈る—〈僧伝〉が语る异文化の交错—》。

岛。故小野僧正祈雨之时有此瑞相。古今虽异，法验是同。（《永久五年祈雨日记》）

　　附言一句，《扶桑日记》推古三十三年有一条这样的记载：“天下旱魃，以高丽僧慧灌，令着青衣讲读三论。甘雨已降。”这是穿“青衣”进行祈雨仪式的相当早期阶段的记载。同样的记载在《东大寺具书》中也有[1]，但是在《日本书纪》的该年条目中并没有相关的记载，因此这显然是在祈雨仪式中身“青衣”、也就是在台密请雨经法定形之后才新出现的记载。

（三）作为使者的“青衣”

　　作为谁的“使者”的“青衣”，在中国的文献中有出现，在日本文献中也能得到确认。

　　　　丽气事，示云，真言云汀，神道云丽气，同事也，汀之异名也。是皆神代事荒废而人不得知之也。爰纵持帝王之嫡嫡相承之三种神器，亦不知三种神器之模样。延喜之御门时，天下诸宗人有御寻，然俱不知之。殊有一纸之书存之，更不知其样。帝悲之思食祈御佛神时，着青衣之女人自神泉苑之池来奉教。是天照太神御使也，云云。此书者，丽气第十二天札之卷也。（《神代卷私见闻》一，当时贤劫第一减劫钦第九减劫钦事）

　　《神代卷私见闻》是比睿山高照院的良遍所作的《日本书纪》神代卷的讲义录，收录了应永三十一年（1424）的讲义[2]。在本文中，“穿青衣的女人”是从神泉苑来的，是“天照太神御使”。虽然不是神，但神的使者身着“青衣”以及来自于前项所述的祈雨圣地神泉苑，这两点值

---

[1]《续群书类从》第二十七辑下《释家部》。正和四年（1315）成立。原文为：“人王第三十七代难波长浦丰前官御宇孝德天皇治天下，依天下旱魃，召喎本元兴寺高丽贡僧慧灌法师［嘉祥大师弟子］，依异朝道朗例，令着青衣讲三论。讲了甘雨降。”
[2] 详情请见小川丰生的《〈丽气记〉天札卷と秘境の世界》，同《中世日本の神话·文字·身体》，森话社，2014年。初版于1997年。

得我们关注。

另外，虽然和以上没有关系，但是《二月堂缘起绘卷》下卷第二段关于修二会的记载中有"青衣女人"的登场[1]。关于这个记载，众说纷纭，还没有确定的说法，这里只是附带说一下。

五、互相关联的主题——为使成寻的奇瑞成其为奇瑞

以上，通过两节考察了中国和日本两国"青衣"的情况。其中有"青衣童"，有"青衣妇女"，也有仅写为"青衣"的存在。以上的探讨，是为了探究奇瑞 A、奇瑞 B 两奇瑞谭的成立背景，而这里想确认的是，"青衣"只在奇瑞 A 中登场，奇瑞 A 有"青衣天童"，相对的奇瑞 B 有"伊势大神宫的（双环）童子"。也就是说，两奇瑞谭在严格意义上本来是作为不同的故事而形成的。《明镜集》中只收载"青衣天童"的故事，这也能说明两奇瑞谭是不同的事物。另外，从奇瑞 A 中有法华经三昧可知"青衣天童"是"天诸童子"[2]。

尽管如此，笔者还是认为应将两奇瑞谭放在一起考察。理由如下：两奇瑞都是在"宝塔院"发生的事情[3]，并且是表现成寻念经灵验的故事，发生两奇瑞的情景极其相近；在奇瑞 A 中向成寻告知"青衣天童"飞来的恒久（文）阿阇梨是显出"神变"的人，包含有中世神佛调和的相关用语[4]，具有和奇瑞 B 的世界观相通的知识结构；而且详细探讨了

---

[1]《二月堂缘起绘卷》成书于承元年间（1207—1211）。该处的原文为"彼の行法の式として，第五日・第十二日の初夜の行なひの終はりに，上本願上皇（作者注：圣武天皇）より，下結縁の道俗に至るまで，その名を記して過去帳と名付けつつ，是を読み上げて，成等正覚の由を祈る。承元年中の比，彼の帳を読む僧集慶の前に，青き衣を着たる女人，俄に来たりて，"など，我をば，過去帳には読み落としたるぞ"と言ひて，掻き消つやうに失せにき。青き衣を着たりしかば，青衣の女人と名付けて，今に読み侍り。"（译文：他行法的方法是在第五日、第十二日过午后八时，上至本愿上皇（圣武天皇）下至结缘之道俗，都将其名字记下，称之为过去帐，诵读之，以祈成等正觉之由。承元年间，僧集庆在诵读此帐时，忽有一身着青衣的女子来到他面前，说道"你在过去帐中读漏了我的名字"，后消失无踪。因为身着青衣，所以取名为青衣女人，至今读诵。）

[2] 关于法华经与天之诸童子的关联，可参考小山聡子：《護法童子信仰の研究》，自照社出版，2003 年。

[3]《大云寺缘起》丙本"大云寺诸堂目录"将前者配于如法院，后者配于宝塔院，而建寺都都为善慧大师。

[4] 关于"神变"，详见前注小川丰生的《〈麗气记〉天札卷と秘境の世界》。

中世童子的小山聪子氏也说："对于很多的童子们，连传播信仰的人们自己也不一定能正确地区分，各个童子之间的界线非常模糊。对于人们来说，经典和仪轨的内容姑且不论，反正都是一样的童子。"[1]认为对于"童子"，有时区分起来模棱两可，因此，两奇瑞谭很可能是同时期发生的，并且相互之间有关联性。

因此在本文中，笔者以两奇瑞谭互有联系为前提，对于其形成的主题之间的互相关联，参考以上的探讨，认为可以得出以下的见解。

第一点，散见于中国文献的作为卑贱身份者的"青衣"，和在日本的说话故事中作为天的使者、天照大神的使者登场这一主题相关联。第二点，在《搜神记》和《唐大荐福寺故寺主翻经大德法藏和尚传》中出现的"青衣童子"变成了龙（蛇）这一主题是与后面的第七点相联系，蛇和天照大神有时是被看作"作为蛇神的天照大神"相关联（第三点）。针对这个，有必要稍微说明一下，《春记》长久元年（1040）九月十日条记云：

> 内侍所女官二人梦想云，一人梦云，彼本所有小虵，颇有恼气云云。一人梦云，彼本所有人云，吾相离独身在此所云云。博士命妇并他女官等相引向本所，奉凿求之处，如金玉求得二粒，即奉入绢了奉将向，只今安彼御辛柜上，未奉入也。事已有灵验，可感叹感叹。

斋藤英喜氏认为这里出现的"小蛇"即"可称为天照大神的使者，亦可称为神本身"[2]，又，同年九月十七条记云：

> 权左中弁义忠朝臣云，伊势丰受宫迁宫神宝皆奉遣也。史季赖今日归参申云，神宝中有医匣，件物等渡神人了之后，神人等披见间，件匣中五六尺许蛇蟠入，不知其入之时也。尤神灵也。希有

[1] 小山聪子：《护法童子信仰の研究》，第53页。

92 [2] 斋藤英喜：《アマテラスの深みへ—古代神話を読み直す》，新曜社，1996年，第211页。

事也者。

这里讲述了伊势神宫和蛇的关系。早有学者指出，在中世纪有时神显现为蛇或天照大神显现为蛇[1]。

第四点，《神代卷我见闻》的神泉苑，让人想到祈雨的"青衣"。第五点，祈雨过程中有蛇登场。第六点，在《更级日记》的梦中有"青衣"出现，这和祈雨日记的梦中出现的"青衣"相联系。第七点，因为在梦中出现的"青衣"作为"龙的化身"（与上面第二点相关联），暗示祈雨的成功。证据是《参记》熙宁六年三月四日的记载，成寻梦见"如陵王装束人一人，如纳苏利装束人共驰上天了"[2]，由此认为"赤龙青龙上天也"而确信祈雨会成功。第八点，祈雨可说是作为成寻代名词的事迹，这自然和《大云寺缘起》中的成寻成功谈相关联。第九点，在《集神州三宝感通录》、《续高僧传》和《景德镇传灯录》[3]等中讲述的神身离脱谭是与《大云寺缘起》中的两奇瑞谭相关联的。

综上所述，《大云寺缘起》所载成寻在日本与"青衣天童"、"伊势大神宫的童子"相关的奇瑞故事背后，有这样相互关联的主题。在《大云寺缘起》中也许仅仅为彰显成寻（近似于彰显大云寺）而举出的事例，但是对于"生活于/了解中世纪的'读者'"，很可能会基于一些物语故事、说话故事、传说以及成寻实际祈雨成功的事实（即使这个也因讲述方式变化）等而设想它们之间互有关联。正是因为有这样的背景，所以奇瑞才作为奇瑞被接受、理解，并流传后世。根据这些分析，可以说成寻在日本的两奇瑞谭很可能创作于中世。

---

[1] 山本ひろ子：《龍女の成仏—《法华经》龍女成仏の中世的展开—》，同《変成譜—中世神仏習合の世界—》，春秋社，1993年，初版于1989年；中村生雄：《肉食と蛇身—中世神祇世界の相貌—》，同《日本の神と王権》，法藏馆，1994年；伊藤聪：《伊势灌顶の世界—変容する神観念—》，同《中世天照大神信仰の研究》，法藏馆，2011年，初版于1997年；前注小川丰生《〈麗气记〉天札卷と秘境の世界》。

[2] 纳苏利的装束为青色。

[3] 如前所述，《集神州三宝感通录》、《续高僧传》在奈良时代传来。关于《景德传灯录》的传说，这在《沙石集》及《源平盛衰记》等作品中也有，显然是中世很有名的故事。请参考前注堤邦彦的论文，前注中村生雄的论文。

那么，两奇瑞谭到底具体是什么时候成立的呢？柴佳世乃氏从"读经道"（由三种要素形成的一门艺道，即在诵读《法华经》时，追究文字的字声，分辨清浊，掌握音曲。后白河院时代是重要的时期，读经道形成于其后。）的观点考察《明镜集》中的成寻说话故事，指出这些传承可能是通过四天王寺、大云寺、园城寺等在后来展开的人脉关系而传承下来的[1]。只是，在《明镜集》中，只有与奇瑞 A 有关的记载而并非两奇瑞谭都讲。两奇瑞谭一起登场的记载除了《大云寺缘起》，最早的就是《元亨释书》。《元亨释书》的作者虎关师炼是东福寺的僧侣，东福寺是有渡宋经历的圆尔所开创的寺院。圆尔在入宋的时候带着成寻的《参天台五台山记》渡海[2]。可能也因这个缘分,《参天台五台山记》现存最古的写本就在东福寺。因此，我们可以认为虎关师炼比较容易得到与成寻有关的消息。实际上，对于奇瑞 B 是经历怎样的过程而成立的，现在还不清楚。但是很可能的是，最迟在《元亨释书》成立的镰仓时期——或许在与奇瑞 A 成立相距不远的时代，在大云寺周边有彰显成寻的活动，在此过程中奇瑞 B 也成立了，因为发生场所、主人公、内容都相似，因此两者被混同，作为一个组合广泛流传，被加入到《大云寺缘起》和《元亨释书》这样的书中，作为成寻"实际发生的奇瑞"而流传后世。

我们还无法断定《大云寺缘起》和《元亨释书》哪个更早。现存的《大云寺缘起》自身也经历了复杂的编撰过程[3]，目前还难以确定其成书年代。但是通过上面的探讨，其中关于日本奇瑞的记载可以追溯到镰仓时代，再考虑到成寻在宋的事迹已经记载于《续本朝往生传》，很可能的是，以宋的事迹为基础并囊括两个日本奇瑞的现存《大云寺缘起》的基础部分（《大云寺缘起》的构成可以整理为出身→日本的奇瑞→入宋→往生这样的时间系列），是在从留有《明镜集》记载的 13 世纪后半期开始，到《元亨释书》成书的 14 世纪前半之间的时期成立的。

---

[1] 前注柴佳世乃的论文。

[2] 森克己：《戒觉の渡宋记について》，同《森克己著作選集第二卷·续日宋贸易の研究》，国书刊行会，1975 年。

[3] 详见拙著《東京大学史料编纂所藏实相院本〈大雲寺緣起〉の紹介·翻刻》（前注）。

本文据第 12 届东亚比较文化国际学术研讨会论文修改而成，日文发表在小峰和明编《东亚佛传文学》，勉诚出版，2017 年 2 月。

（浙江工商大学东方语言文化学院硕士研究生许语译、

浙江理工大学外国语学院讲师张丽山校译）

"郊祀"仪礼与东亚世界
——遣唐使的派遣

山田直巳[*]

一、前言

《续日本纪》中有两处提及了有关遣唐使派遣的春日祭。分别是《续日本纪》养老元年（717）条载：

> 1.二月壬申朔。遣唐使祠神祇于盖山之南。

以及《续日本纪》宝龟八年（777）条载：

> 2.二月戊子。遣唐使拜天神地祇于春日山下。去年风波不调，不得渡海。使人亦复频以相替。至是副使小野朝臣石根重修祭祀也。

另《万叶集》卷十九中天平胜宝三年（751）条载：

> 3.春日祭神之日，藤原太后赐入唐大使藤原朝臣清河御作歌一首
> 大船多楫橹，吾子大唐行，
> 斋祝神灵佑，沿途总太平。（4240）
>
> 大使藤原朝臣清河歌一首
> 祭神春日野，神社有梅花，
> 待我归来日，花荣正物华。（4241）[2]

---

[*] 日本成城大学教授。

[2] 此两处译文为杨烈所译，出自《万叶集》下册，湖南人民出版社，1984年，第770页。

上述资料 1、2、3 均说明了遣唐使与春日祭关系密切。若以时间先后对其进行排序，将是 1、3、2 的顺序。人们普遍认为，春日大社供奉着藤原氏之祖先，故上述资料记载的是藤氏的氏族祭祀。事实上《万叶集》歌 4241 的确为藤原清河所作，因此一般认为此歌的内容为：在春日举行祭祀活动，祈祷同族平安归来。然而，从前文《续日本纪》两条记述"祠神祇于盖山之南"、"拜天神地祇于春日山下"来看，并不能将此处的春日祭等同为藤氏祭祀。

对此，中西进氏就资料 3，提出了一个根本性问题：《万叶集》中记载的清河一行的祭神仪礼与该祭祀仪礼[1]属同一性质。由于歌中出现了光明子[2]之名，故易产生一印象，认为在春日神社举行的是藤原氏祭祀祖先的仪礼。然而实际上并非如此。中西进氏在该书中还指出，从春日祭与藤原氏的融合历程来看，历史上二者并没有如此早的相结合[3]。可见，这是一个复杂的问题，需要从多方面进行考察。这也是对藤氏祭祀的形成过程的考察显得越来越重要的原因。

另《延喜式》卷三（神祇三·临时祭）中"遣藩国使时祭"里记载了"惣祭天神地祇于郊野（详见后述）"。"藩国"简单而言，即外国，可知这是向外国派遣使者时举行的祭祀。并由"神祇官率神部等行祭事"可知，这是国家级的祭祀仪礼。《延喜式》是一部编撰于 10 世纪初叶的法典，离万叶时代较远，因此并不能用同样的观点去分析万叶时代。但我们从这部法典中能发现有用的线索，详见本文第三部分"《延喜式》相关研讨"。《延喜式》中还记载了在住吉大社举行"遣藩国使时祭"，使者亲自诵读祝词（大使自陈祝词）；又因使者乘坐的新船所用木材取自山中，故举行祭山神与木材之灵之仪礼（造遣唐使船木灵并山神祭）；此外还有"开船居"之祭（开遣唐使船居祭）；待使者平安归国后需按出发时的祭祀标准再次举行祭祀（使还之日准此）等。

综上所述，春日祭与遣唐使派遣关系密切，然而其举行者似并不只

---

[1] 指资料 2 的祭祀。

[2] 光明子：即资料 3 中的藤原太后，为圣武天皇的皇后。——译者注

[3] 中西进：《万葉の歌一人と風土（2）》，保育社，1986 年，第 76 页。

限于藤原氏一族。若进一步深入思考，中国是当时东亚世界文化与文明的源泉，中国的祭祀仪礼"郊祀"构成了东亚仪礼这个庞大的体系，春日祭是否属于这个分支亦有待考察。

二、祭祀区域之地春日山

竹居明男氏认为，近年，考古人员在三笠山原生林中发现两条石道；在山顶附近发现几处铺置了石板、疑似祭坛遗迹的方形区域；以及最近在现在春日大社境内的飞火野一角处，发现了可追溯到 8 世纪的土马、土器和瓦片[1]。春日山古墓发掘调查开展于二战后不久。该调查从遗迹上层出土了土马、土器类，说明有必要从上述角度出发再次进行研究[2]。

另，著名的《东山寺山堺四至图》，落款日期为天平胜宝八岁（756）六月九日。画中在"御盖山"西麓，有一处以东为正方位标记"神地"的方形区域。我认为有必要将该区域也看作为是自古以来就存在的祭祀场所，以相同角度对三笠山进行研究[3]。

另，岸俊男氏指出，"Mikasa 山"可写作御盖山、三笠山。众所周知，它是奈良春日大社背后的神山。该山外形像冠笠（盖），故称三笠山（御盖山）[4]。而竹居氏就春日山与月的形象的联系指出："可以认为与春日山周边涌泉的灵水信仰等有关。"

如上所述，在考古学上"春日山"或"春日野"作为祭祀场所，其位置逐渐清晰起来。对此，中西进氏从"神备山"的角度进行更深入的研究[5]。他综合把握"春日"，从都城的构想、地形以及风水等多方面入手对春日山展开研究。他认为，平城京的纵轴由藤原京为始点的"下道"所决定，藤原京夹于"下道"和"中道"，同时平城京的左京也被夹在其中。而横轴据说由下述事由决定：

---

[1]《春日大社で遺唐使安全祈願》，《読売新聞》大阪版，1983 年 4 月 5 日。

[2] 竹居明男：《春日山と遺唐使》，森浩一编：《万葉集の考古学》，筑摩书房，1984 年。

[3] 竹居明男：《春日山と遺唐使》，第 34 — 35 页。

[4] 岸俊男：《古代官都の探究》，塙书房，1984 年，第 35 页。

[5] 中西进：《万葉の歌一人と風土（2）》，第 62 页。

决定横轴之际，我认为是以通过三笠山山顶的纬线作为"三条大路"的基准。关根真隆氏的研究已表明[1]，平城京是以旧时的古道为基本进行整体规划的。[2]

中西氏认为，由此引人注目的是，始于春日大社、朝西笔直的横大路。该道穿过猿泽池畔后成为"三条大路"。简而言之，这便是暗越奈良街道。

当然，该道也经过《东大寺山堺四至图》中"神地"的上方。他还指出：

由此可知，"春日的三笠山"是极为神圣的山。她是平城京的象征，因此不难理解藤原氏将春日神据为己有的举动。山部赤人曾登春日山，咏过"高座之三笠山"[3]。其中，"高座"为天皇之玉座，因此"高座之三笠山"这一说法令人感觉三笠山如同玉座，君临平城京。[4]

由此，可以说作为祭祀之地的"春日山"和"春日野"的地位已逐渐清晰起来。然而，前文曾提及，竹居氏指出《东山寺山堺四至图》中，在三笠山的西麓有一块四角的区域标记为"神地"，这个区域三面被大树包围起来。若假设此处为祭祀地点，则与《续日本纪·养老元年》中的记载"祠神祇于盖山之南"有出入。正如资料2、3只记载了在"春日山下""春日祭"，我们可以认为，也许祭祀场所实际上并没有严格固定在某一地点。总之，神圣之山三笠山（广义而言春日山）是祭祀之地。她在藤原氏将之制度化之前已经是如此了。

---

[1] 关根真隆：《万葉流転》，ニュートンプレス，1982 年。
[2] 中西进：《万葉の歌一人と風土（2）》，第 62 页。
[3] 原文为"高座の三笠の山"，详见《万葉集》卷三歌 372。
[4] 中西进：《万葉の歌一人と風土（2）》，第 68 页。

三、平城京的神奈备——春日山

将春日山视为"神奈备"[1]这一观点是中西进氏的一大创见：

> 三笠山极为重要，因其外形像笠。正如三轮山、三上山，将圆锥形的山视为圣山的信仰多不胜数。三船山外形像船，也属其中一例。因此三笠山为神山，即为神南备。对此，万叶诗人也曾明确地咏道：
>
> 大君三笠山，河绕山如带，细谷河长流，河声清爽籁。[2]
>
> 冠以赞辞"大君（天皇之意）"，称赞声音"清爽"是因将三笠山和细谷川（能登河）视为神南备山和神南备川。山川"如带"，它常用于形容二者的关系。[3]

在考察了春日大社的四位主祭神随时代演变后，中西进氏认为：

> 由此，我猜想：春日大社原本可能只是以三笠山为神体的拜殿，过去先是有关类似于三轮山的信仰，后来藤原氏将之利用于祭祀祖先。起初祭祀的举办者应该是春日的和迩氏。

就神奈备或神奈备山，贺茂真渊（《祝词考》）、橘部守（《钟之响》）早已将其视为问题，而金泽庄三郎、吉田东伍等人也多次展开研究。近来，武田祐吉在《万叶集全注释》、折口信夫在《万叶集词典》展示了新的见解。而高崎正秀氏提出了更为新颖的观点。他在上述武田与折口的学说的基础上，就"神奈备"中的"奈备"提出以下看法：

> 如果神林之说、神隐之说都不能让人信服的话，那到底该如

---

[1] 神灵坐镇的山或森林等自然环境。——译者注

[2] 原文为"大君の三笠の山の带にせる細谷川の音のさやけさ"，出自《万叶集》卷三，歌1102。此处参考杨烈所译（第224页）。但对"巍巍三笠山"改为"大君三笠山"，其余未改。——译者注

[3] 中西进：《万葉の歌一人と風土（2）》，第64页。

东亚文化比较研究

何解释上述问题呢？我是直接从"神蛇山"及远古传说中得到启示的。在古日语中，指代蛇的词有"蛇"和"小龙"。水神、河神、雨神、风神也都被塑造成蛇形神并尊称他们为"虺"、"螣"、"蚺"、"蛟"、"蜦"、"长虫"等，这些名称似乎也证明着在古人心中"蛇"这一形象的重要性。山神被认为是蛇形这一观点，体现在三轮神奈备、三轮三诸山的神大物主等诸多事例中。日语中的"ものぬし这一词[1]中的"もの"是"精灵"之意，"ぬし"即"蛇"之别称。[2]

龙田神奈备的三室山中，有一叫做"风神龙田神社"的地方。虽说神奈备社是前者的附属神社，但因风神之故，其中供奉的应为蛇形神灵吧。此外，樱井满氏也继承了高崎的观点，他认为应该不会有能超越高崎氏的"神奈备的词源即蛇神"这一学说了。高崎正秀将这一学说进一步发展，他认为：

风云雷电，凡与雨水有关的神灵，都可认定为蛇形[3]。还有一种说法，因风神常伴有雷电云雨，所以"风、山风、南风、东南风、暴风雨、东风、西风、疾风"等词汇中出现的"风"皆有"风"之意。由此可以推断出"雷"这一词汇中的"雨"也含有"风"之意。[4]……退一步讲，即便将"彩虹"认为是"丹气"，将"虹"认为是"气"，但是"气"仍与灵物的"灵"、神秘的"血、乳、命"中某一发音相同。就如"雷、野椎、蛟、火之迦具土神"等词汇的日语发音中含有"土"的意思一样，这些词汇中"土"的日语发音则又和"久久能智神"日语发音的某一音节相

[1]"ぬし"：日本相传自古住在大山、沼泽、森林等中对周围有支配力的动物。——译者注
[2]高崎正秀：《神奈備山行考》，《高崎正秀著作集》第一卷，樱枫社，1931年，第204页。
[3]同上。
[4]日语中"風、山風、まぜ、南東風、嵐、東、西、疾風（ハヤテ・ハヤチ）東風"的发音是"かぜ、やまかぜ、みなみごち、あらし、ひがし、にし、はやて、はやち、こち"。这些单词中所包含的假名"せ、さ、し、て、ち"都是"风"的意思，所以高崎正秀认为日语单词"雷"（发音为いかずち）所包含的"ち"也含有"风"的意思。——译者注

同。虽然这些相同音节的假名原本都是格助词，但是和"土"的日语发音相结合后则指蛇形神灵，或可将其想象成锥子、锥形牌位等。但"土"的日语发音本身应该尚未有固定形态。[1]一旦上文所述的"土"或"土地"的含义成立的话，那就明确前述单词都可以和"蛇形神"有联系。因蛇是穴居并冬眠于地下，因此也可认为是地神之代表。……香具山之名是指前面章注中的蛇形神。我相信在这片香具山中聚居着日本的地方神灵——土神，且暗示了绳文土器的原型。绳子打结做成瓮、壶的灵感就来源于蛇的盘居之态。[2]

上文对思考春日（三笠）山的信仰状态有深刻的启发意义。前文中引用竹居氏的说法"春日山周边涌泉的灵水信仰"，正好证明了"春日山"即"神奈备山"的观点。

若翻看研究史，在折口信夫《万叶集辞典》中搜索"神奈备"这一词，便会得到以下信息：

> 神奈备，又称甘南备，是供奉神灵的丘陵，也常被称为山麓小丘，类似于祭祀出云神的地方。而"神並"、"神奈备"之称，则是指分布广泛的神社祭祀地区。……即，称之为"神之山"。而神奈备神社没有神社大殿，而是类似于举行祭典的庭院之所。依照"神奈备常青树长驻"[3]来看，在山地高处，栽种神灵栖息之树。[4]

上文均论证了中西进之说。假如春日山（三笠山）即为神奈备，自古至今，在平成京这片区域，如果其历来备受尊崇的话，神奈备会和风

---

[1] 日语"虹、丹気"的发音是"にじ、たんち"，高崎正秀认为二者的"じ"和"ち"相同。而日语"靈、血、乳、命"的发音是"ち、ち、ちち、いのち"，这些词汇中的"ち"又和"丹気"的"ち"相同，所以，作者认为这些词汇都是相同。

日语"雷、野椎、水チ、火之迦具土神"的发音是"いかづち、のつち、みづち、かのかぐつち"，高崎正秀认为这些单词中出现的"つ"和"久々能智神"（日语发音ひさびさのちじん）中出现的"の"是一致的。——译者注

[2] 高崎正秀：《神奈備山行考》，第 204 页。

[3] 《万叶集》第十一卷，歌 2657。

[4] 折口信夫：《新编折口信夫》第 11 卷，中央公论新社，1976 年。

水共同成为城建规划的基本考虑因素。平成京的横轴是一条基准线，它横穿三笠山山顶、神地、猿泽水池以及三条大道。

四、《延喜式》相关研讨

如上所述，从春日山（春日野）在信仰、祭祀方面的表现，不难看出其多元化。因此，仍回到之前讨论的《延喜式》。

《延喜式》中作为临时祭祀活动，记录了上文提到的事件。但在宽平六年（894），遣唐使尚未派出就不了了之了。且唐朝在延喜七年（907）也倾覆了。因此，难以相信在当时确实举行了《延喜式》中记载的临时祭祀仪式。

但是，既然记录在册，就应该思索其意义所在。总之，与只记载现今事实的现代法律体系的严谨不同，书中也提及到一部分历史内容。如果这么理解的话，那么可以认为，《延喜式》中的此条款反映的是过去的历史。而且，作为举行祭祀的细则，书中也肯定记载了临时仪式的一些相关具体细节。这样，一旦追溯过去，这些记述的内容不就可以认为是是真实存在的事实吗？

> a.遣藩国使时祭使还之日准此
>
> b.造遣唐使船木灵并山神祭
>
> c.开遣唐船居祭住吉社
>
> d.唐客入京路次神祭
>
> e.藩客送堺神祭

因此，以上记述可以理解为反映了过去的祭祀情况。也就是说，在过去极有可能举行过《延喜式》中记载的祭祀（仪式）。

那么，让我们来看看关于"遣藩国使时祭使还之日准此"祭祀的记载。

首先是有关祭品。五色薄绸、木棉、麻、布、明衣料庸布、河豚、鲣鱼、青花鱼、海藻、寿司、盐、罐（瓮，装酒的素陶器）、瓶、杯、斛、白米、饭、酒（桌上有壶盏瓢装饰品等）。

祭祀实际过程如下所述。

拟遣使者时，于郊野祭天神地祇。祭庭由国司洒扫其地，又所司葺苫设座。神祇官申请所需杂物及其酒肴等。所司设各会集祭所。神祇官率神部等，并著明衣行祭事。大使自陈祝词。神部奠币讫，大使已下各供私币。神部执奠神座。[1]

暂且先不管仪式祭祀过程，来看看祭品。相对于四时祭的伊势太神宫神尝祭的祭品，前者在种类数量上均可与之媲美。也就是说，虽然是临时祭祀仪式，但达到了国家层面的话，就显得极其重要。

再来看仪式祭祀过程，可了解到向外国派遣使者时举行祭祀已成惯例。此处最为重要的是，在郊外荒野之处祭祀天地神灵。在举行祭祀活动的庭院中，由国司安排相关祭品，也包括铺设草席及摆放座位。这可说是在建设特别祭祀时使用的临时住房。而且，神祇人员只要向朝廷申请就有相关的物品供给。此外，神祇人员要统帅神部人员举行典礼，且大使必须陈述祝词。神部是供奉纸钱，大使以下要各自供奉纸钱。这段记载的重点是表明前述仪式已经确立为一项国家制度。

来看看关于"造遣唐使船木灵并山神祭"的记述吧。这里只记述了祭品，并未提及祭祀的举办过程。而有关祭品的记述，其中最为特别的是五彩玉、金铃、镜子、锹等。其他则和《遣藩国使时祭使还之日准此》中所记相差无几。

据书中关于"开遣唐船居祭住吉社"的记载，"船居"是为船港举行的祭祀仪式。遣唐使所用船一完成，就要以其完成场所为母港。而这种为决定母港而举行的祭祀仪式，就是关于"开遣唐船居祭住吉社"的记载。保佑航海安全之神是住吉之神，要向神灵供奉祭品。届时神职人员要派遣使者举行祭祀仪式。相比以前的祭祀仪式，"船居"祭祀仪式的禁忌稍少，神职人员并不直接举行祭祀仪式。

"唐客入京路次神祭"是为保佑道路安全，祈祷出行安全的祭祀。祭品种类、数量都很少。

[1] 此处为作者训，出自黑板胜美编：《国史大系》，吉川弘文馆，1974年。

"蕃客送堺神祭"是欢送外国来宾到一定地方的祭祀。具体情况在结尾有记述，"右蕃客入朝，迎畿内堺，祭却送神，其客徒等，比至京城，给被麻，令除乃人。"外国人朝见时，朝廷要派人到京畿之界去迎接，同时还要祭祀送神。外国来宾到京城时，先赐纸钱除晦，而后方能入城。"蕃客送堺神祭"的过程就是如此。

而这祭品中最有特点的是"牛皮、熊皮、鹿皮、猪皮各两张"。这并不是一般祭品，而是"去晦祭品"，将除晦放在中心位置。从国外入京的人，如果没有祛除晦气是无法进入的。这是因有存在境界意识（宗教或信仰）。在这里有"外国客送界"，同时在"外国人入朝"也有相应的规定，总而言之，出入京要有必要的祭祀仪式。在现代民俗中有"拦道"、"塞之神"，从"唐客入京路次神祭"、"藩客送堺神祭"中令人联想到这些境界概念。

《延喜式》中详细记述了上述各种祭祀仪式。由此可知，送别派往外国的使节，及迎接外国使节是何等重要的国家大事。如果联想到现代无法企及的航海危险及因国际交流而获得的物质精神方面利益的重大意义，仅仅把它归结为一个家族之荣光，难免会有矮化的倾向。

五、作为文化符号的"兽皮"

在讨论完《延喜式》卷三之际，想再附言几句。e祭祀品中出现了兽皮："牛皮、熊皮、鹿皮、猪皮各二张。"《延喜式》在 e 的后面标记了"障神祭"。若将此定义为 f，其后也同样出现了"熊皮、牛皮、鹿皮、猪皮各四张"这类兽皮。并且末尾记有"右客等入京，前二日，京城四隅为障神祭"一句。据此记述，e、f 都是关于境界认识的问题。先前说到外来者的污秽这一话题，京城确实是个神圣地域，不允许污秽携带者（外来者）进入。但是外交上又不得不让其进入，因此有必要去除污秽。f 的末尾"右客等入京，前二日，京城四隅为障神祭"便有此暗示之意。其意思是说京城到处都在举行障神祭以阻挡外来者对都城带来的任何侵害。

若对闯入者置之不理，此"神圣领域"恐怕会被摧毁，所以无论采取什么样的手段都必须要避免这种情况的发生。因此，早两天就举行祭祀搭建壁垒，人们相信这样能阻挡外来者的侵扰及破坏。从 e 中"其客

徒等，比至京城，给被麻，令除乃人"也可以判断，京城在除祓去秽。

兽皮便在此时派上用场了。据铃木靖民研究："仪式书《内里式》记载，渤海使者参加七日法事仪式时，规定丰乐院中特地铺设皮毛，这是因为人们认为兽皮是渤海的象征物。"我想言之有理吧。

在此应值得注意的是，藩客出入礼节时才产生的兽皮问题。《延喜式》虽没有列举罴，但记载了其他兽皮，其中原因恐怕也就是铃木氏所指出的那样。在此笔者想进一步探讨。当事人对藩客给以这么一种特别接待，想必当事者已经形成了这种意识。然而支撑这种意识的背后究竟是什么？我想这便是不同民族、宗教的碰撞吧！研究该课题的一个方法，就先探讨接待藩客的礼仪。这里的兽皮作为接待藩客的一种礼节，运用到祭祀品上想必有一定的过程。

说起"罴"，笔者对以下一条资料印象深刻：

> 又高丽使人，持罴皮一枚，称其价曰：绵六十斤。市司笑而避去。高丽画师子麻吕，设同姓宾于私家日，借官罴皮七十枚而为客席。客等，羞怪而退。[1]

高丽使者知其罴皮价格极高，便故意抬价，市司以为不值那么多钱，不予理睬。高丽画师知道后为使者行为感到羞愧，于是从官府那借了众多罴皮来接待使者，其目的是告诫使者。使者深感羞愧，同时感到不可思议便退散而去。昂贵到产生如此逸闻的程度，这条资料告诉我们，藩国非常在意兽皮，据此可以看出当时东北亚的国际贸易与文化形势。

罴皮的出现不限于此。《齐明纪》四年（658）条记：

> 是岁，越国守阿倍引田臣比罗夫讨肃慎，献生罴二、罴皮七十枚。

其中的肃慎指代什么众说纷纭。笔者认为指虾夷或海州沿岸的通古

东亚文化比较研究

---

[1] 坂本太郎：《日本书记》，岩波文库，1995 年。

斯族。基于以上考察，可以说以"罴"等为代表的兽皮象征着"藩国"、"异界"，同时也是作为区分彼我地域的符号。

六、《续日本纪》之探讨

行文至此，让我们来看看本文开头所提《续日本纪》宝龟八年二月六日的记载：

> 二月戊子。遣唐使拜天神地祇于春日山下，去年风波不调，不得渡海。使人亦复频以相替，至是副使小野朝臣石根重修祭祀也。[1]

春日山下，祭天地神灵。去年风浪较大，未能渡海。因此再次祭拜天地神灵。同时使者的频繁更替也是其原因。关于"去年风波不调"状况，同样出现在大宝元年派遣时。如：

> 乙丑，遣唐使等从筑紫而入海，风浪暴险，不得渡海，至是，乃发。

同样再如下例：

> 癸丑，大宰府奏。入唐副使从四位上吉备朝臣真备船，以去年十二月七日，来着益久嶋。自是之後，自益久岛进发，飘荡着纪伊国牟漏埼。（天平胜年六年正月）

像上述情况在《续日本纪》中有不少记载。因遇上强风情况时有发生，所以祭拜天地神灵对于当事者来说是事关生死之事。与此同时，对于不断推进遣唐使事业发展的国家而言，也具有重大意义。因此，对一路顺利完成派遣任务并取得重大成果的使者给予一定奖励。如：

---

[1] 林陆郎：《完译注译续日本纪》，古典文库，1988年。

授遣唐使粟田朝臣真人从三位，其使下人等，进位赐物，各有差。（庆云二年三月）

除此之外，也有对所乘的船只进行授位。如庆云三年二月二十三日条载：

佐伯，从五位下，入唐执使节从三位，粟田朝臣，真人之所乘也。佐伯，船名也，授船位阶者。

据依林陆郎氏研究："对遣唐使船等授位事宜，亦见于天平宝字二年三月条，同七年八月条，以及承和四年五月条"。从精神作用层面来考虑，便能感受到祈愿平安祭祀活动的重要性以及与此相关当事者的紧迫感。

那么，"遣唐使拜天神地祇于春日山下"一句该如何去解读呢？春日对于平城京来说，在文化空间上具有什么意义呢？春日山下有一座神社，高圆作为平城京的"外京"，春日—高圆一带形成游览地非常重要。而且，这一带游览地能够让都内的贵族绅士体验到与平城京内不同的独特文化及宗教韵味。再者，春日是供奉"天神地祇"即天神、地神之地。阻碍遣唐使完成国家任务的有风浪自然原因，也有使者频繁更换等人为原因。为祈愿这些情况不会发生，于是在这里举行祭祀活动。

金子裕之将平城京称为"神都"，其理由如下：

都城中的三山到底有着怎样的蕴意呢？三山起源于展现神仙思想的三神山传说。据记录中国古代祭神活动的著作《史记·封禅书》记载：相传渤海中有一只鳌，它背负着蓬莱、方丈、瀛州三山，三山中有座用金银打造的宫殿，宫殿中居住着长生不老的仙人。……这个传说随着时代的变迁也逐渐发生了变化。据说该传说在5世纪时由渡来人传到日本。平安后期著作《本朝文粹》中也有三山五岳，天下之镇的说法。我想这才是三山的原型吧！事实上，大和三山之一香具山不仅作为神山出现在《日本书纪》崇神纪十年九月壬子条、神武即位前纪戊午年九月戊振条，而且在《万叶集·芳来山》卷三之二五七、《万叶集·天芳山》卷十之一八一二也有相关记载。换言之，《日本书纪》中的神山传说就是起源于三神山传说。[1]

金子裕之还说道：

> 将三神山传说与现今都城周围的三山相联系考虑，城中有住着神仙的三山，这说明此地就是长生不老的理想境地，无论是作为天皇的住所还是作为都城都是最佳场所。……长安城大明宫于龙朔二年（662）改称为蓬莱宫，宫殿中建造有蓬莱池等（《唐要会》卷三十）都与三神山传说有关。总之，平城京被赋予了中国古代传说色彩，是一座与此密切相关的"神都"。[2]

补充一点，据《续日本纪》记载：大宝三年第七次遣唐使粟田真人等一行、天平胜五年第十次遣唐使一行在蓬莱宫的含元殿面见玄宗皇帝。

综上所述，在中国文化压倒性地影响下，平城京在宗教、社会、仪礼、政治等方面皆显示出中国元素，这是可以理解的。因此，在春日山下或是三笠山下举行祭祀天地神灵活动，一切遵循中国郊祀仪礼，这也是非常自然的事情。

七、郊祀

何谓郊祀？《大汉和辞典》如此记载：

> 天子在郊外祭祀天地。冬至，天子至南郊祭天，夏至，至北郊祭地。又谓其祭祀。筑圆丘，配祀祖先，故又称圆丘祭。郊，王者岁祭天于近郊五十里，故曰郊，礼郊特牲，郊之祭也、迎长日之

---

[1] 金子裕之：《平城京の精神生活》第一章，角川书店，1997年。
[2] 金子裕之：《平城京の精神生活》第二章。

至也、此南郊祭天也。《汉书·郊志祀》：古者天子，夏亲郊祀上帝于郊，此北郊祭地也。[1]

郊祀是一种像追寻太阳高度那样的祭祀，具有浓厚的太阳祭色彩。并且，结合此前的论证，极端地说，天神地祀是对郊祀的日本式的解释。

辰巳正明是最早把"郊祭"进行具体解析的学者[2]。他把日本"郊祭"的起源，定在神武纪四年春二月。

> 四年春二月壬戌朔甲申，诏曰："我皇祖之灵也，自天降鉴，光助朕躬。今诸虏已平，海内无事，以郊祀天神，用申大孝者。"乃立灵畤于鸟见山中，其地号曰上小野榛原、下小野榛原。用祭皇祖天神焉。[3]

传闻天武朝初见郊祀皇祖天神，由此才有此神武纪的记载。详见辰巳的专著，在此仅讨论该资料的问题。辰巳认为，中国文献中多用"郊祀"、"大孝"、"灵畤"等具有特征的词汇来表示郊祀。尤其是"郊祀"，日语训作 matsuru（マツる），具有重要的意义。因为推古纪十五年春二月条，出现了祭祀天神地祀这一与神武纪四年春二月条异曲同工的记述，这里的"祀"和"祭祀"，皆训作"matsuru"。据此推测，如没有中国的礼仪"郊祀"的意识，就不会在神武纪条中出现郊祀字样。神武纪条中的"孝"，也是"在金文里祭祀祖考称追孝"，《左传》中有"孝为礼之始"等记载（《字统》）。总之，郊祀在中国也是特殊词汇，"在经书中未见，秦代于四时祭五帝，设诸畤，始有郊祀。畤为祭天时所设高坛，无宫屋。相当于《礼书》中所记郊禅之台"（《字统》）。据此可知，郊祀是特定场合下使用的词汇。

以上仅讨论"郊祀"这一词汇就可知，日本的"郊祀"深受中国郊祀的强烈影响。辰巳所述，言之有理。

---

[1] 诸桥辙次：《大汉和辞典》，大修馆书店，1959 年。
[2] 辰巳正明：《安骑野の郊祀歌》，《万叶集和中国文学》，笠间书院，1987 年。
[3] 坂本太郎：《日本书记》，岩波文库，1995 年。

以下再来讨论推古纪十五年春二月条。该条曰：

> 戊子，礼昭曰："朕闻之，曩者，我皇祖天皇等宰世也，蹋天蹐
> 地，敦礼神祇，祇周山川，幽通乾坤。是以，开和阴阳，共调造化。
> 今当朕世，祭祀神祇，岂有怠乎？故群臣共为竭心，宜拜神祇。"

上文典出《诗经·小雅》、《尚书·舜典》，前者"蹋天蹐地"，意谓
"恐惧状"[1]。该条说的是，天和地，乾和坤对应，当然天神的天和地祇
的地也相对应。

此外，辰巳还举《续日本纪》大宝元年春条为例，曰：

> 天皇御大极殿受朝。其仪，于正门树乌行幢。左日像青龙、
> 朱雀幡；右月像玄武、白虎幡。蕃夷使者，陈列左右。文物之仪，
> 于是备矣[2]。

辰巳就此指出，"中国的祭祀仪礼已深深渗透到日本"，并且"不可
否认的是，日本郊祀的背后有着深刻的外国因素，从中可以窥知东亚文
化圈的传播历程。总之，当时的日本以中国的制度和思想来完善王权，
可以说已处于具备"文物之仪"的状态"。笔者对此表示认同。

在思考郊祀这一问题之前，我们必须认识到，当时的日本已受到了
中国文化的全面洗礼。正是在此背景下，派遣了遣唐使，举行了祈祷遣
唐使航海安全的仪礼。因此，日本的春日祭祀由来于中国的郊祀，也应
该作如是观。

（浙江工商大学东方语言文化学院硕士研究生
黄晖、崔奇强、黄碧波、于丽君译）

---

[1]《诗经·小雅·正月》："谓天盖高，不敢不局；谓地盖厚，不敢不蹐。"——译者注。
[2] 坂本太郎：《日本书记》，岩波文库，1995年。

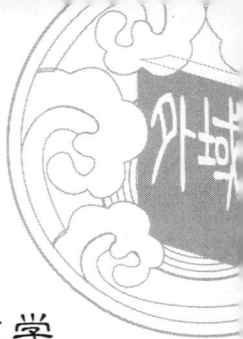

雪月花与宴席歌

——《万叶集》的季节感与中国文学

铃木道代[*]

一、前言

　　日本古代文学形成发展于与东亚各国交流的过程中。日本采用汉字这一文字形式，诞生了日本文学。其中，编纂于7、8世纪的《万叶集》在吸收东亚特别是中国文学的同时，也获得了独自的发展。尤其在奈良时代天平年间，日本朝廷向唐朝派遣了9次遣唐使。他们积极学习先进的唐朝文化，并带回大量文物。天平时期（730年前后）国际文化交流频繁，编纂《万叶集》的大伴家持也在这时登上了历史舞台。大伴家持十分了解中国汉朝和六朝时期的自然观，在此基础上，他创造了《万叶集》的季节表达方式。本稿中研究的大伴家持的这首《雪月梅花》也是在那个时代潮流中诞生的作品，它的诞生与中国文学密切相关。这首歌的内容如下：

　　　　　　　　　　宴席咏雪月梅花歌[1]
　　　　雪映夜月，梅花正开时；愿有佳人在，折送一枝。（第十八
　　卷4134）
　　　　　上一首，十二月，大伴宿祢家持作。

　　首先，这首歌的标题作"宴席咏雪月梅花歌"。就其内容而言，作者在首句和次句中展示了一个雪映月夜的情景，在第三句之后写到在此情景下，愿有佳人在，以便能折采梅花赠予她。作者将雪、月、梅花咏入歌中，这恰与标题中的"雪月梅花"相呼应。而这种将雪、月、花组

---

[1] 选自赵乐甡译：《万叶集》，译林出版社，2009年。以下同，不一一注明。——译者注

合起来的做法还是首次出现在日本古代的和歌中，因此受到了世人的关注。尤为重要的是，诗题中出现"雪月梅花"。关于这一点，阿苏瑞枝氏围绕着《万叶集》十七卷之后出现的家持的和歌，分析了其标题和注解的特点，认为宴席诗歌的地点优先于日期，所以歌中多记载有宴会的地点[1]。阿苏瑞枝氏还指出，家持在依兴歌、储作歌、独咏歌等基本上独咏的时候，没有在其注解中标注显示地位的"国守"一词，由此他认为"宴席咏雪月梅花歌"很有可能是咏题（事先设定的诗题）。芳贺纪雄氏进一步补充阿苏的学说，指出从后代汉诗的标题中可看到这种命题方法[2]。由以上这些观点可知，家持的"宴席咏雪月梅花歌"借用了汉语中的"雪月梅花"一词。换言之，由"雪月梅花"一词联想到的是雪月之下折采一束绽放的梅花赠予佳人这一情歌世界。从该歌的成立可推测，在从汉语向和歌转换的过程中，存在着一种文艺创造。这种文艺创造指的是将家持之前的和歌的传统和历史与汉语的受容相互融合，使其合而为一。下面就此进行探讨。

二、汉诗与和歌的融合

《万叶集》共收录了 473 首家持的歌。这些歌按照家持当官的经历可分为越中以前的歌、越中时代的歌以及越中之后的歌。这种划分也与他创作的方向密切相关。天平十八年（747），家持被任命为越中（今富山县）国守。在赴越中之时，家持与其部下——大伴池主邂逅，这成为他向歌人转变的契机。家持受大伴池主渊博的中国文学知识的引导，迈向了汉诗与和歌相融合的新世界。以下试举两首家持在越中时代创作的汉诗与和歌相融合的作品：

　　　（1）二十五日作歌
　　春日明丽，云雀飞啼；独自沉思处，中心添悲戚。（第十九卷4292）

---

[1] 阿苏瑞枝：《万叶集后期季节歌的考察——通过表现和场景》，《万叶和歌史论考》，笠间书院，1992 年。
[2] 芳贺纪雄：《家持咏雪月梅花歌》，《万叶集的中国文学》，塙书房，2003 年。

春日迟迟，云雀正啼。凄惘之意，非歌难拨耳。仍作此歌，式展缔绪。

但此卷中，不称作者名字，徒录年月所处缘起者，皆大伴宿祢家持裁作歌词也。

（2）天平胜宝二年三月一日之暮，眺瞩春苑桃李花作二首

春苑桃花盛，满园红；灼灼花下女，有女立娉婷。（第十九卷4139）

我家李花，零落满庭院；或为薄雪片片，积存地面。（第十九卷4140）

（1）中前两句吟咏的是春光明媚之日，云雀叽叽喳喳翱翔高空的风景。但是后两句吟咏的却是因独自沉思，看到此景产生的悲戚之情。此外，在这部作品中还附有注释"春日迟迟，云雀正啼"。关于这个注释，自江户时代契冲注释《万叶代匠记》以来，就有人指出它与汉诗有关联。《诗经·出车》中有以下诗句：

（前略）春日迟迟，卉木萋萋。仓庚喈喈，采蘩祁祁。执讯获丑，薄言还归。赫赫南仲，猃狁于夷。（《诗经·小雅·鹿鸣之什·出车》）

（前略）七月流火，九月授衣。春日载阳，有鸣仓庚。女执懿筐，遵彼微行，爰求柔桑。春日迟迟，采蘩祁祁。女心伤悲，殆及公子同归[1]。（《诗经·国风·豳风·七月》）

有人说《出车》这首诗叙述了妻子祈祷出征士兵归来的愿望，吟咏了在草木茂盛、黄莺啼鸣的春日里，一位焦急等待丈夫归来的女子的哀伤。芳贺纪雄氏列举《诗经·七月》这首诗，并引用《淮南子》中的诗

---

[1]《诗经》正文引自阮元校勘《十三经注疏》，中华书局；新作引自新解汉文大系《诗经》，明治书院。

句"春女思，秋士哀而知物化矣"，指出这种将女子的春日悲哀寄于与丈夫的离别的构思方式早已司空见惯、不足为奇[1]。在"七月"这首诗中，有一段吟咏的是在一个阳光明媚的春日里，黄莺啼鸣，一位女子一边采摘桑叶，一边悲叹不能和公子同去而独自留下的悲伤。这里的问题不是这些诗是否都出自大伴家持歌的注解，而是在汉诗中也有将明媚的春日与孤独悲伤的女子构成景与情的明暗对比，并将其融入到作品之中的文学主题，而且十分重要的一点是家持把这些诗与他自己的心情相互结合了起来。

第（2）首标题是"天平胜宝二年三月一日之暮，眺瞩春苑桃李花作二首"，是在汉文标题"眺瞩春苑桃李花"之下，咏唱了两首歌。第4139首歌在把标题中的汉语词汇"春苑"改为和语词汇"春之苑"之后，咏唱了一位伫立于桃花缤纷路上的少女。第4140首歌吟咏的是李花，吟唱了作者将花与雪看错的风景："那零落在我家院中的是白色的李花花瓣，还是尚未融化的薄雪呢？"这两首歌与标题的关系是：标题"桃李花"这个复合词在第4139首歌和第4140首歌中分别被吟咏成桃和李，它使用的是对偶修辞手法。而关于第4139首歌中出现的在盛开的桃花树下伫立的少女，《玉台新咏》卷一中有如下诗句：

115

> 《董娇饶》 宋子侯
> 洛阳城东路，桃李生路傍。
> 花花自相对，叶叶自相当。
> 春风东北起，花叶正低昂。
> 不知谁家子，提笼行采桑。
> 纤手折其枝，花落何飘飏[2]。

这首诗咏唱的是，在桃花和李花随风纷飞飘落中，一位采桑女子在洛阳城东的路旁试图折采树枝的姿态。宋子侯是后汉诗人，而这首《董

---

[1] 芳贺纪雄：《家持的春愁歌》。
[2]《玉台新咏》正文引自《玉台新咏笺注》，中华书局，1985年；新作引自新解汉文大系《玉台新咏》，明治书院。

娇饶》的乐府诗主题也被后世汉诗继承了下来。也可以认为，家持将这种树下美人的构图方法运用到了他的歌中。

因此，在大伴家持的歌中，随处可看到他有意识地把汉诗与和歌相互融合，《雪月梅花》这首歌也是和歌与汉诗相互融合的产物。

三、《万叶集》中的雪、月、花

作为汉诗素材，家持"雪月梅花"中采用的这种组合的诗歌表现方法，至少在持统朝时就已被采用，《怀风藻》中释智藏的《玩花莺》（第8首诗）和葛野王的《春日赏莺梅》（第10首诗）就是明证。辰巳正明氏指出，这种季节的风物组合作为风雅出现在和歌中，始于梅花宴，"特别是那些学习了六朝和初唐诗文的和歌"[1]。确如辰巳所述，组合风物的和歌开始于梅花宴，此后，歌人继承了这种传统，这点，我们从此类组合以天平时期和歌为多也可以证明。以下我们来看一下这类组合：

A 花与雪
（一）梅花宴

（1）园中梅花飘零，直似雪倾，降自天空。（第五卷822，大伴旅人）

（2）何处有落梅？但只见此城山，雪在纷飞。（第五卷823，伴百代）

（3）梅花飘零后，更有樱花，续开枝头。（第五卷829，村彼方）

（二）第八卷和第十卷的季节歌

[1] 辰巳正明：《落梅篇——乐府〈梅花落〉和大宰府梅花宴》，《万叶集和中国文学》，笠间书院，1987年。

（4）人言，梅枝含苞，今朝又遇薄雪降，是否已绽放。（第八卷1436，春杂歌，大伴村上）

（5）即便，雪杂风飘；我家梅尚未结子，花莫空自凋。（第八卷1445，春杂歌，大伴坂上郎女）

（6）我家山冈，梅花盛开；一见误以为，残雪皑皑。（第八卷1640，冬杂歌，大伴旅人）

（7）梅因薄雪开；持赠到君前，当做雪看。（第八卷1641，冬杂歌）

（8）穿鸣梅枝上，黄莺羽变白，飘飘雪降。（第十卷1840，春杂歌）

（9）见雪犹是冬；但，春霞已升起，梅花正飘落。（第十卷1862，春杂歌）

（三）大伴家持

（10）垣墙内，黄莺鸣；芬芳梅花，岂因雪飘落！（第十九卷4287）

B 月与花
（一）第八卷和第十卷的季节歌

（11）黑夜固不宜；月明梅花放，可有来意？（第八卷1452，春相闻，纪女郎）

（12）春日三笠山，月末露面；应能看到，左纪山，樱花绽。（第十卷1887，春杂歌）

（13）为见胡枝子开盛，月光清，恋更增。（第十卷2228，秋杂歌）

（14）谁家庭园梅，清朗月夜，向此这般飘飞。（第十卷2325，冬杂歌）

（二）大伴家持

（15）十五夜，月洒清辉；愿将屋前橘，赠予阿妹。（第八卷
1508）

（16）秋风劲吹，花落满院；清彻月夜，饱览不厌。（第二十
卷4453）

《雪月梅花》这首歌中同时出现了雪、月、花，这种现象在《万叶
集》中还属孤例，不过从 A 和 B 可知，《万叶集》中有分别吟咏花与雪、
花与月的歌。首先，关于 A 中出现的花与雪的歌，（1）到（3）都是时
值梅花宴之际所吟咏之歌。所谓梅花宴，指的是天平二年（730）正月
十三日，在家持的父亲——太宰帅大伴旅人家中举行的宴会。当时，太
宰府（现福冈县太宰府市）管辖区域内有 32 名官吏参加，他们仿效中
国的乐府诗"落梅篇"，以和歌的形式创作了新的风雅文艺。（1）是大
伴旅人创作的歌，内容是"园中梅花飘零，直似雪倾，降自天空"，而（2）
和（3）基本上也都是将白梅飘落的姿态比作雪花纷飞。（4）至（9）是《万
叶集》第八卷和第十卷中的季节歌，其中（4）至（6）都明确标注了作
者[1]。（4）描绘的是含苞待放的梅花与今朝飘落的雪花竞相争白，进而
追问梅花是否已绽放，表达了作者期待白梅盛开的心情。（5）吟咏即使
风雪交加亦无妨，不要把尚未结子的梅花吹落，诗中将梅花寓意成了年
轻的女子。（6）吟咏了错将山冈上盛开的梅花看成白雪的情景，而（7）
吟咏的是雪花飘落中，若赠君一枝绽放的梅花，君当忆起我来，将恋慕
之情寄托于梅花。（8）和（9）载卷十，作者不详。（8）梅、莺、雪组合，
描写了黄莺伫梅枝，雪花落羽上的风景。（9）描绘的是看见远处的白雪
以为还是冬天，却不知春霞已初升，梅花开始飘落，吟咏了由冬向春过
渡时的风景。（10）大伴家持的和歌，描绘了争芳斗艳的梅花在大雪中
飘落的风景，并将莺、梅、雪吟入了歌中。

---

[1]（4）的作者大伴村上是奈良时代的官员。这是天平胜宝六年（754）他任民部少丞时，在
大伴家持家新年宴会上吟咏的和歌。（5）的作者大伴坂上郎女是大伴旅人同父异母的妹妹、
家持的姑姑。

这里所引用花与雪和歌的特点是，此"花"仅指代梅花。其原因是，花与雪的组合是由梅花宴而得，并在之后的和歌中作为表现季节风雅之道而固定下来。

B 中月与花组合的和歌，(11)至(14)是卷八和卷十的季节歌。(11)的作者是和家持同时代的纪女郎。歌中写道：若是漆黑之夜君自不会来，可梅花绽放的月明之夜，君不会不来吧。描述的是假借梅花和月夜，劝诱男子来访的情景。(12)吟咏的是，即便是夜晚，借着月光也想要赏樱花。(13)描写恋情。月洒清辉，像是诱人去看胡枝子盛开，压弯枝头。结果越看恋情越增。(15)(16)为家持所作，(15)写道，想将清朗月夜下的橘花赠予妹妹观赏。(16)中吟咏道，花瓣随秋风散落，庭院月色，百看不厌。

这些花与雪、花与月组合的歌，基本上都是寄情于美学风景，或借季节之景寄托恋慕之情。《万叶集》中，对季节风景的思慕和恋情相结合，自由地表现季节感的倾向明显，其滥觞就是引进中国文学的梅花宴。家持的雪月花歌，在天平时代中国文化的兴盛期和歌形成的过程中，才得以成型。

119

四、中国诗中的雪月花

以下介绍雪月花组合的汉诗。它在汉魏时期未见，直到六朝之后才出现。

（17）和徐主簿望月诗（梁）庾肩吾

楼上徘徊月，窗中愁思人。

照雪光偏冷，临花色转春。

星流时入晕，桂长欲侵轮。

愿以重光曲，承君歌扇尘。

（《艺文类聚》卷1）

（18）游禁苑幸临渭亭遇雪应制　（唐）苏颋

平明敞帝居，霙雪下凌虚。

写月含珠缀，从风薄绮疏。

年惊花絮早，春夜管弦初。

已属云天外，欣承霑泽馀。

（《全唐诗》卷58）

（19）送费六还蜀　　（唐）骆宾王

星楼望蜀道，月峡指吴门。

万行流别泪，九折切惊魂。

雪影含花落，云阴带叶昏。

还愁三径晚，独对一清尊。

（《全唐诗》卷78）

　　（17）是梁朝庾肩吾的诗，从诗题可以确认，这是诗人为徐主簿所吟《望月》诗而作的和诗。楼上月光照亮雪地，花儿预示着春天来临，诗中将雪、月、花一起吟咏。诗中的"歌扇"是指歌伎所持的扇子，因此这首诗应是在宴席中和同伴游乐时所作。（18）是初唐苏颋的诗，按题名记载，此诗是在天子于行宫渭亭巡幸之际奉旨所作。诗中写道，天子御殿金碧辉煌，而雨雪交加的美景甚至凌驾于行宫之美。庭院中月光如白玉般皎洁，而微风徐徐的美景又远胜窗棂上的花雕。惊讶于白花飘散的季节早早来临，春宵之时管弦之宴方始。如此白雪、月、花齐聚之美景中，拜天子之德才得以享太平盛世。（19）是初唐骆宾王为费六返回蜀地时所作的别离诗。诗中描写的是，借楼阁星光遥望蜀道，月下山谷指向吴门。想起归途漫漫泪湿双襟，道路曲折使人惊叹。此刻别离之景，白雪茫茫之中花瓣飞舞，云影下树叶摇动。"三径"是引用汉代蒋诩在庭院建造三条小道分别种植松、菊、竹的故事，有世外桃源之意。君归去之后，三径只剩愁绪，今夜独饮一盏酒。这里描写的雪、月、花是和友人分别时的场景，吟咏了原应和友人共赏美景，如今却只能独酌的孤独悲伤心情。由上文可知，六朝到初唐时期，含有雪、月、花之景的诗并非采用"雪月花"这一熟语，而是分别与景物组合，在宴席、巡幸、别离等各种场合下作为风雅之景吟咏。

　　就如家持吟咏"雪月梅花"一般，在这样的汉诗背景下，中唐白居

东亚文化比较研究

易最先在诗中使用了"雪月花"这一熟语。

　　　　　寄殷协律多叙江南旧游
　　　　五岁优游同过日，一朝消散似浮云。
　　　　琴诗酒伴皆抛我，雪月花时最忆君。
　　　　几度听鸡歌白日，亦曾骑马咏红裙。
　　　　吴娘暮雨萧萧曲，自别江南更不闻。

（《白氏文集》卷25）

　　记载有 2800 余首诗的《白氏文集》，在日本平安时代广泛流传于贵族之间。其中有上述《寄殷协律》一诗。根据该诗题辞，这首诗是白居易思念江南时代的旧友殷氏而作。诗中说，五年间共度的美好时光忽然像天空浮云一般消逝。颔联写道，身边再无弹琴吟诗喝酒的友人，看着雪月花的风景时最是怀念君。回想同游过的日子，曾与君共唱"暮雨潇潇"之曲，江南一别，至今未再唱。"琴诗酒"是指白乐天的《北窗三友》中"琴罢辄举酒，酒罢能吟诗"那样的三种友谊。因那时有"雪月花"之风景，每当看到"雪月花"之景就想起君。在这里，"琴诗酒"和"雪月花"对仗，"琴诗酒"是和友人的嬉戏，"雪月花"则指值得共赏的美景。可以认为，白居易把"雪月花"作为友情的隐喻，有意识地使用在诗中。

121

　　汉诗中，"雪月花"这一熟语直到中唐白居易时代方才出现，然而白居易自身在把它作为诗语使用之前，也经历了一个过程。在《寄殷协律》以前，白居易包含雪、月、花组合的诗作如下：

　　苑花似雪同随撵，宫月如眉伴直庐。（《答马侍御见赠》，《白氏文集》卷14）

　　独出门前望野田，月明荞麦花如雪。（《村夜》，《白氏文集》卷14）

　　蕊坼金英菊，花飘雪片庐。波红日斜没，沙白月平铺。（《东南行一百韵·寄通州元九侍御、沣州李十一舍人、果州崔二十二使君、开州韦大员外、庚三十二补阙、杜十四拾遗、李二十

助教员外宝七校书》，《白氏文集》卷16）

院柳烟婀娜，檐花雪霏微。看山倚前户，待月阐东扉。
（《严十八郎在郡日，改制东南楼，因名清辉，未立标榜，征归郎
署。予既到郡，性爱楼居，宴游其间，颇有幽致，聊成十韵，兼戏
寄严》，《白氏文集》后集卷1）

以上几首诗中，雪、月、花三字虽近在咫尺，却分别被单独使用。
因此笔者认为，白居易沿用了六朝和初唐时期雪、月、花的组合，进而
创作了"雪月花"这一特有的诗语。这与家持创作出"雪月花"一词的
历程非常相似。

以上论述了大伴家持的"雪月梅花"及白居易"雪月花"诗的形成。
家持歌创作于750年，白诗则在770年左右，由此可见，诗歌世界中的"雪
月花"这一熟语，中唐时期始现于汉诗，而家持比之白氏犹早20多年，
不免令人讶异。家持的"雪月梅花"歌采用天平时期的和歌创作方式，
把雪、月、梅花这些单独的景物合而为一，吟咏风雅，将对季节风物的
感情升华为恋情，使之作为恋歌诞生于世。另一方面，白诗中"雪月花"
一词，也是将六朝和初唐诗中独立成景的雪、月、花合而为一，成为借
指友情的诗语。

五、结语

大伴家持的"雪月梅花"歌以题词中的汉文"雪月梅花"为媒介，
转化成和歌，这种和歌与汉诗相融合的特点，从他任越中国守时期的作
品就可确认。就季节风物组合的分析来看，和歌中花与雪、花与月的搭
配，由大宰府梅花宴伊始，于天平初期（730年左右）颇受偏爱而被争
相吟咏，进而形成了"雪月花"这一新的风物组合。其特征表现为：寄
情于季节风物这一美学对象，或由此发展为恋歌。正如家持歌中"雪月
梅花"一词，此花仅指代"梅花"，应是默认了梅花宴中雪与梅花的组合。
另一方面，六朝、初唐时期的汉诗，交织使用雪、月、花这些单独的素
材来描绘美学风景。白居易在此基础之上创作出"雪月花"这一诗语，
与"琴诗酒"对仗，以表现男士友情。由此可见，家持歌与白诗中，"雪

东亚文化比较研究

月花"这一复合词的诞生时期虽然不同，但是都经过了由单独素材成为专有词汇的相似过程，而前者是为恋歌，后者则成为交友诗。在东亚文学的版图之中，两者运用同一素材，又各自蕴涵本国独特的文学色彩，开创了崭新的文艺世界。

（浙江工商大学东方语言文化学院硕士研究生胡艳辉、喻星译）

从"金乌"和"泉路"看大津皇子的临终诗

大谷步[*]

一、前言

    《怀风藻》是日本最早的汉诗集，据序文记载，编定于天平胜宝三年（751）。该书收录作品118首，作者大都为当时的皇族显贵，内容大多为宫廷诗宴等官方场合的酬唱。值得注意的是，《怀风藻》中大津皇子的五言《临终一绝》是日本最早的临终诗。据《日本书纪》记载，大津皇子，大海人皇子（之后的天武天皇）之子，天武十二年（683）始上朝听政，朱鸟元年（686）九月，天武天皇驾崩，同年十月（持统称制）被当时的皇太子草壁皇子冠以谋反罪赐死，享年二十四岁。《日本书纪·皇子薨去传》载有大津皇子谋反一事，可谓罕见。传中云，大津皇子深受天皇宠爱，辨有才学，尤有文才，诗赋之兴，始于大津始。该传不惜大量笔墨来赞美大津皇子的才学。《怀风藻·大津皇子传》云："幼年好学，博览而能属文，及壮爱武，多力而能击剑。"[1]不仅言及大津皇子乃文韬武略的稀世之才，更表达了对皇子受奸人唆使，图谋造反后被赐死的惋惜之情。据《怀风藻·河岛皇子传》记载，告密大津皇子谋反之事者正是莫逆之交河岛皇子。日本古代诗歌集《万叶集》收录了大津皇子在弥留之际所作的诗歌（卷3第416）。日本许多上代文献记录了大津皇子谋反一事，证明此事引起人们的关注。该首临终诗可看作在此过程中形成的一部作品。诗云：

---

[*] 日本国学院大学博士研究生。

124 [1]《怀风藻》的引用，参考辰巳正明编著：《怀风藻全注释》，笠间书院。下同。

金乌临西舍，鼓声催短命。

泉路无宾主，此夕谁家向。[1]

这首临终诗与中国、朝鲜的临刑诗非常相似，因此已有学者作了对比研究，尤其是关于大津皇子诗与中国陈后主临刑诗的探讨。但该诗与陈后主诗的影响关系尚未研究清楚，我们还可从新的视点进行探讨。本文将着眼于大津皇子临终诗中出现的"金乌"和"泉路"二词，探明它们的出处，继而探讨大津皇子临终诗的形成脉络。

二、大津皇子临终诗的相似诗例

据先贤的研究，大津皇子的临终诗（以下统称该诗）与中国、朝鲜的临刑诗相类似。在正式进入讨论之前，先将它们罗列如下。

①陈后主叔宝《净名玄论略述》卷一（589）

"鼓声推命役，日光向西斜。黄泉无客主，今夜向谁家。"

②江为《五代史补·全唐诗》（约950）

"街[2]鼓侵人急，西倾日欲斜。黄泉无旅店，今夜宿谁家。"

③孙蒉《西庵集·玉剑尊闻》（1393）

"鼍鼓三声急，西山日又斜。黄泉无客舍，今夜宿谁家。"

④（朝鲜）成三问旸葩谈苑本《稗官杂记》、诗话丛林本《稗官杂记》（1456）

"击鼓催人命，回看日欲斜。黄泉无一店，今夜宿谁家。"

⑤金圣叹五俶《日本之汉诗》（1661）

"御鼓丁东急，西山日又斜。黄泉无客舍，今夜宿谁家。"

⑥戴名世《安徽历史上科学技术创造发明家小传》（1713），安徽人民出版社，1958年

"战鼓冬冬响，西山日已斜。黄泉无客店，今夜宿谁家。"

[1] 此处"此夕谁家向"存在校异，例如《群书类从》本用的是"此夕谁家向"，天和四年版本、宝永二年版本、宽政五年版本均为"此夕离家向"。《怀风藻研究》（大野保，三省堂）的校异中，把群书类从本、来历志本、林家本中的"谁"注释为"离"。

[2]《五代史补》作"衔"。

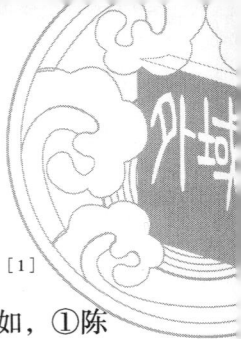

⑦叶德辉《临刑诗》（1927）

"慢擂三通鼓，西望夕阳斜。黄泉无客店，今夜宿谁家。"[1]

需要注意的是，"金乌"、"泉路"二词只见于该诗中。例如，①陈后主诗用"日光"、"黄泉"；②江为诗用"西倾日"、"黄泉"；③孙蕡诗用"西山日"、"黄泉"；④成三问诗用"回看日"、"黄泉"；⑤金圣叹诗用"西山日"、"黄泉"；⑥戴名世诗同⑤；⑦叶德辉诗用"夕阳"、"黄泉"。再看该诗的首句，表示太阳西斜之句在以上的7首诗中，均出现在第二句，可见第一二两句倒置是该诗的另一个特征。因此，"金乌"、"泉路"二词只出现在该诗中，与其他七首诗中的"日"、"夕阳"、"黄泉"存在很大不同。故笔者认为该诗与以上七首诗属于不同系谱，"金乌"、"泉路"二词应该出自其他文献。

有学者肯指出汉诗中几乎未出现"金乌"、"泉路"二词。据小岛宪之先生的研究，"'金乌'一词在汉诗中很少出现，至六朝末初唐，仅见二、三例"，"第三句'泉路无宾主'，虽陈后主以后，'黄泉'一词衍生成'泉路'，但这也是不常见的诗语"。小岛先生还指出大津皇子的诗"尽量避开通用词汇。这与其说他注重诗语的选择，不如说他更喜欢自己的词汇"[2]。通过以上对比可知，中国、朝鲜的临刑诗与该诗的表现手法有很大的相似之处，而"金乌"、"泉路"二词未出现在其他诗语中，是非常特殊的词汇，由此推测它们是否有特殊用意。

小岛先生虽指出"金乌"、"泉路"的用例极少，但如附表所示，它们多被用于佛典中。故笔者认为有必要从佛典用语角度来讨论出处不明的"金乌"和"泉路"。

三、"金乌"的佛典用语性质

该诗中，把"金乌"喻作太阳，因在《淮南子》卷七中有"日中有踆乌，而月中有蟾蜍"[3]以及《艺文类聚》卷一《天部上·日》云:《淮南子》

[1] 参照滨政博司:《大津皇子"临终"诗群的解释》,《万叶集与汉文学》,汲古书院,1993年。
[2] 小岛宪之:《近江朝前后的文学之二大津皇子的临终诗》,《万叶以前上代人的表现》,岩波书店,1986年。
[3]《淮南子》,新译汉文大系。

曰：尧时十日并出，草木焦枯。尧命羿仰射十日，中其九，乌皆死，堕羽翼。"[1]认为在太阳中存在一只三足之鸟，人们把它作为"金乌"的出典。其实"金乌"的用例多见于佛典中，《大正新修大藏经》就有121例。以下列举几处具有代表性的事例并试作分析。

A《佛祖统纪》卷第二十九《道宣律师》（大正藏NO.2035）

穆宗制赞曰：代有觉人为如来使，龙鬼归降天神奉事，声飞五天辞惊万里。金乌西沉佛日东举，稽首归依肇律宗主。（0297b02–0297b05）[2]

B《景德传灯录》卷第十二（大正藏NO.2076）

前临济义玄禅师法嗣

灌溪志闲禅师魏府馆陶人也，姓史氏。幼从柏岩禅师披剃，二十受具。（中略）问如何是古人骨。师曰，安置不得。曰为什么安置不得。师曰，金乌那教下碧天。问金锁断后如何。师曰，正是法汝处。（0294b12–0294b26）

C《景德传灯录》卷第二十三（大正藏NO.2076）

前襄州石门山献禅师法嗣

石门山干明寺慧彻禅师（第二世住）问金乌出海光天地与此光阴事若何。师曰，龙出洞兮风雨至，海岳倾时日月明。问从上诸圣向什么处去也。师曰，露柱挂灯笼。问师唱谁家曲宗风嗣阿谁。师曰，片云生凤岭樵子处处明。（0396a23–0396a28）

D《三国遗事》卷三《台山五万真身》（大正藏NO.2039）

如是五万真身一一瞻礼，每日寅朝，文殊大圣到真如院今上院，变现三十六种形。或时现佛面形，或作宝珠形，或作佛眼形，或作佛手形，（中略）或作金凤形，或作金乌形，或马产师子形，

127

---

[1]《艺文类聚》，中文出版社。

[2]佛典引用出自《大正新修大藏经》，大藏出版。下同。

或鸡产凤形，或作青龙形，或作白象形，或作鹊乌形，或牛产师子形，或作游猪形，或作青蛇形。二公每汲洞中水煎茶献供。至夜各庵修道。（0999a05-0999a19）

A《佛祖统纪·道宣律师》中作为天子穆宗的赞语，有文"金乌西沉佛日东举"。金乌指太阳，意为日虽西沉但"佛日"会东升，佛教会给这个世界带来光明，同时也是对修佛道，成律宗之祖——道宣的赞美。《佛祖统纪》成于南宋咸淳五年（1269），由志磐所记，是一部"肯定中国天台宗正统立场而编纂的佛教史书"[1]。

B《景德传灯录·灌溪志闲禅师》问答中有"金乌那教下碧天"，这里的金乌喻指太阳不可能在天之下。同样在C《慧彻禅师》问答中有文"金乌出海光天地"，这处用例也是说太阳从海面升起普照大地。《景德传灯录》成于宋景德元年（1004），由永安道原所记，讲述"印度至中国的禅宗法系"，被认为是"中国禅宗史上重要的资料"[2]。

D《三国遗事》中有对兄弟，一个名宝川，一个名孝明，皆有德行。兄弟二人在五台山修行，每日朝拜圣山，山中有五万佛显现，终于文殊大圣于每天的黎明时分化成各种形态显于这对兄弟面前。其中有一种形态便是"金乌形"。《三国遗事》为僧一然所著，成于高丽忠烈王十年（1284）之后，主要记载了新罗、高句丽、百济的佛教传说。

如上所述，在佛典中，"金乌"有太阳之意，亦有佛的变化姿态之意。上述未及列举的用例，基本上都是前者之意。

至于其他的"金乌"用例，可参照本文末尾表1，据此我们可以整体把握"金乌"一词的词性。此表将《大正新修大藏经》中出现过"金乌"的全部文献名以及相应的简单说明、用例数等作了系统地归纳总结。纵观表1，有一个明显的特征便是出自禅宗文献的用例居多。（4~6、8、11、14、16、19~21为中国撰述，25~39、41~49、51~53为日本撰述。）据表中统计，文献中有七成（53部中有37部），用例数有8成（121处

[1] 镰田茂雄、河村孝照等编：《大藏经全解说大事典》，雄山阁，1998年。
[2] 镰田茂雄、河村孝照等编：《大藏经全解说大事典》。

东亚文化比较研究

有 99 处）均与禅宗有关，且在《景德传灯录》之后，"金乌"出现的频率愈加频繁。此外，日本撰述经典中来自禅宗经典的用例高达 9 成（63 例中有 59 例），可以说这与镰仓时代禅宗盛行有密不可分的关系。而奇怪的是，这些用例未见印度撰述部中，只见于中国、日本撰述部中。故认为因中国的神话中乌住在太阳中，禅宗中便引用了"金乌"一词。

综上所述，许多经典用"金乌"替代太阳，虽明明可用"日"、"阳"来代替，但这些经典选择了"金乌"一语。另外，日本撰述经典中，"金乌"一词的用例多集中在禅宗文献，可见它作为太阳之意深受禅僧的青睐。以上可知，"金乌"一词出现在公元 1000 年后的禅宗经典和禅僧用语中，它作为日本镰仓时代禅宗盛行时期的用语被广泛使用。

四、"泉路"的佛典用语性质

我们再来讨论该诗的另一独有词汇"泉路"。该词词义为"黄泉之路"，即通往黄泉的道路。"泉路"曾出现在日本最早的和歌集《万叶集》中，用例如下：

（1）右传云时有娘子，姓车持氏也。其夫久逊年序不作往来，于时娘子，系恋瘀伤心，沈卧病，瘦羸日异，忽临泉路。于是遣使唤其夫君来，而乃歔欷流涕，口号斯歌，登时逝没也。（卷十六第3813左注）[1]

（2）忽沈枉疾，殆临泉路，仍作歌词，以申悲绪一首并短歌。（卷十七第3962题词／大伴家持）

以上，《万叶集》出现的两个"泉路"用例，（1）车持的娘子因与其夫君长时间分离而卧病在床，将不久于人世，在此语境下用"忽临泉路"一词。（2）描写的是大伴家持卧病临死之际，"殆临泉路"。这两例用法基本相同，表达的均是人因病将死的状态。然而，卷十六多用佛典用语作序、加注，又因大伴家持也具有很高的佛教造诣，故脱离佛典来

---

[1]《万叶集》的引用参考中西进：《万叶集全译注原文付》，讲谈社文库。

理解、思考这个词较为困难。于是也有必要确认"泉路"在佛典中的意义。

"泉路"一词在《大正新修大藏经》中，只出现 9 例，可见使用十分有限。需注意它即使作为佛典语，也是较为特殊的词汇。以下为"泉路"在佛典中的用例。

E《续高僧传》卷一《释智恺》（大正藏 NO.2060）

明年宗等又请恺，于智慧寺讲俱舍论。成名学士七十余人，同钦咨诹。讲至业品疏第九卷，文犹未尽，以八月二十日遘疾。自省不救，索纸题诗曰：千秋本难满，三时理易倾。石火无恒焰，电光非久明。遗文空满箧，徒然昧后生。泉路方幽噎，寒陇向凄清。一朝随露尽，唯有夜松声。因放笔，与诸名德握手语别，端坐俨思，奄然而卒。春秋五十有一，即光大二年也，于广州西阴寺南岗。（0431b13-0431b22）

F《续高僧传》卷二十五《释明解》（大正藏 NO.2060）

又下梦于画工先来同役者曰：我以不信敬生处极恶，思得功德无由可办。卿旧与相知，何为不能书一两卷经耶。又遗其诗曰：握手不能别，抚膺聊自伤。痛矣时阴短，悲哉泉路长。野风惊晚吹，荒隧落寒霜。留情何所赠，惟斯内典章。画工不识书，令诵十八遍已便去。遂觉向诸僧俗说之，嗟乎明解可惜一生妄存耶。我自陷千载，斯谓徒生徒死，大圣岂虚言哉。（0665c05-0665c24）

G《广弘明集》卷三十《统归篇第十之下》（大正藏 NO.2103）

陈沙门释智恺　临终诗

千月本难满，三时理易倾。

石火无恒焰，电光宁久明。

遗文空满箧，徒然昧后生。

泉路方幽噎，寒陇向凄清。

一随朝露尽，惟有夜松声。（0356b03-0356b07）

H《法苑珠林》卷七十九《唐姚明解》（大正藏NO.2122）

其诗曰：握手不能别，抚膺还自伤。痛矣时阴短，悲哉泉路长。松林惊野吹，荒隧落寒霜。言离何以赠。（0877b20－0877c04）

在E《续高僧传·释智恺（慧恺）传》中，智恺的临终诗使用了"泉路"一词。传中记载"自省不救，索纸题诗曰"，智恺因病卧倒不起，遂作诗，诗中写道"泉路方幽噎"。该句吟咏的是通往黄泉的路，它幽暗不清，如同幽噎一般，极其凄清、寂寥。

F《释明解》同样出自《续高僧传》，它记载，明解擅长琴、诗、书画，身为出家人举止却与俗人一般，其死后落入地狱，受尽折磨。明解的一位友人得知此事，为其上供，祈求冥福。明解心怀感激，便现身友人梦中，留下此诗。此诗感伤地写道"痛矣时阴短，悲哉泉路长"，哀叹生命短暂，死后路途漫长。《续高僧传》著于唐贞观十九年（645），著者为高僧道宣律师，他曾出现在A《佛祖统记》中。道宣尚著有G《广弘明集》（唐麟德元年（664）著成，后述）。

G《广弘明集·统归篇》记载有《续高僧传·释智恺》的临终诗，H《法苑珠林》引用了F《续高僧传·释明解》中的诗。H与F中的诗虽然有部分语句不同，但"泉路方幽噎"一句是一致的。

据此可知，"泉路"的用例出现在E和G中释智恺的临终诗，以及F和H中释明解的自伤诗中，由于它们分别引用的是同一首诗，因此被看做是两个用例。而且，这些诗是临死之际吟咏的临终诗和哀悼自己已逝人生的自伤诗，从这一点来看，这首大津皇子的诗和"临终诗"这个题名也是重合的。只是，如前所述，"泉路"在佛典用语中的用例十分少见，若是表示死后的道路，佛典或是汉诗中通常都会使用"黄泉"一词，而释智恺诗和释明解诗都是选用了"泉路"。

至于"泉路"的其他用例，在本文末尾表2中已全部列出。这些用例中，除了"南泉路"、"黄泉路"以外，共有9例。这里值得注意的是，释明解的诗占了"泉路"一词9个用例中的4个（1、2、3、5），再加上前述的释智恺的2个用例，则有6例是出自这两位僧人的自伤诗和临

终诗。另外，表 2 中的 6《药师经疏》是敦煌出土的抄本《药师经注疏》的残简，它有达摩笈多译本、玄奘译本和义净译本，均不相同，加之其本身缺失序和跋，因此是出处不明的注疏[1]。而 7《传述一心戒文》中的两个用例又基本是对同一语境的引用，也就是说，佛典中"泉路"的用例实质上只有释智恺诗、释明解诗、《药师经疏》和《传述一心戒文》4例。即，这首大津皇子诗中的"泉路"在汉诗文中并无用例，而在佛典里，也多是用于僧人临死之际的诗作中，因而可以说，释明解和释智恺的诗作很有可能是该诗的出典。由此，可以认为，先前所见的《万叶集》中"泉路"的两个用例，应该也是借鉴自《续高僧传》或《广弘明集》中的释明解和释智恺诗。

这样，我们就能确定，"泉路"有着中国僧人的自伤诗、临终诗的用词特征。可以说它和"金鸟"都是构成大津皇子临终诗的要素。这也暗示着该诗是由镰仓时代前后的禅宗系僧人所作。关于这一点，中西进先生早就对《万叶集》《怀风藻》中的大津皇子诗进行了探讨，推定《万叶集》中的大津皇子诗（卷 3 第 416《临终歌》、卷 8 第 1512《黄叶咏》）是在《万叶集》快成书时被编入的。而就后代人——镰仓时代的五山僧人见证了这一事的可能性，中西进先生这样论述道：

> 这里突然提到五山僧人，是因为《怀风藻》有曾流传至五山的迹象，也有迹象表明，五山僧人将《怀风藻》原本没有的诗作收入了该书的卷末。这些五山僧人看过了《万叶集》中的大津皇子诗，但其所了解的却是中国的临刑诗。因此，或许是五山僧人知道中国有与《万叶集》相似的临刑诗，就将其中一首当作大津皇子的作品编入了《怀风藻》中。于是，便有了《怀风藻》中的临终诗。[2]

中西进先生认为，《怀风藻》卷末的《亡名诗》出自镰仓时代的五

---

[1] 此处参照《药师经疏》的解说。

[2] 中西进编：《大津皇子的周边》，《万叶的语言和心》，每日新闻社出版，1975 年。

山僧人之手，并设想这位僧人是以《万叶集》中大津皇子的临终诗为契机创作了此诗，将它插入书中。通过以上分析，特别是"金乌"的用例多集中于禅宗经典，结合镰仓时代禅宗和五山文学的历史来看，正如中西进先生指出的那样，《怀风藻》经由五山僧人"加工"过的可能性很大。在迄今的研究史上，小岛宪之先生指出，《净名玄论略述》中陈后主的临刑诗的创作年代比大津皇子诗更早，因此，在讨论大津临终诗与陈后主诗的关系时，几乎所有的论述都是承袭小岛先生的说法[1]。但是，《净名玄论略述》是由奈良时代元兴寺的释智光所著，为三论宗重要经典《净名玄论》的注疏，而陈后主诗作的出典也是佛典注疏，这是以往的研究都没有注意到的。镰仓时代的五山僧人信奉禅宗，擅长诗文的人才辈出，他们促成了五山文学的形成。因此，五山僧人青睐禅宗经典中的"金乌"一词，并且知道同为僧侣的临终诗中所用到的"泉路"一词的可能性很高。中西进先生的见解在该诗的研究史上基本未曾被回顾过，但从"金乌"和"泉路"这两个诗语来看，可以说中西进先生指出的这点极富启示性。

五、结语

本文围绕《怀风藻》中大津皇子的《临终一绝》中出现的"金乌"、"泉路"二词，论证了它们均来源于佛典。

"金乌"在汉诗中很少出现，佛典中却常常可见，多出现在禅宗系列文献中。以公元 1004 年编纂而成的禅宗重要经典《景德传灯录》为开端，"金乌"一词在之后的文献中开始增多。这一点尤其体现在日本撰述的经典中，且在禅宗盛行的镰仓时代之后的禅师语录中更是集中体现。可以认为"金乌"表示太阳之意，深受禅僧的青睐。

相对而言，"泉路"一词在佛典中用例甚少，主要集中出现在僧侣诗中。释明解、释智恺的诗皆为自伤诗、临终诗，诗中咏叹的"泉路"一词在之后的佛教文献中被继承下来；而这又与大津皇子的临终诗相一

[1] 小岛宪之：《近江朝前后的文学二之大津皇子的临终诗》，《万叶以前上代人的表现》，岩波书店，1986 年。

致。因此，释明解或释智恺的诗极有可能是大津皇子临终诗中"泉路"一词的出处。《万叶集》中的"泉路"也来自于此。

现存于《怀风藻》中大津皇子诗的原型是何时作成的我们不得而知，但至少从"金乌"、"泉路"的出典和使用状况，可以推测出镰仓五山中擅长诗文的僧侣深入参与了大津皇子临终诗的创作。

【表1】佛典中"金乌"出典文献一览

序号	经典名	简介	宗派	用例数
		中国撰述经典		
1	略明般若末后一颂赞述	711年，义净撰，解释《金刚般若经》。		1
2	一切经音义	建中年间（780—783）—元和二年（807）。（唐）慧琳撰，解释经典的音注和字义。		2
3	宋高僧传	988年，（宋）赞宁撰，梁《唐高僧传》的续编，收录唐五代的僧侣传记。		1
4	景德传灯录	1004年，（宋）永安道原撰，记述从印度到中国的禅宗法系。中国禅宗的重要史料。	禅宗	5
5	明觉禅师语录	1066年序，北宋云门宗、雪宝重显（明觉禅师）的语录。门生编。	禅宗	2
6	圆悟佛果禅师语录	1133年序，北宋末南宋初的圆悟克勤（佛果圆悟禅师）的语录。门生编。	临济宗	7
7	南岳总胜集	1163年，（南宋）陈田夫撰，南岳是湖南省灵山。记载有南岳的历史、传说、地势等。		1
8	人天眼目	1188年序，南宋中期晦敢智昭编。总结中国五家禅宗的宗要。	临济宗	1
9	乐邦文类	1200年前后，（南宋）宗晓编，集中收录诸经论中重要部分的净土宗关系。	净土宗	2
10	注华严经题法界观门颂	1224年，宋琮湛撰，用禅宗解释华严宗的真理。	禅宗？	3

序号	经典名	简 介	宗派	用例数
11	如净和尚语录	1229年序，南宋长翁如净语录。如净即道元师父。侍者编。	曹洞宗	2
12	佛祖统纪	1269年，（南宋）志磐编，把中国天台宗作为正统编纂而成的佛教史书。	天台宗	2
13	三国遗事	1284年之后，（高丽）一然（禅僧?）撰，新罗、高丽、百济佛教的传说和历史。		1
14	佛果圆悟禅师碧岩录	成书年不详，现存最古老的版本1300年发行。对于北宋雪窦重显（明觉禅师）的教义、圆悟克勤（佛果圆悟禅师）垂示、著语和评唱。自古以来，在日本的禅宗中被广泛传阅和研究。被临济宗接纳。	临济宗	5
15	庵山莲宗宝鉴	1305年，（元）普度撰，净土教庵山莲宗的教义大纲。	净土宗	1
16	虚堂和尚语录	成书年不详，现存最古老的版本是宋版，五山版于1313年刊行。南宋末虚堂智愚语录。法嗣编。	临济宗	2
17	佛祖历代通载	1341年，（元）念常编，以增补订正《佛祖统纪》为目的的佛教史书。	天台宗	2
18	释氏稽古略	1354年，（元）觉岸撰，印度、中国的佛教历史书。朝代跨度为三皇五帝到南宋。		1
19	续传灯录	1368—1398年前后，（明）圆极居顶编，为传灯录的续编。	禅宗	13
20	缁门警训	1474年，（绝际）永中的《缁门警训》，1313年如莹增补，收录对修行有启发作用的资料。	临济宗	2
21	万松老人评唱天童觉和尚颂古从容庵录	成书年不详，针对北宋末宏智正觉教义、元初的万松行秀，进行评唱和编纂。被曹洞宗接纳。	曹洞宗	1
22	文殊指南图赞	成书年不详，惟白撰，介绍入法界品的善财童子求法故事的图解和赞。	华严宗	1

序号	经典名	简 介	宗派	用例数
* 日本撰述经典 *				
23	三密抄料简	10世纪—11世纪，觉超撰，关于胎藏的三密的问答和个人想法。	密教	1
24	薄双子口决	弘长二年（1262），赖瑜撰，关于遍智院成贤的《薄双纸》，报恩院流祖宪深的口决。	真言宗	1
25	圣一国师语录	13世纪，元德三年（1331）刊行，附有弁圆（圣一国师）的法孙虎关师炼的序、无准师范及西严了慧的书简。现存的只有木版图书。收录东福寺相关僧侣的书简。	禅宗	1
26	佛照禅师语录	13世纪，白云慧晓（佛照禅师）的语录，法嗣、虚室希白等人编。	禅宗	2
27	佛光国师语录	13世纪，镰仓末成书？无学祖元（佛光国师）语录。侍者一真等编。	禅宗	2
28	佛国禅师语录	13—14世纪，高峰显日（佛国禅师）语录，侍者编。	禅宗	1
29	南院国师语录	13—14世纪，规庵祖圆（南院国师）语录，侍者慧真等编。	禅宗	2
30	一山国师语录	13—14世纪，镰仓末大体完成，一山一宁语录。侍者了真等编。	禅宗	3
31	义云和尚语录	延文二年（1357），永平寺义云语录，侍者编。曹洞宗典刊行本的首本。	曹洞宗	1
32	阎浮集	贞治五年（1366）之后，铁舟德济语录（1366年殁）。诗文集。	禅宗	2
33	通幻灵禅师漫录	永德年间（1381—1383）前后成书，通幻寂灵语录。门人普济善救等编。	禅宗	1
34	竺仙和尚语录	14世纪，竺仙梵仙语录，记录很多与足利尊氏相关的法语和拈香。	禅宗	6
35	圆通大应国师语录	14世纪，南浦绍明（大应国师）语录。门弟编。	禅宗	1

序号	经典名	简　介	宗派	用例数
36	无文禅师语录	14世纪，无文元选语录。	禅宗	1
37	知觉普明国师语录	14世纪，春屋妙葩语录。现行本是永乐三年以后的体裁。	禅宗	1
38	永源寂室和尚语录	14世纪，临济宗永源寺派开山鼻祖、寂室元光（圆应禅师，1367年殁）语录。死后由弟子编撰刊行。	临济宗	4
39	彻翁和尚语录	应永三十二年（1425），德禅寺的禅兴编。彻翁义亨（大现国师，1369年殁）语录。	临济宗	1
40	大乘圆戒显正论	贞享元年（1684），宗觉撰，打破天台宗圆戒的主张，提出自己的思想。	天台宗	1
41	少林无孔笛	宝永五年（1708），妙心寺圣泽派开山鼻祖东阳英朝（1504年殁）语录。大春元贞编。	禅宗	1
42	东林语录	上卷（前录）于元禄十年（1697）、下卷（后录）于宝永七年（1710）编。卍山道白语录。前录由门人湛堂超然编、后录由门人三洲白龙编。	禅宗	3
43	常光国师语录	享保七年（1722）写，临济宗梦窗派的空谷明应语录（1407年殁）。侍者编。	临济宗	3
44	虎穴录	享保六年（1721）序、十七年（1732）跋。妙心寺的悟溪宗顿（心宗禅师，1500年殁）语录。为纪念悟溪250周年忌日，在妙心寺宗柱上刊发。	临济宗	2
45	禅戒诀	元文元年（1736），月舟宗胡偈中、卍山道白普说。卍山的门人三洲白龙编。	禅宗	1
46	见桃录	元文二年（1737）。妙心寺的大休宗休（圆满本光国师，1549年殁）语录。大休在世中记录的诸本，由远孙比丘众等校订。	临济宗	10

序号	经典名	简　介	宗派	用例数
47	西源德芳和尚语录	享保四年（1719）对室町、江户时期的各个版本进行校正，此本是对这些版本的增补。元文三年（1738）刊行。享保版由西源院、妙心寺的梁谷宗怡校正、元文版西源院的禅策增补。临济宗妙心寺灵云派开山鼻祖特芳禅杰（大寂常照禅师，1506年殁）语录。	临济宗	3
48	荒田随笔	指月慧印（1764年殁）在元文五年—宽保三年（1740—1743）期间撰写、在寺院中传抄。延享元年（1744）在法嗣的瞎堂本光刊行。以述说佛教本旨、制定做人准则为目的。	曹洞宗	1
49	槐安国语	宽延三年（1750），安国贞永寺的全乙、在安国寺开山鼻祖南溟禅师450年周年祭日时刊行，后因战火被烧毁。明治十八年，复刻再刊。临济宗中兴时的祖师白隐慧鹤（1768年殁）的撰述和著语。		3
50	圆戒指掌	天明六年（1786），敬光显道撰。论述圆戒著书的大意。	天台宗	1
51	大通禅师语录	1793年刊行，临济宗佛通寺派开山鼻祖愚中周及（1409年殁）语录。愚中善作诗。	临济宗	1
52	普济和尚语录	成书年不详，普济善救（1408年殁）语录。门人大圆禅雄和玉叟良珍等人编。	禅宗	1
53	普照国师语录	成书年不详，仅收录了日本黄檗宗开山鼻祖隐元隆琦禅师（1673年殁）来朝四次会议语录。与其他语录一起编入《普照国师广录》，遂成隐元禅师语录。	黄檗宗	1

【表2】佛典中"泉路"出典文献一览

序号	经典名	简介	用例
中国撰述经典			
1	释氏稽古略	1345年，（元）觉岸编，印度、中国佛教的历史书。朝代跨度为三皇五帝到南宋。	握手不能别，抚膺还自伤。痛矣时阴短，悲哉泉路长。松林惊野吹，荒队落寒霜。言离何以赠。（《明解诗》）
2	续高僧传	654年，（唐）道宣编，《高僧传》的续编，从梁代开始到初唐末期为止的僧侣传记。之后被增补。	前述用例E智恺诗，用例F明解诗
3	释门自镜录	成立年不详，怀信编。从南北朝开始到唐代为止的佛教传说集。	握手不能别，抚膺还自伤。痛矣时阴短，悲哉泉路长。松林惊野吹，荒队落寒霜。言离何以赠。（《明解诗》）
4	广弘明集	664年，（唐）道宣编，《弘明集》的续编。佛教初传播开始到初唐为止的资料。	前述用例G智恺诗
5	法苑珠林	668年，（唐）道世编，书类，佛教事典。	前述用例H明解诗
6	药师经疏	成立年不详，残简。原本是敦煌出土的手抄本S2512。	昔日壮年纵欲不修微善泉路方临犹不改悔。

序号	经典名	简介	用例
		日本撰述经典	
7	传述一心戒文	9世纪前半，光定编，一心戒传授。大乘戒的重要文献，天台宗。	义圆二师。定高阶师。可向泉路。最澄法师云：建立桓武天皇御愿之宗，被弘二师。道弘人，人弘道。道心之中有衣食矣，衣食之中无道心矣。
			义圆二师。定高阶师。可向泉路。先师云：建立我宗，被弘二师。道弘人，人弘道。道心之中有衣食也，衣食中无道心也。

※【表1】【表2】的解说，参照镰田茂雄、河村孝照等编：《大藏经全解说大事典》，雄山阁出版，1998年。

（浙江工商大学东方语言文化学院硕士研究生

邱佳莉、高洁、张楠译）

论菅原道真汉诗文中的
"浮云"*

于永梅　张晓晔　李欢**

　　日本古代汉文学作品中使用的词汇，绝大多数都来源于中国的文学
作品，但每个词汇对中国文学的继承过程和情况都不尽相同。因此就有
必要对具体词汇进行深入探讨，对其呈现出的复杂的继承情况以及进一
步发展后所表现出的独特风格进行考察，以此来研究日本古代汉文学在
题材或表现上是如何继承中国文学并进一步发展从而形成自己独特的风
格。本文就以菅原道真诗中的"浮云"一词为例进行考察。

　　根据《日本詩紀本文と総索引》[1]记载，平安时代的汉诗当中，使
用"浮云"的共有26例，除菅原道真之外的作者仅有一两例，但是道
真却有8例，占了全部26例中的大约三分之一的比重。菅原道真的作
品中，除了汉诗中使用"浮云"的8例之外，汉文作品中也有5例，而
且这些例子出现在菅原道真一生中的各个阶段。在平安时代，像菅原道
真那样对"浮云"的使用贯穿于一生作品中的别无他有。因此可以说，
"浮云"一词将会对理解菅原道真这个人物起到很大的作用。

　　"浮云"原本的含义是指漂浮在空中的云彩，具有多种比喻意义，
在中国的诗文中作为诗语被广泛使用。小川环树认为，中国汉代的"浮
云"是用来表达对亲人的怀念，是与远在他乡的人联系在一起的，这种
用法最早出现在《楚辞》中[2]。中野将指出，唐代之前的"浮云"代表

* 本文为中国博士后科学基金资助项目"《本朝文粹》写本研究"（面上资助2013M530118、特
别资助2014T70219）、辽宁省社科联2016年度辽宁经济社会发展立项课题项目"兼明亲王与
白居易思想比较研究"（2016lslktziwx-13）、2014年大连外国语大学科研基金项目重点项目"日
本古代汉文学作品研究"（2014XJZD04）的部分成果。

** 于永梅：大连外国语大学日本语学院教授，天津师范大学文学院博士后。张晓晔、李欢：
大连外国语大学硕士研究生。

[1] 高岛要编，勉诚出版，2003年。
[2] 小川环树：《風と雲—感傷文学の起原—》，《中国文学歳時記》别卷，同朋舍出版，1989年。

的是无常的、短暂的、没有寄托的事物，能够带给人孤独的印象[1]。但是这些先行研究没有论及到之后的"浮云"例子。而且对菅原道真汉诗文中的"浮云"用法也没有系统的考察。

因此，本文把中国唐代之前的"浮云"例子也作为探讨对象，对一生的诗文中都使用"浮云"的菅原道真是如何接受中国的"浮云"，并如何应用到自己的作品中，以及这些诗文是如何体现菅原道真一生的境遇进行考察。

一、菅原道真

菅原道真（845—903）是日本平安时代中期的公卿、学者，生于世代学者之家。他深得天皇的信任和重用，历任遣唐大使（未成行）、权大纳言、右大将等，最终官至右大臣。晚年因左大臣藤原时平的谗言而被贬为大宰权帅，流放至九州太宰府，于903年死于流放之地。

道真年幼时即长于诗歌，862年（贞观4年）18岁为文章生。867年从众多文章生选出二名为文章得业生，道真是其中之一。870年通过方略考试，877年兼任家传要职文章博士。死后被日本人尊为学问之神。他的主要汉诗文作品有《菅家文草》和《菅家后集》。

道真的诗大多源自生活体验和真实感受，具有鲜明的个性和时代印记。尤其是两次左迁时期敢于面对现实，袒露心迹，竭力为穷苦百姓代言，或泣血倾诉，或慷慨悲歌，写下了许多感人至深的讽喻诗等现实主义作品。此外，其悲愤诗、感伤诗、宫苑诗、咏物诗等等，也都能穷形尽意，挥洒自如，表现出作者深厚的汉文学素养和不同寻常的笔力。不言而喻，道真取得的这些成就，主要依靠自身的努力，同时也与其家学传统以及所处的时代密不可分。

二、中国诗文中的"浮云"

在具体考察菅原道真汉诗文中"浮云"的用法之前，首先看一下在

[1] 中野将：《浮雲·白雲》，后藤秋生、松本肇编：《詩語のイメージ—唐詩を読むために》，东方书店，2000年。

中国汉魏六朝和唐代诗文中是如何应用"浮云"的。

在汉魏六朝时期，正如上文小川环树所述，"浮云"是具有感伤含义的。在《古诗十九首》中就有这样的用法。

《古诗十九首》其一

行行重行行，与君生别离。相去万余里，各在一天涯。道路阻且长，会面安可知。胡马依北风，越鸟巢南枝。相去日已远，衣带日已缓。浮云蔽白日，游子不顾反。思君令人老，岁月忽已晚。弃捐勿复道，努力加餐饭。[1]

小川认为这首诗中的含义是，独守闺房的妻子看到空中飘过的云彩突然遮住了太阳的光辉，就想起了远在异地的丈夫。也就是说，这首诗中的"浮云"有睹物思人的作用。

另外，如下例所示，李陵赠苏武的诗中有多首是用"浮云"来表现的。

《赠苏武别诗》

晨风鸣北林，熠燿东南飞。愿言所相思，日暮不垂帷。明月照高楼，想见余光辉。玄鸟夜过庭，髣髴能复飞。褰裳路踟蹰，彷徨不能归。浮云日千里，安知我心悲。思得琼树枝，以解长渴饥。

《与苏武诗三首》其一

良时不再至，离别在须臾。屏营衢路侧，执手野踟蹰。仰视浮云驰，奄忽互相逾。风波一失路，各在天一隅。长当从此别，且复去斯须。欲因晨风发，送子以贱躯。[2]

浮云日行千里，怎么能知道与你分别后我的伤悲。那些快乐的日子再也不会有了，我们马上就要分别。在大路边徘徊着犹豫着，迟迟不忍分开。看看天上的浮云，只是忽然聚散，风一来，就各在天一边。其后，人们便常以"浮云"表示漂泊不定，变幻无常。

---

[1]《文选》卷二十九《杂诗》上，中华书局，1977年，第409页。
[2]《艺文类聚》卷二十九《人部十三·别上》，中华书局，1965年，第513页。

魏文帝《永思赋》

仰北辰而永思，沂悲风以增伤。哀遐路之漫漫，痛长河之无梁。愿托乘于浮云，嗟逝速之难当。[1]

《送友人别诗》（梁）沈约

君东我亦西，衔悲涕如霰。浮云一南北，何由展言宴。方作异乡人，赠子同心扇。遥裔发海鸿，连翩出檐鷰。春秋更去来，参差不相见。[2]

《别永新侯诗》（隋）江总

送君张掖郡，分悲函谷关。欲知肠断绝，浮云去不还。[3]

　　在汉魏六朝时代，"浮云"经常出现在表达离别悲哀的诗中，把远行的人比喻成像浮云一样远去。而且，还寄托于浮云把离别的悲哀和对友人的思念传达给远方的朋友。"浮云"的这种含义就是六朝时期之前的主流，并一直被沿用下去。

　　到了唐代，成为"浮云"含义主流的是《维摩诘所说经·方便品第二》中所说的"是身如浮云，须臾变灭"，即把人生、人世、人的身体等比喻成像浮云一样短暂易逝。由此使自己做到不被任何事物所左右，要像浮云一样优游自如、消闲洒脱。特别是白居易的诗中常见这种用法。

皎然《短歌行》相和歌辞

古人若不死，吾亦何所悲。萧萧烟雨九原上，白杨青松葬者谁。贵贱同一尘，死生同一指。人生在世共如此，何异浮云与流水。短歌行，短歌无穷日已倾。邺宫梁苑徒有名，春草秋风伤我情。何为不学金仙侣，一悟空王无死生。[4]

于武陵《洛阳道》横吹曲辞

[1]《艺文类聚》卷三十《人部十四·别下》，第528页。
[2]《艺文类聚》卷二十九《人部十三·别上》，第522页。
[3]《艺文类聚》卷二十九《人部十三·别上》，第527页。
[4]《全唐诗》卷十九，中州古籍出版社，2008年，第102页。

东亚文化比较研究

浮世若浮云，千回故复新。旋添青草冢，更有白头人。岁暮客将老，雪晴山欲春。行行车与马，不尽洛阳尘。[1]

白居易《题玉泉寺》

湛湛玉泉色，悠悠浮云身。闲心对定水，清净两无尘。手把青筇杖，头戴白纶巾。兴尽下山去，知我是谁人。[2]

白居易《自觉二首》其二

我闻浮屠教，中有解脱门。置心为止水，视身如浮云。[3]

白居易《赠韦炼师》

浔阳迁客为居士，身似浮云心似灰。上界女仙无嗜欲，何因相顾两徘徊。共疑过去人间世，曾作谁家夫妇来。[4]

白居易《答元八郎中杨十二博士》

身觉浮云无所着，心同止水有何情。但知潇洒疏朝市，不要崎岖隐姓名。尽日观鱼临涧坐，有时随鹿上山行。谁能抛得人间事，来共腾腾过此生。[5]

145

如上述分析所示，"浮云"在中国的文献中用来表达离别的悲哀和对友人的思念，以及对世事无常的感慨。

三、菅原道真诗文中的"浮云"

那么，中国诗文中的"浮云"，又是如何被菅原道真应用到自己的作品中的呢？下面就把道真的生涯划分为几个阶段，按照作品成立的先后顺序来逐一考察。

（1）前期得意时代（845－885，41岁之前）

首先，看一下道真在大学学习，成为文章得业生，以及在都城做官，成为文章博士的得意时期的例子。

---

[1]《全唐诗》卷十八，第 92 页。
[2]《白居易集》卷六，岳麓书社，1992 年，第 93 页。
[3]《白居易集》卷十，第 147 页。
[4]《白居易集》卷十七，第 275 页。
[5]《白居易集》卷十七，第 283 页。

①先妣藤原氏，自嘉祥季年，宫车晏驾，残魄无苟生之虑，膏唇有殉死之辞。自谓，荣华之在物也，其脆脆于浮云。名利之去人也，其急急于电火。况乎世是苦海，身非乐田。除善根而不利于人，背喻筏而无舟可济。（《为平子内亲王先妣藤原氏（贞子）周忌法会愿文》，卷十一639，21岁）[1]

这是道真 21 岁时的作品，亦是其作品中出现的最早的关于"浮云"的用例。这里的"浮云"可以说是源于《论语·述而》"子曰：饭疏食饮水，曲肱而枕之，乐亦在其中矣。不义而富且贵，于我如浮云"[2]中"浮云"的用法。论语中把不合义理而得到的富贵比喻成"浮云"，而到了梁代江淹《效阮公诗》"十五学诗书，颜华常美好。不逐世闲人，斗鸡东郊道。富贵如浮云，金玉不为宝。一旦鹠鸠鸣，严霜被劲草。志气多感失，泣下霑怀抱"[3]等之后的诗中，就把一般意义上的富贵都比作"浮云"。在白居易《哭崔二十四常侍》"貂冠初别九重门，马鬣新封四尺坟。薤露歌词非白雪，旌铭官爵是浮云"[4]中也把富贵比喻成"浮云"。

②迎来至道欲相仍，岂意龙门有李膺。乍见浮云风处破，何嫌捕影日中升。天时有运寒为暖，世事无期负且乘。公子先生何善恶，纵虽知劝未知惩。（《奉和安秀才代无名先生寄矜伐公子》，卷一15，23岁）[5]

关于诗题中的"无名先生"，川口久雄认为是指宣风坊菅家私塾的先生、道真的父亲——菅原是善，矜伐公子是指其门下一自高自大的弟子[6]。这首诗是说，矜伐公子的虚名，就像是浮云一样遇风即破，就好

---

[1]《菅家文草》，《日本古典文学大系》，岩波书店，1978 年，第 590 页。
[2]《论语·述而》，万卷出版公司，2008 年，第 108 页。
[3]《艺文类聚》卷二十六《人部十·言志》，第 467 页。
[4]《全唐诗》卷四五五，第 2349 页。
[5]《菅家文草》，第 118 页。
[6]《菅家文草》，第 640 页。

像是饮了渭水而登云升天的龙，随着云破而落地一样。"浮云"在这里是作为一种不安定的表现，是指由外力很容易就会发生变化的事物。这种用法也体现在下述例③和例④中。

③风送宫钟晓漏闻，催行路上雪纷纷。称身着得裘三尺，宜口温来酒二分。怪问寒童怀软絮，惊看疲马踏浮云。衙头未有须臾意，呵手千廻著案文。（《雪中早衙》，卷一73，32岁）[1]

④御民衔勒本君功，顾眄将闻矍铄翁。泪落分镳专夜雨，心悲结鞅欲秋风。山行莫忘浮云上，岁暮当思蹈雪中。春日纵逢靮下鹿，鞍镳为我不长空。（《临别送鞍具总州春别驾》，卷二113，39岁）[2]

例③说的是，在出勤途中，看到疲惫的马走在雪地里乱了步调，就好像是踏在浮云上一样而令人惊讶。例④是提醒将要去东国赴任的春别驾，在走山路时，就像是走在浮云上一样，一定要注意马匹的脚下。这两首诗中，都提到了"雪"这一素材，把走在又软又滑的雪地里，比喻成就好像是走在浮云上一样没有安定感。例③说的是自己所走的道路，例④表面上是说朋友走的路，但是也可以认为其中也蕴含着对自己将来要踏上的路途的不安。也就是说，道真现在虽然步入官场，成为文章博士，所有的事情都朝着好的方向发展，其实在道真的内心深处，却认为富贵是短暂易逝的，而且认为自己所处的状况也是不安定的，对将来抱有不安的情绪可以从这几例中看出。

道真之前的汉诗文中也有"浮云"的例子。敕撰三集中就各有一例。

追想昔时过旧馆，凄凉泪下忽沾襟。废村已见人烟断，荒院唯闻鸟雀吟。荆棘不知歌舞处，薜萝独向恋情深。看花故事谁能语，空望浮云转伤心。（嵯峨天皇《和左金吾将军藤绪嗣过交野离

---

[1]《菅家文草》，第159页。
[2]《菅家文草》，第196页。

宫感旧作》）[1]

使乎远欲事皇皇，方惜暌离但有觞。迟日未销边路雪，暖烟遍着主人杨。天涯马踏浮云影，山里猿啼朗月光。策骑翩翩何处至，春风千里海西乡。（巨势识人《春日饯野柱史奉使存问渤海客》）[2]

支公卧病遣居诸，古寺莓苔人访疏。山客寻来若相问，自言身世浮云虚。（源常《奉和太上天皇问净上人病》）[3]

首先，《凌云集》嵯峨天皇的诗描写的是，过去繁华一时的交野离宫，现在已经荒废殆尽，没有人能够再谈论过去的故事，只能一个人空望浮云而伤心。这是一种与过去诀别的诗，这里的"浮云"用法与中国汉魏六朝时期相同，具有寄物思情的作用。另外，《文华秀丽集》的例子是一首饯别诗，描写的是别离的伤心难过的场面。在这里也是把远去的事物比喻成"浮云"。《经国集》的例子是假借卧病在床的最澄上人之口，说出人以及人世就像空中漂浮着的云彩一样短暂无常，这个例子可以说是立足于上述《维摩经》的用法。像这样，敕撰三集中的例子基本上与中国的"浮云"用法相同，具有相同的含义。

上述菅原道真的诗句中，从"浮云"使用在别离的场面，而且都具有悲伤的一面这一点来说，与中国的诗文相同，但是道真诗文中的"浮云"，与其说是单纯用来表达悲伤的情感，还不如说是表达了远行人的路途的不安定，由此也就暗示了自己前途的不安定。可以说这是菅原道真前期得意时代的"浮云"的主要用法。

不过，这个时期的道真虽然也会持有这些不安，但是在盛大的宴会上所作诗中的"浮云"，又有着与上述不同的含义，如例⑤。

⑤龙媒恋主整毫毛，眉寿三千欲代劳。齐足蹜将初白雪，遍身开着浅红桃。风前按辔浮云软，日落鸣鞭半汉高。仙驾不须飞兔

[1]《凌雲集》，《日本文学大系》，国民图书株式会社，1927年，第107页。
[2] 小岛宪之校注：《文華秀麗集》，《日本古典文学大系》，岩波书店，1964年，第217页。
[3]《经国集》，《日本古典文学大系》，国民图书株式会社，1927年，第270页。

东亚文化比较研究

力，请看双鹤在寒皋。（《右亲卫平将军率厩亭诸仆奉贺相国五十年宴座后屏风图诗五首》，《郊外玩马》卷二174，41岁）[1]

这首诗中的"浮云"指的是天马（神仙），描写了骏马恣睢纵驰的神态。这与李白《长干行二首》其二"好乘浮云骢，佳期兰渚东。鸳鸯绿浦上，翡翠锦屏中"[2]以及卢照邻《结客少年场行》"长安重游侠，洛阳富财雄。玉剑浮云骑，金鞭明月弓"[3]中的用法相同。

（2）赞州时代（886－889，42～45岁）

886－889年是菅原道真任赞岐守、辞式部少辅兼文章博士，前往四国赞岐任官时期。

⑥弟子伏惟，圣灵升遐，于今二十九岁。先妣下世尔后一十三年。孤露之悲，寒温已累，浮云之质，变灭何时。况身之数奇，家之单祚，今而不营功德，后亦更属何人。（《为清和女御源氏修功德愿文》，卷十二661，43岁）[4]

⑦我情多少与谁谈，况换浮云感不堪。（《四年三月二十六日作》，卷四251，44岁）[5]

⑧偏因历注觉春来，物色人心尚冷灰。诬告浪从冰下动，暗思花在雪中开。浮云自后寒夜暖，壮日如今去不迴。消息穷通皆有运，莫言堇户不惊雷。（《立春》，卷四278，44岁）[6]

例⑥愿文中的"浮云"还是作为短暂易逝的事物来描写的。例⑦是道真去赞岐赴任第三年所做，描写了自己原本心中孤独，没有可以倾诉的对象，感慨如今踏上这浮云之路（离开京城在乡下生活），就更没有可以谈心的朋友。例⑧描写的是，根据日历的记载现在虽然已经是立春

149

---

[1]《菅家文草》，第240页。

[2]《全唐诗》卷二十六，第163页。

[3]《全唐诗》卷四十一，第238页。

[4]《菅家文草》，第607页。

[5]《菅家文草》，第301页。

[6]《菅家文草》，第327页。

了，但是眼前所见事物以及周围人的心都跟冬天一样寒冷。天空中漂浮着的云彩之后也会寒夜变暖，但是我那壮年之日却一去不复返了。

从这几例"浮云"的描写中可以看出，在任赞岐守的时代，菅原道真是处于孤独、失意的状态，反映了道真的内心世界。

（3）后期得意时代（890－900，46～56岁）

890年菅原道真任满赞岐守回京，之后他深受宇多天皇的信任，开始担任重要职务。当时天皇为了牵制当道的外戚藤原氏，而重用道真。891年补任藏人头官位，兼式部少辅与左中弁。次年，升从四位下，兼任左京大夫。再次年补任参议式部大辅，兼任左大弁、勘解由长官、春宫亮。894年被任命为遣唐大使，但在道真的建议下宇多天皇废止了遣唐使的派遣（当时中土内乱，907年唐朝灭亡）。895年升任从三位权中纳言，兼任春宫权大夫，长女衍子成为宇多天皇的女侍。次年，兼任民部卿。897年他的女儿和宇多天皇之子齐世亲王结婚；同年，宇多天皇让位与醍醐天皇，醍醐天皇继续重用道真，并升任正三位权大纳言，兼任右近卫大将和中宫大夫，当时只有藤原时平与道真拥有"官奏执奏"（又称为"内览"）的特权。

⑨玄览浮云洞里开，位将高足赐高才。代劳恩欲丹霄去，恋主情应白发来。珠汗风前随路落，练光月下趁家迥。霜毛便作华亭翅，仙驾东西不用媒。（《和田大夫感喜敕赐白马上呈诸侍中之诗》，卷五338，46岁）[1]

⑩满山红叶破小机，况遇浮云足下飞。寒树不知何处去，雨中衣锦故乡归。（《宫泷御幸记略》680，54岁）[2]

⑪况臣性耽时习，计日之资可支。家寄风情，浮云之富难系。问之千古，前规灼然。取诸一身，余庆至矣。（《请减封户表》，卷五134，55岁）[3]

---

[1]《菅家文草》，第372页。

[2]《菅家文草》，第631页。

[3]大曾根章介、金原理、后藤昭雄校注：《本朝文粹》，《新日本古典文学大系》，岩波书店，1992年，第202页。

东亚文化比较研究

例⑨的"浮云"是把皇帝所赐白马比喻为神仙天马。例⑩是初冬时节陪同宇多上皇出游时作的诗，这首诗中的"浮云"描写的是在龙田山上所见到的风景。例⑪是把富贵比喻为"浮云"，与其先前的例子用法相同。

这一时期是菅原道真仕途上最辉煌的时期，从这一时期的"浮云"作品中可以看出，他的神仙思想的存在以及对世事无常的认识。

（4）太宰府时代（901－903，57～59岁）

在醍醐天皇即位后道真一直晋升，但对于道真掌权感到威胁的藤原氏开始有所行动，中下层贵族中对道真的政治改革感到不安者亦所在多有，双方于是结合谋图对付菅原道真。899 年（昌泰 2 年），道真晋升右大臣并兼任右大将。次年三善清行建议道真应该知足退隐享受人生之乐，但不被道真接受。901 年，他升任从二位，但却被诬告意图帮助齐世亲王篡夺皇位因而获罪，被贬为大宰权帅，流放至九州太宰府。宇多上皇闻讯意图阻止但未能成功。以长子菅原高视为首的四名子女皆被处以流刑（是为昌泰之变）。道真于 903 年在太宰府病逝，并葬在当地（现在之安乐寺）。

151

在太宰府，菅原道真写下了这样一首诗。

　　⑫度春度夏只今秋，如镜如环本是钩。为问未曾失终始，被浮云掩向西流。（《问秋月》，《菅家后集》卷十三，510，58岁）[1]

浮云的"浮"，又有浮在表面，能遮挡外物之意，因而具备了比喻外在不良因素，不正当人事的侵害、腐蚀、阻挠等意义。这里就是暗示了被奸邪侵害，自己被流放到西国九州，道真沉痛的心情隐寓其中。这与《文选》中的"古杨柳行曰，谗邪害公正，浮云蔽白日"[2]用法相同。

---

[1]《菅家文草》，第 522 页。

[2]《文选》卷二十九《杂诗》上，第 409 页。

四、结语

在平安时代，像菅原道真那样对"浮云"的使用贯穿于一生作品中的别无他有。可以认为要理解道真这个人物，"浮云"一词起到了很大的作用。

道真从中国作品中接受了"浮云"一词，其用法也与中国的用法基本相同，但是通过上述考察可以得知，道真却有着对"浮云"独到的理解，在他的作品中赋予了"浮云"特殊的寓意。道真通过"浮云"，表达了对自己所处立场的不安定感，即使在自己政治上最得意的时期，这种不安感也围绕着道真，这也许正是对道真最后被流放这一命运的暗示。

日本汉诗人北条鸥所与晚清
上海文人交游考论[*]

高　平[**]

　　日本江户时期，德川幕府实行锁国政策二百余年，使得中日两国文人极少直接交流。文久二年（1862）幕府向中国上海首次派出官方贸易商船"千岁丸"，乘员中的青年汉学者、后来的倒幕志士高杉晋作在考察过程中结识了浙江天台陈汝钦等人并作诗相赠，由此拉开了近代以来中国本土两国诗学交流的序幕[1]。此后又有一位青年汉学者来到上海，与中国文人广泛交往，在近代第一大报《申报》上频频发表文学作品，像一颗耀眼的新星闪现在中国诗学的天空。他就是与著名政治活动家楢原陈政[2]、驻沪总领事小田切万寿之助并称为日本对清"三才"的北条鸥所。本文即以北条鸥所 1886 — 1887 年留学上海期间的文学活动为对象，通过此个案的研究，重现中日近代诗学交流的灿烂一页，并就如何拓展近代文学的研究空间作一展望。

153

一、来华前北条鸥所的汉文学积累

　　北条鸥所，名直方，字方大，号鸥所、小渔、海上浮查客、碧海舍人、狎鸥生、石鸥、鸥处等，庆应二年旧历重阳节（1866 年 10 月 17 日）[3]

[*] 本文所受资助项目：中国博士后科学基金第 56 批面上资助项目"近代中日诗学交流研究"（编号：2014M561742）；浙江省哲学社学科学研究基地浙江工商大学东亚研究院重点项目"近代中日诗学交流研究"（编号：14JDDY02Z）。
[**] 浙江大学人文学院博士后，台州学院人文学院副教授。
[1] 高杉晋作：《游清五录》，见日比野辉宽等著，陶振孝、阎瑜、陈捷译：《1862 年上海日记》，中华书局，2012 年，第 156、187 页。
[2] 楢原陈政（1862 — 1900），明治时期著名的中国通，后化名为"井上陈政"，向大儒俞樾请教汉文化，被俞樾命名为"陈子德"。其《禹城通纂》为甲午战争前日本收集中国情报之力作。
[3] 见 1905 年 7 月 19 日《读卖新闻》之《诗人北条鸥所氏の事》条，该文认为鸥所以 40 岁的壮年去世为日本汉诗界之不幸。

生于江户，明治三十八年（1905）7月16日患肺病去世[1]。北条鸥所曾从岛田重礼学习汉学，诗坛巨擘森春涛学习汉诗文，打下较好的汉文学功底；又入东京外国语学校专习中国语，清语教师有张滋昉[2]、关桂林等人。明治十八年（1885），鸥所将其游览北海道所作的24首诗歌集为《函馆竹枝词》一卷，由金港堂书社出版，昭和十四年（1940）又被竹东散史收入《日本竹枝词》，由歧阜华阳堂书店再版发行。《函馆竹枝词》前有友人森槐南题词，且以其送鸥所北游诗为序，后附森槐南及张滋昉题词。一为青年诗人之领袖，一为日本汉语教学之鼻祖[3]，可谓得其人哉。

　　日本汉学家神田喜一郎的《本邦填词史话》认为，鸥所最早的文学作品为《醉落魄·春夜》[4]，该词最初发表于森春涛所编的《新文诗》第90集（明治十六年，1883年1月）。但笔者发现森槐南手订的《新新文诗》第5集（明治十五年，1882年10月）之《诗余茉莉园杂著》已收录鸥所《绣带儿·初夏过墨陀》一词[5]，神田此说或有误。除了森春涛、森槐南父子所办刊物《新文诗》《新新文诗》外，鸥所还在汉文学旬刊《古今诗文详解》（逢五出版）上发表更多的诗词。这三个刊物是明治前期重要的汉文学阵地，上面发表的诗文往往伴有名家评点，从这些评点我

[1] 1886年10月11日《申报》发表北条鸥所《重九日值余生辰，燕梦畹生、小蓝田、忏情侍者、还读楼主人、新兴山农、种榆山人、吟道人诸吟坛于聚丰园。酒间率成，即请晒政》一诗，明确称"生辰洽值古重阳"。日本1873年改用公历，但不少汉文人以及民间依然保持着中国夏历纪年的习惯。

[2] 东京外国语学校1932年所编《东京外国语学校沿革》第五章《东京外国语学校设立后的沿革》附录三职员表"外人教师"清语教师中，有龚恩禄、叶松石、孙鹏九、关桂林、张滋昉、蔡伯昂等六人，其中关、张二人皆为明治十五年（1882）5月始执教。明治十七年（1884）7月关桂林离职后回国，鸥所作《送关桂林先生归清国》二律相赠，其中有云："三年黉舍感恩深。"实际时间为2年零2月。又据附录四"卒业生"表所列明治十二年至十七年名单，清语部只有3名学生于十六年、十七年的7月毕业，鸥所不在其中，其毕业的时间应在十八年或十九年。张滋昉明治十九年方自外国语学校退出，则鸥所为其学生无疑。此处考证参考了王宝平教授的《知られざる明治时代の汉诗人北条鸥所について—その一略历一》（二松学舍大学日本汉文教育研究机构推进室《日本汉文学研究》第8号，2013年刊发）与二宫俊博教授的《〈逍遥遗稿〉札记——シルレルとショオペンハウエルのこと及び张滋昉について一》（椙山女学园大学研究论集第33号，2002年刊发），特此致谢。

[3] 此为明治时期外交家副岛种臣对张滋昉的评价，见1898年1月28日《东京朝日新闻》"苍海老伯を访ふ"。

[4] 台北帝国大学"台北帝大短歌会"：《台大文学》第7卷第5号，1943年3月2日版

[5] 森春涛编、森槐南参订：《新新文诗》，茉莉诗店，1886年版，第5集第9页下。

们可以一窥作品的得失及特色。如《新新文诗》第 2 集所载鸥所《暮春东台即目》有句云："东君忽已归，送之一延伫。"森槐南评曰："'东君'二字凑合恰妙，烂熟典故，人失之眉睫。"[1]道出鸥所诗词喜化用前人成句的习惯。第 5 集鸥所《绣带儿·初夏过墨陀》森槐南评曰："香艳清新，旖旎动听，得南唐二主之风韵。"[2]第 7 集鸥所《柳含烟·闺咏》森槐南评曰："清婉无比，小令绝调。"[3]指出鸥所擅长小令，格调在五代之间。森槐南的评论直接影响了神田喜一郎《本邦填词史话》的观点，其《高野竹隐与森槐南之词学》一节云："当槐南与竹隐互竞才华之时，北条鸥所亦未免技痒，作《绣带儿》载于第五集，第七集又录其《柳含烟》《喜迁莺》之小令。槐南模仿北宋，竹隐宪章南宋，皆工长调。鸥所则有得于《花间集》之佳处，专作小令。"[4]明治前期众多汉诗大家如小野湖山、大沼枕山、鲈松塘、森春涛、冈本黄石、关根痴堂等经常在上述三种刊物上面发表诗作，鸥所以之为平台，转益多师，与学界前辈及森槐南、高野竹隐等日后诗坛领袖同场竞技，提升了自身的汉文学素养，积累了丰富的创作经验，成为诗坛的一员骁将。可以说，来华前的鸥所虽仅弱冠之年，但已声名鹊起，成就不凡。

二、北条鸥所与上海文人交游考

据 1887 年 4 月 7 日《申报》所刊潘岳森赠鸥所诗中小注"君绮年积学，服官未几辄弃去"，鸥所应在东京外国语学校毕业后曾短暂工作，再至中国游学。又据《新新文诗》第 14 集（明治十六年，1883 年 7 月）所载鸥所《沪上客中清明》一诗[5]，鸥所在 1883 年清明前后曾来上海，原因不详。明治十八年（1885），鸥所友人盐田三郎出任日本驻中国公使，受其推荐，鸥所于次年（1886）来中国。他先到北京，然后又至上海。可能是第一次来沪给其留下美好印象，鸥所第二次来华主要居住在

155

[1]《新新文诗》，第 2 集第 5 页上。

[2]《新新文诗》，第 5 集第 12 页上。

[3]《新新文诗》，第 7 集第 13 页上。

[4] 神田喜一郎著、李圭海译：《本邦填词史话》，见《同声月刊》1943 年 3 月 15 日第 3 卷"论著"部。

[5]《新新文诗》，第 14 集第 5 页下。

上海。又据 1887 年 6 月 17 日《申报》所载鸥所《丁亥夏初再游京都，兹复返沪，旅装甫谢，连蒙高昌寒食生、意琴室主诸吟坛枉过，并有大作见示。即步原韵，录请两吟坛粲政》一诗，则其又曾由沪至京短暂游学。

1905 年 7 月 19 日日本《读卖新闻》在鸥所讣告中介绍其少时曾留学清国，在上海从事翰墨事业，据此可知鸥所来沪是以留学名义。1887 年 12 月 11 日《申报》头版社论《论日人能勤于其职》云："日人游历分两等，有官遣者，有自为者。如曾根俊虎则奉政府之命而来者也，如北条鸥所则因避当兵而藉报游学以至者也。类皆各事其事，以其所见所闻而还报之于其国中。"按，《申报》此时总主纂为何桂笙，主笔为黄协埙等，社论必经二人之手，而鸥所与二人交谊最深，此信息或从鸥所口中得知，应当可信[1]。鸥所来沪，虽是以留学的名义，但从目前所搜集的资料来看，他未进任何学校学习，而是以和沪上文人交往的方式进行，颇有太史公与燕赵间豪俊交游的流风余韵。对于鸥所留寓上海期间的文学活动，日本《新诗综》第 12 集（1901 年 1 月）的《鸿泥余痕》曾连载其在沪期间的汉诗，可惜笔者目前尚未得见。幸而鸥所此时期的文学活动，《申报》记载甚详，据之可考鸥所与中国文人的交往。其中除了负责教授日本留学生汉语的骆亮甫在北京之外，其他人都在上海，且以《申报》馆为中心，可称为《申报》馆文人交际圈。鸥所在《申报》上所刊诗，最早的是 1886 年 9 月 7 日《申浦客次邂逅新侬先生喜赋即请大雅粲政》，其至上海时间不会太早，而其离开时间是 1887 年的 7 月 2 日，因此鸥所在上海时间为 10 个月左右[2]。

1889 年 12 月 29 日《申报》刊载黄协埙的送别日本汉文人、画家

[1] 日本作家以各种理由逃避兵役者并非鸥所一人，如 1892 年夏目漱石通过申请分家，转移户籍到北海道而逃避翌年大学毕业时的征兵，二战时三岛由纪夫故意与农村苗壮青年一起体检以显示自己身体羸弱而避免入伍。

[2] 黄协埙《风雨送行图记》云："篁期五月十二日（即 1887 年 7 月 2 日），借刷印局井上子德遄返东瀛。"见 1887 年 7 月 4 日《申报》。但奇怪的是，1887 年 10 月 26 日《申报》又登载抚琴轩主《庐山旧隐招同人饮于海天春酒楼。主人首倡一律，北条鸥所及同人皆有和章。余虽不敏，亦何敢辞？即依原玉率成一律，录请正之》一诗。按照《申报》用稿惯例，稿件一旦录用，即刻安排刊登，这首诗应该是在 10 月 26 日前几天所投，而该酒宴何时举办从诗中却难推定。7、8 月《申报》所载赠别诗已表明鸥离沪返国，而此后亦无鸥所更新信息。该诗或许是作者在鸥所在沪时所写而迟至 10 月再投亦未可知。

秋山纯（字俭为）之作《海天骊唱图序》，其中黄氏说："时鸥所方以诗虎酒龙主持风雅，俭为遂因之遍交名下士。"称鸥所主持风雅或有夸张，但其为上海诗坛的活跃人物，则是完全属实。鸥所在沪期间，寓居四马路岸田吟香的乐善堂书铺的楼上。岸田吟香（1833—1905）为日本近代著名人物，活动广泛涉及政治、军事、商业、出版等领域，长期在中国从事文化活动，是地道的"中国通"。来华日人常以之为中介，了解中国社会。鸥所因岸田吟香、岛田友春等人的介绍，迅速融入上海文界，并以其出类拔萃的创作能力、真挚坦诚的青春朝气赢得了许多中国知交。现就其中关系较大者作一考索。

（一）何桂笙

何桂笙（1841—1894），名镛，号高昌寒食生，浙江绍兴人。1884年左右入《申报》馆，后任主笔。何氏视野开阔，关心时政，头版政论文多出其手。1894年12月7日患痧疾逝世，次日《申报》头版《山阴何君桂笙小传》称其："持论明通，似陈同甫、辛稼轩一流人物。性喜诙谐，又东方曼倩之亚也。"撰有《劫火纪焚》、《琁珏山房红楼梦词》、《齿录》等。在上海诸文人中，何桂笙、黄协埙二位《申报》主笔与鸥所交往最多。自1886年9月9日《申报》首次刊载鸥所所赠何氏诗，直到1887年7月2日鸥所离开上海，二人互赠不断。1887年4月1日何桂笙在《申报》头版社论位置发表《海天三友图记》，并广征诗歌题咏该图（实为三人合影）。图记叙述与鸥所、岸田吟香合影一事，颇为真切动人，其中称鸥所道："聆其语，则又齿牙伶俐，舌本轻圆，俨然与中国无异。询之，□其久在京师，故熟于华语如此。于是大喜过望，自谓海天从此多一知交矣。"可知鸥所与何氏认识的其他日本汉文人冈千仞、寺田望南等不同之处是其笔谈之外更能以口语交流。但鸥所汉语会话水平高的原因，固然是在北京待的时间较长，但更重要的是他在东京外国语学校期间受到张滋昉、关桂林等人的专业训练，此非冈千仞、竹添进一郎等老一辈来华汉学家可比。1886年9月24日何氏发表《秋邀篇》，介绍鸥所对《红楼梦》的看法，可为《红楼梦》的日本接受史提供宝贵材料。1887年6月，鸥所接到日本政府命令，回国从事宫城

157

县司法工作。7月1日何氏在《申报》头版发表《送北条鸥所返国赴宫城县臬司任序》一文，回顾二人交往始末，认为法官乃刑名所攸系，鸥所此行将为宫城县民众伸冤施德，希望中日加强合作，如二人之深交默契，从而维持东亚稳定，抵御沙俄南侵。此篇赠文不脱主笔政论本色。

（二）黄协埙

黄协埙（1853—1924），字式权，原名本铨，号梦畹，别署鹤窠树人、海上梦畹生、畹香留梦室主等，上海浦东人。著有《鹤巢村人初稿》、《粉墨丛谈》、《淞南梦影录》、《锄经书舍零墨》，辑有《海曲诗续抄》、《同声集》，晚年参与续修《南汇县志》。黄氏1884年入《申报》馆任主笔，何桂笙死后任总主纂，直至1905年离职。据1887年7月4日《申报》头版黄氏《风雨送行图记》，鸥所始见面即以《函馆竹枝词》相赠，黄氏誉之为铁崖（杨维桢）复生。嗣后二人或流连风月，或寄兴山川，鸥所多有赠诗，被黄氏赞为"真诗人"。在1887年7月1日的欢送鸥所宴会上，黄氏以臬司执掌刑名，应努力作循吏、能吏勉之，并希望日后继续往来。1889年秋山纯返国，《申报》12月29日刊载黄氏赠秋山氏的《海天骊唱图序》，序称秋山纯是藉助鸥所之介而融入上海文人圈的。黄氏思想比较保守，在该序中说日本自维新以后，事事效法西人，不数年间风气翻然一变，认为其中有变而极当者，也有不必尽变者："藩属变而为府县，额兵变而为征兵，刀矛变而为枪炮，舟车变而为火轮，以及电线之绝迹，飞行机器之轻灵便捷，此其亟宜变者也。至于改正朔，易服色，毁银钱而造纸币，废古籍而习西书，此则可不必变者也。"这种思想为其维新变法期间激烈批判维新派言论埋下了伏笔。1890年黄氏应日本友人之邀，至日本参加世界博览会，归而著《扶桑揽胜集》。1892年2月24日《申报》所刊何桂笙《书松石山房印谱后》云："前年余友申左梦畹生游东瀛，归为道其山川之韶秀，人物之文雅，出彼都人士投赠之墨翰以相炫。"该集应有何氏所述相关内容。1889年8月14日《申报》刊发黄氏《怀孙君君昇日本使者即步韵奉题大著〈春风迭唱集〉》一诗，则其与当时颇为活跃的旅日诗人孙点（字君昇）亦有交往。

东亚文化比较研究

（三）王韬

王韬（1828 — 1897），字紫诠、兰卿，号仲弢、天南遁叟等，苏州长洲人。1864 至 1870 年之间，曾至欧洲考察政治文化，编译《普法战纪》，名震东瀛。1874 年在香港创办世界首家华资报纸《循环日报》，撰写大量的提倡维新变法的政论文，为日本学界所激赏。1879 年应日本一等编修重野成斋、《报知社》主笔栗本锄云、冈千仞等名士之邀，王韬前往日本考察，后撰成《扶桑游记》三卷。王韬在日期间所交汉学者甚多，几乎囊括所有有影响之人，其中不少是《新文诗》《新新文诗》的作者，森槐南的《补春天》传奇还深得王韬赞许，所以王韬在日考察期间所结交的汉学者群体与鸥所的诗友圈有不少重合。王韬友人岛田重礼之子岛田友春 1886 年 10 月 10 日曾在上海聚丰园广邀名流，为鸥所举行欢迎推荐宴会[1]。据《申报》1886 年 9 月 24 日、11 月 26 日、12 月 23 日及 24 日、1887 年 4 月 8 日所刊诗歌，鸥所与王韬曾在三庆酒楼、名妓陆斐卿住处、一家春酒楼、勺秋馆、徐园等处相见，并作诗呈送。1886 年 12 月 13 日《申报》刊载王韬赠鸥所诗，1887 年 7 月 3 日又载赠别诗二首。王韬一度担任《申报》编辑，其婿钱昕伯又为总主纂，作为《申报》馆的常客，其以该报为媒介与鸥所交往非常自然。

（四）袁祖志

袁祖志（1827 — 1898），字翔甫，号枚孙，别署仓山旧主、杨柳楼台主等，浙江杭州人，袁枚之孙。曾任县令、同知等职，1876 年至 1882 年受上海道台委托，担任《新报》主编。1883 年随招商局总办唐廷枢游历西欧各国，归国后著有《谈瀛录》、《出洋须知》等书。1893 年应聘为《新闻报》总编辑。袁祖志可谓上海早期资深报人之一。1886 年 10 月 14 日为其六十岁生日，《申报》在此前后举行征诗活动，多达百人投稿。袁氏当日在泰和酒楼举行宴会，鸥所与岸田吟香一起出席，并作寿联相贺。袁氏作诗答谢，称其联语极佳。二人亦曾多次聚会，且

159

---

[1] 见 1886 年 10 月 12 日《申报》之《试灯后记》及 15 日毕以堮《重阳后四日，东瀛岛田友春介北条鸥所邀集名流于聚丰园为题名会，诚佳话也。即席成此，录请翔老、吟老、梦畹、鸥所、友春诸吟坛政和》一诗。

作诗互赠。因大雨阻隔，袁氏未出席《申报》馆为鸥所举行的欢送宴会，但依然在 1887 年 7 月 4 日刊出次诗韵赠别，赞其为"天才年少"。

（五）毕以埏

毕以埏，生卒年未详，字玉洲，号小蓝田忏情侍者，浙江嘉善县魏塘镇人。毕氏名声早为海外所知，友人居世绅称道："忏情侍者，魏塘风雅士也，翩翩才调，早重鸡林。"[1] 毕氏是晚清上海娱乐界的著名人物，有《海上群芳谱》、《沧海遗珠录》、《海上放浪烟花诗》流行于世。据王韬《淞隐漫录》及《申报》1887 年 6 月 15 日所刊居世绅《涵碧楼题壁并引》，毕氏还有《花雨珠尘录》一书，但未见传本。上海十里洋场，烟花萃集，毕氏的《海上群芳谱》、《沧海遗珠录》即为品花选秀之作，是研究上海娼妓生存状况、都市现代性生活方式的重要著作[2]。1886 年 9 月 24 日何桂笙、黄协埙在三庆酒楼为鸥所及井上陈政举办欢迎宴会，毕氏出席，二人作诗互赠，此后交往日多，频率仅次于鸥所与何桂笙、黄协埙二人。9 月 29 日毕氏为鸥所举行宴会，招名妓陆斐卿相伴，并称"北里佳人，东瀛奇士，洵合璧也"[3]。这促成了日后鸥所与陆斐卿常相往来，以至于有时将朋友集会之地定于陆处。9 月 30 日《申报》所刊鸥所《小诗一律录呈小蓝田忏情侍者指政》一诗云："闲情曾著《遗珠录》，彩笔时成掷地文。尊酒何当重聚首，花天香国话新闻。"推崇毕氏对上海花界的了如指掌。鸥所归国时，毕氏作诗赠别，以"仕作皋陶隐许由"勉之。

（六）潘岳森

潘岳森，生卒年未详，字月舫、梅士，号意琴室主，广西都阳才圩（属今广西壮族自治区都安县）人。1882 年中举，任都阳上巡检。据 1924 年 8 月 11 日《申报》所载词学大家况周颐《餐樱庑漫笔》，丁亥戊子年

[1] 居世绅：《忏情侍者，魏塘风雅士也，翩翩才调，早重鸡林。落落襟期，群钦鹤立，乃荷瑶章之见赠，复蒙珮饰之过情。环诵熏薇，铭深篆竹，谨依元韵，奉答方家，录请雾里看花客、梦畹生政刊》，见《申报》，1886 年 9 月 6 日。
[2] 美国学者叶凯蒂的《上海·爱：名妓、知识分子和娱乐文化（1850－1910）多次引用其《海上群芳谱》中的相关记述，如袁祖志对名妓三三的恋爱与宣传，名妓中秋夜和客人乘坐马车的招摇过市（三联书店，2012 年，第 204 页、74 页）。
[3] 见 1886 年 10 月 6 日《申报》毕以埏文章，该文无题目。

东亚文化比较研究

间（1887—1888）况氏至上海《申报》馆，与何桂笙、黄协埙二人谈论文艺，并结识王韬、钱昕伯翁婿。该日漫笔还记载潘氏情况道："乡人潘月舫（岳森）游寓沪滨，与天南遁叟、高昌寒食生唱酬，有《意琴室诗词》……月舫天分甚高，风流文采，不可一世，中年殂化，未竟其业，甚可惜也。"况氏眼界高而赞誉如此，潘氏诗词成就可见一斑。据1889年11月24日《申报》所载岭南珊海钓徒的悼念潘氏之诗序，可知潘氏除《意琴室诗词》外，还著有《镜影箫声》与《春江声应集》。该诗称潘氏"骚坛海上称盟主"，则其当是上海文坛的风云人物。此外潘氏还有《晴山一角楼诗集》一卷，手抄本。1889年11月15日何桂笙发表《祭意琴室主文》，引述友人语，称潘氏死于咯血症，月日不详；性情豪放，目空一切，"诗古文词如天马行空，不可羁勒，初无艰涩怪癖语"，且擅长书法和武术。潘氏与鸥所交谊甚笃，常邀请鸥所至其红粉知己王佩兰处聚会。1886年12月23日《申报》刊载潘氏赠鸥所诗，其中写道"樽前畛域何须问，中外于今且一家"，此联堪为中外文化交流的生动写照。

（七）叶庆颐

叶庆颐，生卒年未详，字新依，号策鳌游客[1]，上海人。1881年至日本，与菊池三溪、关根痴堂、冈千仞、永坂石埭、大河内辉声等日本汉文人交往，次年回国。叶氏因鸥所之介，与《申报》馆诸文人交契日深，常在报上相互唱和，并结识岸田吟香、秋山纯等来沪日本人。1888年叶氏著成《策鳌杂摭》一书，邀请何桂笙、黄协埙、叶炜、金杏生、秦云等人题序。又据1887年8月30日所刊《喜晤秦肤雨吟丈，蒙惠伏鸾堂裁云阁诗词大著，并示画册，复赐题〈海外鸿泥〉拙稿，因尘一律，录请高昌寒食生、梦畹生同政》及1887年10月18日所刊《题策鳌游客〈海外鸿泥〉诗卷》中"示我琳琅一卷诗"一语，叶氏还著有诗集《海外鸿泥》一卷[2]。自1890年始，叶氏为《申报》撰写有关日本的报道，

---

[1] 据1887年11月20日《申报》所载甬东小楼主人《题叶新依词兄〈策鳌杂摭〉册子》："在昔太白自称钓鳌客，君今策鳌义气何清道？"叶氏号"策鳌游客"，也许受到了李白号的影响，含有游历日本之意。

[2] 1887年10月18日《申报》所载《送日本秋山俭为归国，录呈桂笙、梦畹两吟丈斲政》（其三）"年时偏两京"下注云："余有《海外鸿泥》拙稿。"

分别以《策鳌小志》、《策鳌新志》、《策鳌杂摭》、《策鳌录》为题，内容广泛涉及军事、政治、经济、自然灾害等方面。据消息报头的"本报长崎访事人来扎云"、"本馆派赴日本访事人来书云"等语，叶氏此时是以《申报》馆记者身份再次赴日。叶氏精擅日语，日本人来沪，叶氏常担任翻译。其《策鳌杂摭》是中国最早介绍日本的著作之一，"详记东海风土人情，大而山川国邑，小而一丘一壑，上而开国源流，下而一材一艺，无不罗列而详载之"[1]，同时该书还是"对日语词语记录最为详尽之书"[2]，在中国早期的日语研究上具有重要地位。鸥所初至上海，最早熟识的即为叶庆颐，其所赠叶氏诗是《申报》刊载的第一首鸥所诗。首联即云："当日闻名曾舛差，而今识面却天涯。"[3]叶氏友人叶炜（字松石）为鸥所母校东京外国语学校的汉语教师，鸥所早闻叶氏之名，或许是通过叶炜的途径。鸥所随即介绍叶氏与何桂笙相见[4]。叶氏常为《申报》馆诸人细述日本山川风俗、政治经济。在上海文人中，叶氏可谓一个"知日派"。

（八）邹弢

邹弢（1850—1930），字翰飞，号潇湘馆侍者、梁溪钓徒、梁溪瘦鹤词人、酒丐等，无锡鸿山镇人。著有《三借庐丛稿》、《三借庐赘谈》、《三借庐剩稿》、《海上花天酒地传》、《万国近政考略》等诗文杂著，文言短篇小说集《浇愁集》，长篇狭斜小说《海上尘天影》。屡试不第，1880年至上海，在《申报》、《益闻报》、《苏报》、《趣报》、《格致益闻汇报》等报馆襄理笔政。邹氏在办报过程中，接触到大量的西方科学文化知识，对域外有着较为客观的认识，能以开放的态度对待来自不同文化背景的外国人，这在《海上尘天影》的主人公韩秋鹤海外游历见闻中可见一斑[5]。邹氏是《申报》上颇为活跃的诗人，被陈筼列入"诗中八

---

[1] 何桂笙：《跋叶君新侬策鳌杂摭》，见1888年10月28日《申报》。

[2] 沈国威：《梁启超与日语——以和文汉读法为说》，见陈平原主编《现代中国》第一辑，北京大学出版社，2008年，第86页。

[3] 北条鸥所：《申浦客次邂逅新侬先生喜赋即请大雅粲政》，见1886年9月7日《申报》。

[4] 何桂笙：《秋遨篇》，见1886年9月24日《申报》。

[5] 王学钧：《邹弢〈海上尘天影〉的中西比较意识》，《明清小说研究》2004年第2期。

仙"[1]，与鸥所有多首诗歌互赠。1886年10月11日刊载邹弢读何桂笙《秋邀篇》中鸥所评论《红楼梦》的感想诗，并作《相见欢》词答谢鸥所、叶庆颐的到访，说"鸥才秀，侬情愿，诉深衷，可惜江头离别太匆匆"，表达了深厚的友情。

（九）居世绅

居世绅，号东武惜红生、百尺浦上惜红生等，浙江绍兴人。生卒年不详，然可略考：其诗歌最早在1873年3月7日刊于《申报》，若以此时居氏已过弱冠之年，则其最迟当生于1853年；又据《女子世界》1914年第1号《诗词典选·香奁集·诗选》之惜红生评语，则其此时尚健在。居氏是《申报》上发表诗词最多的作家之一，同时对说部亦有造诣。1888年6月15日刊发《增补齐省堂儒林外史序》，批评明代四大奇书不是海淫诲盗，就是玄虚不实，而《儒林外史》"命意以富贵功名立为一编之局，而骄凌谄媚，摹绘入神。凡世态之炎凉，人情之真伪，无不活见于纸上"，其对《儒林外史》的评价与鲁迅《中国小说史略》中的《清之讽刺小说》观点颇有一致之处。该增补本1888年由上海鸿宝斋石印本印刷，将其他版本的56回增加到60回，所增4回即第43回至47回。据刘世德的观点，此4回乃居氏所加[2]。居氏久居沪滨，流连风月，在娱乐界颇有影响[3]。其诗风格多样，而以香奁体为主，如"最爱隔宵微雨后，蕉分新绿到帘帷"[4]，可谓清新绮丽。居氏与鸥所曾在多个场合相见，其赠鸥所回国诗云："小纪鸿泥征旅迹，高烧蜡炬话楼头。"句下注曰："大著《鸿泥小纪》一卷，专志沪上友朋酬酢之事"，"仆过

---

[1] 陈筠：《诗中八仙歌》，见1880年3月1日《申报》。

[2] 刘世德：《刘世德学术演讲录》，线装书局，2007年。鲁迅对此4回评价甚低："事既不伦，语复猥陋。"见鲁迅：《鲁迅全集》第9卷，人民文学出版社，2005年，第233页。

[3] 潘岳森：《耳惜红生名久矣。冬初来沪，得读玉梅□馆及读大著，倾慕益深。昨赴忏情侍者□约，始一晤于木犀香馆，畅聆言论，大慰生平。既辱冠履，复拜珠玉之赐，感情□□，次韵奉酬，录呈吟坛敬乞斧政》云："万花低首共尊梅。"注曰："君提倡风雅，为海上群芳所推戴。"居氏酷爱梅花，有印曰"一生清净仰梅花"，书斋名"侍梅阁"，故称"共尊梅"。见1887年1月6日《申报》。

[4] 居世绅：《春暮遣怀录请诸吟坛政刊》，见1886年6月15日《申报》。

访时每值夜分,君必剪烛深谈。"[1]于此可考二人交谊及鸥所曾著有《鸿泥小纪》。

以上所考文人皆为沪上活跃作家,他们所掌握的报刊代表了近代文学发展的新动向,在发表作品、推出新人、制造热点等事情上具有很大的话语权。除此之外,鸥所还有更多的诗友。仅以鸥所归国时在《申报》上发表诗文赠别者而言,即依次有古越高昌寒食生(何桂笙)、兰月楼主人、济西问梅山人(舒昌森)、种榆山人(胡悦彭)、天南遯叟(王韬)、小蓝田忏情侍者(毕以堮)、梦畹生(黄协埙)、东武惜红生(居世绅)、仓山旧主(袁祖志)、意琴室主(潘岳森)、崇川骊睡轩主(保溶钧)、西湖花隐(杨槐卿)、毗陵醉墨生(濮阳镜)、病脚僧(汪昀绶)、江东逸史(杨犫叔)等15人,时间跨度上从1887年6月29日至8月4日。这不能不说是个值得注意的现象:一个外国文学青年回国,为何引起这么多人的关注?北条鸥所为何能成为《申报》上频频曝光的文学宠儿,甚至记述与其交往的文章能够占据头版社论的位置?

笔者以为有四个原因:一是上海作为新兴的东亚大都市,其开放自由的租界环境对外来文化能够采取宽容的态度,尤其是北条鸥所来自素来视为同文同种的东瀛,诗词才能在其本国首屈一指,共同的汉文化基础为其交往搭建了很好的沟通平台。二是此时中日关系尚处于较为友好的时期,虽然亦有日本出兵台湾(1874)、吞并琉球(1879)等侵占中国权益的行为,但尚未发展到全面战争的阶段,且两国都面临着北有沙俄、西有欧美列强侵略的国际形势,中日两国都不乏鼓吹通力合作的论调,如《申报》馆何桂笙即持此种观点。鸥所在东京受过良好的现代教育,又是诗坛新锐,与其结交可以树立相互信任、良好合作的典范。第三是《申报》馆文人圈的部分人士此时对日本尚存轻视之意,华夏文化优越感根深蒂固。如1887年6月2日所刊娄东梅村后人仲山氏诗云:"能从上国求深契……异服奇才足与京。"[2]1887年7月1日所刊何桂笙序云:"丈

---

[1] 居世绅:《海上浮查客北条君鸥所奉檄将归东瀛,以诗留别,敬步元均口占二律赠行,录请诸方家点铁》,见1887年7月4日《申报》。
[2] 娄东梅村后人仲山氏:《奉题〈海天三友图〉绝句六首录就高昌寒食生大吟坛斧藻》,见1887年6月2日《申报》。

夫志在四方,观光上国,遍历山川名胜,以增长其学问,资助其识见。"[1]
就连有世界视野的王韬也说:"中朝仁德开三面,东国诗篇出一头。"[2]"上
国"、"中朝"措辞背后隐藏的华夷之辨、天朝心理使其以文化高姿态对
鸥所不遗余力地奖掖宣传。第四是与《申报》的用稿制度有关。此时《申
报》对于诗文还是采用免费用稿制,主笔何桂笙、黄协埙等人都是传统
文人,擅长诗歌创作,《申报》隐然成为其诗社活动的平台[3]。异邦才俊
北条鸥所的到来为其提供了不少新鲜的话题,吸引众多文人纷纷投稿参
与,故而形成以鸥所为中心的唱和高潮。

三、从北条鸥所研究看文学研究空间的开拓

北条鸥所 1886 至 1887 年的上海之行,在中日近代文学、比较文学
的研究中具有一定的典型意义,对其考察可以启发我们对于开拓文学研
究空间的一些思考。

首先,中日文学交流的研究在中日近代文学、比较文学的研究中
具有重要地位。过去我们的近代文学研究虽也会涉及中外文学交流的研
究,但这主要集中在对于欧美文学的引进与学习上面,对于东亚近邻日
本的文学,又往往集中在日本和语文学的介绍与研究,对其汉文学的关
注不够,即使关注,也只是聚焦于黄遵宪这样的名家与日本汉学界的交
流上。日本文学历史上有两个悠久的传统,一是汉文学,一是和语文学,
在很长的时间内前者都是居庙堂之高的文学。随着中日两国的国门打
开,官方、民间文化交流日渐增多,中国作家认识到日本汉学者创作的
勤勉与业绩。我们只要翻看王宝平教授所辑的《日本典籍清人序跋集》,
即可尝鼎一脔,了解日本汉学研究、文学创作的兴盛,中日文学交流的
频繁与深入。以何如璋、黎庶昌、黄遵宪、副岛种臣为代表的使团文学,

---

[1] 何桂笙:《送北条鸥所返国赴宫城县枭司任序》,见 1887 年 7 月 1 日《申报》。
[2] 王韬:《北条鸥所将归其国赋诗二章送行即步原韵》,见 1887 年 7 月 3 日《申报》。
[3] 明治时期日本有许多汉诗社,部分声势浩大者还有自己的文学刊物,如前期森春涛主持
的"茉莉吟社"有《新文诗》,后期森槐南、大久保湘南等领导的"随鸥吟社"有《随鸥集》,
等等。中国此时期很难看到专门的诗歌刊物,而《申报》副刊则某种程度上承担了诗社刊物
的功能,我们甚至可以说何桂笙、黄协埙等人所组成的《申报》馆文人圈即是以二人为核心、
以自由投稿人为外援的诗社。他们经常举行诗歌活动,其雅集频率、参与人数、延续时间甚
至超过了一般的诗社。

以王韬、黄庆澄、冈千仞、竹添进一郎为代表的游记文学，以何桂笙、梁启超、森槐南、北条鸥所为代表的报刊文学，等等，都可以成为近代文学研究新的学术增长点。

以报刊文学而言，很多有价值的文学信息都散落在浩如烟海的报刊中，这需要研究者披沙拣金，甚至只问耕耘、不问收获的艰辛研究。如北条鸥所在神田喜一郎的《本邦填词史话》中，是对森槐南构成挑战的词坛飞将，为日本词学高潮的形成做出了杰出贡献。他虽作诗二千余首，但除了《函馆竹枝词》24 首出版外，其他皆未结集出版，存于箧中。他虽有意整理在沪期间友朋酬唱诗集《鸿泥小纪》，但也不为学界所见。神田喜一郎所研究的，不过是《新文诗》、《新新文诗》、《古今诗文详解》等日本少数几个习见刊物，对于鸥所在中国《申报》上发表的诗词皆未得见，这不能不影响到他对鸥所诗词成就的价值判断。我们若将中日报刊对比研究，则会发现鸥所发表于《申报》的部分诗作其实已在日本诗刊上发表过[1]。这是很有意思的一个现象，说明了鸥所对其作品的自信和以文会友的期盼。在明治三十二年（1899）8 月《新诗综》第 5 集中，森槐南评价鸥所五言古诗道："鸥所诗，初以绮丽称，中辄才气喷薄，珠玉离披，烟云缭绕，近来所诣，日上登峰造极，直将不可量。"明治三十八年（1905）8 月《随鸥集》第 11 编所载"墨田佳话"的"鸥所不起"条中，大久保湘南评价鸥所诗歌"峭削奇隽，为调自成一家"。我们看鸥所来华前所发诗词，确实以绮丽柔美见长，但其在沪期间与众多风格不同的诗家交流，异国他乡的独特体验与精心刻苦的艺术创新，为其日后铸就"峭削奇隽"的诗风迈出了重要一步。如《申报》1886 年 9 月 30 日所刊诗云："似我粗狂甘蠖屈，如君才技岂鸡群？" 1886年 10 月 3 日所刊诗云："月气欲霜砖上面，秋声疑鬼树中间。""买大家冤枉殷富，遭千人骂是奇才。" 1886 年 10 月 17 日所刊诗云："贫里友

[1]《申报》1886 年 9 月 9 日所刊鸥所诗《一络索》题为《一络索•秋怀》发表于 1883 年 10 月《古今诗文详解》第 104 集，1886 年 9 月 14 日所刊《秋怀四阕调〈一痕沙〉录请桂笙梦畹诸词宗拍政》题为《昭君怨•秋夕咏怀》发表于 1884 年 6 月《古今诗文详解》第 129 集，1887 年 3 月 1 日所刊《醉落魄》录请高昌寒食生正拍》，《醉落魄》题为《醉落魄•春夜》发表于 1883 年 1 月《新文诗》第 20 集。

东亚文化比较研究

朋易星散，穷中骨相与秋争。"皆有韩孟诗派的奇崛之风，与长吉相近。鸥所来华前所发表者以词居多，而在《申报》上发表者则以诗为主。"诗之境阔，词之言长"，文体不同，风格亦异，1886 至 1887 年的上海之行是鸥所诗学历程的关键一环。除此之外，鸥所 1887 年 3 月 1 日还介绍日本四位老诗人谷如意、赖支峰、神山凤阳、江马圣钦给中国学界，征求唱和，4 月 1 日《申报》即登载《四老称寿歌》展示其矍铄风采。再以接触日本汉诗的中国诗人而言，黄遵宪在日期间对日本文明开化新诗的关注，激发了他对新名词、新意境入诗的兴趣，为后来梁启超诗界革命口号的提出提供了实践基础[1]；王树枏与入疆日本汉诗人的交往使其诗歌呈现出描写空间辽阔、新疆与日本地理意象迭加、刚健进取的日本人形象开始出现等崭新的艺术风貌[2]。研究此类文学交往的材料，可以使我们更真切地把握作家创作中异质文化因素的影响，从而更好地揭示其作品的创新价值。

在中日文学交流史料中，有一类尤其值得我们关注，这就是日本学者对中国文学的评价。如被俞樾誉为"东国诗人之冠"的广濑谦弘化丙午（1846）为大槻盘溪《盘溪诗钞》卷三《鸡肋存稿》题辞曰："尝论吾邦胜支那，不独皇统万年无替队。……终与东方风土精华恰相称，足使西人皆感愧。"[3]野口胜一为织田完之《东洋诗史》（1896）作序曰："清国之诗文，流于浮言虚辞，竟速国运之衰弱。"[4]对中国同时期诗文都很轻视。我们研究中国近代文学的基本文献，多数来自本国的文学遗产，而对域外材料罕有观照。日本汉文人的异域之眼值得我们重视。

其次，报刊研究是补充并重绘近代文学地图的重要途径。综观学界的近代文学史著作，我们发现著者笔墨往往集中于少数大家、文学思潮及重要社团的身上，主题也多为革命、族群、民主等宏大议题，对于为数更多的小作家的研究严重不足，见木不见林，影响了对近代文学全面

---

[1] 蔡毅：《黄遵宪与明治"文明开化"新诗》，见蔡毅《日本汉诗论稿》，中华书局，2007 年。

[2] 董炳月：《王树枏写给入疆日本人的诗》，《文史知识》2013 年第 12 期。

[3] 大槻盘溪：《宁静阁一集》，富士川英郎、松下忠、佐野正巳编：《日本汉诗》第十七卷，汲古书院，1989 年，第 62 页。

[4] 织田完之：《东洋诗史》，近藤活版所，明治二十九年（1896）版，第 1—2 页。

客观的评价。这就像长江激流澎湃的拐弯处、浩瀚无垠的人海口固然令我们一唱三叹，但那难以计数的支流分脉也令我们尊崇礼赞。如我们对清末影响巨大的临桂词派的研究，常集中在王鹏运、况周颐等人身上，而对况氏所激赏的乡人潘岳森则知之甚少。潘氏诗词较多地存在于《申报》中，检阅《申报》可让我们认识其文学成就。居世绅是《儒林外史》研究史上的一个重要人物，但查看中国文学史、小说史，居氏最多是惊鸿一瞥，难见真容。居氏的《增补齐省堂儒林外史序》最早发表于《申报》，他还是该报的活跃作家，与其有关的诗文多近 300 篇。我们若以北条鸥所为中心，将其与王韬、何桂笙、叶庆颐、潘岳森、居世绅等中国友人交往的时间、地点、作品内容等一一考索，便可编织成一张文学网络，初步描绘出鸥所在沪期间文学活动的历史场景。如果再由点及面，将《申报》、《东方杂志》、《大公报》等大小报刊上的作家作品作一梳理考索，必能补充并重绘广泛涉及地域、流派、思潮、中外交流等内容的近代文学发展地图，让文学史的编写更为真切细致。

对于游学中国的日本汉诗人北条鸥所而言，10 个月的上海之行在其文学道路上打下了较深的印记，在收获沉甸甸的友谊的同时，也促成了诗歌风格由柔美绮丽向奇崛峭拔的初步转型。对其与在沪文人交往的考索，令我们重睹"樽前畛域何须问，中外于今且一家"的动人画面的同时，有机会发掘被当今文学史宏大叙事覆盖的众多小作家的贡献。这也启发我们重视中外文学交流的研究，充分利用各种报刊补充甚至重绘近代文学地图，开拓近代文学研究的新空间。

附记：本文是在 2014 年 10 月 24 至 27 日浙江工商大学日本语言文化学院举办的第 12 届东亚比较文化国际会议论文的基础上修改而成。撰写过程中，王宝平教授提供大作《知られざる明治时代の汉诗人北条鸥所について—その一略历—》，使笔者获知北条鸥所更多的生平经历；友人张天星博士慨然惠赐其在研究《申报》过程中整理的所见日本汉诗目录，并对拙文提出宝贵意见。笔者在此对二位学者深表谢忱！

"服部孔子教"再考

——其原点和对中意识

丹羽香*

一、引言

　　服部宇之吉主编的《汉文大系》作为"至今仍值得翻阅的汉籍丛书中的金字塔"[1]，多次重版。同样，近现代以来，其《详解汉和大字典》也已重版几百次，用于汉文汉籍的解读。服部宇之吉在东京帝国大学培养出众多研究者，并且担任京师大学堂师范馆总教习及东方文化事业人文科学研究所副所长达六年半之久，他不仅对中国古典文学在日本的普及以及汉学研究甚有功绩，而且与近代的日中关系也有直接且深刻的关系。然而，不仅他的全集或著作集至今未被编著[2]，服部研究也鲜有人为[3]。不过，自1980年代至90年代，中国掀起"文化热潮"和"国学热潮"，在当时非常盛行的关于东洋伦理"儒教"的探讨中，有台湾、大陆以及日本的学者从近代日本思想及日中思想关系的角度，提出"服部孔子教"，揭示了新的视点（观点），取得划时代的巨大进展[4]。现在

---

* 日本中央学院大学副教授。

[1] 山口谣司：《富山房的〈汉文大系〉》，《亚洲游学》第116期，勉诚出版，2008年11月。

[2] 虽然《服部先生古稀祝贺记念论文集》（1936年，富山房），《服部先生古稀记念祝贺会记事》（"斯文"18-6，1936年，斯文会），《服部随轩先生追悼录》（《斯文》21-12，1939年，斯文会）及《服部先生追悼录》（《东京大学汉学会杂志》7-3，1939年，汉学会）等附有著作目录，但是基本雷同，不仅未收许多的讲演记录及各种报纸、杂志的报道，而且，譬如后述的《苏格拉底》及《宗法考》等论考也遗漏了。《苏格拉底》（1891）、《读韩非子》（1909）、《关于支那学的意见》（1910）、《宗法考》（1913）、《支那及支那人》（1915）及后述的记载有在北京大学与陈独秀会面后虽然直接提问却没有得到明确回答的《关于近代支那国民的思想潮流》也未载于目录中。

[3] 山根幸夫、大塚丰等对于京师大学堂，山根幸夫、阿部洋等对于东方文化事业都有详细的研究成果。

[4] 思想研究方面，陈玮芬、刘岳兵、子安宣邦等自20世纪80年代以来发表了很多优秀的论文。

再次回顾这些探讨，他们似乎是试图重新换用现代哲学的语言，来讲述近代以及现代的思想[1]。

　　服部出生于 1867 年（庆应三年），与"明治"步伐一致地渡过一生，关于他在近代日本中国学史中的地位，严绍璗已在他的著作中指出"是日本中国学中新儒家学派的实际创始人。由井上哲次郎开创的中国古典哲学研究的'官学体制学派'在二十世纪一、二十年代，经服部宇之吉而成为新儒家学派——实现了从江户时代朱子学的尊崇到新时代崇拜孔子之教的转变"[2]。若借各家之言，可说其最大特点是"服部宇之吉属于日本传统学向近代中国学、日本传统儒学向现代儒学转换过程中过度性的人物"[3]、"服部宇之吉提倡'孔子教'，既与他长期从事教育活动、学术研究的个人经历有关，更与当时的时代话语紧密相连，可以说是一种特殊的历史文化语境下催生的'新学'主张"[4]等等。不过，另一方面，也不能忽视"他有与普通的汉学者完全不同的一面，对当时的中国非常关心"[5]这样的评价。虽然山根氏没有详细记述所谓的"非常关心"，但众所周知，1900 年，服部虽然带着使命来中国留学，却被迫在排外的环境下抗争，10 个月后又奔波于枪弹雨林之中，这就是他的中国初体验[6]。此外，虽然研究者不太提及，可是就像 1909 年 1 月在京师大学堂

---

[1] 在《现代思想》（青土社）2014 年 3 月号"特集——现今为何要儒教"中，谭仁岸在《儒学的"创造的转化"——与 80 年代中国近代化问题相关联》一文中详细记述了 1980 年代中国儒教研究盛行的来龙去脉及现状。又，张志强在该书的《传统与现代中国——关于最近 10 年来中国国内传统复兴现象的社会文化背景的分析》一文中写道，"若适当地扩展视野就能明白，此次的传统文化热潮，实质上意味着全社会在社会文化的心理层面上转换了对待传统的态度。今日的中国人就像是突然意识到传统的温情，突然在传统里寻到故乡的感觉。孔子虽然不过只是一个符号，但是国家汉办在世界各地设立普及中文和中国文化的机构，并将之命名为'孔子学院'，这至少说明已经承认'孔子'是中国文化中不可代替的象征符号。"我们可以从中窥知进入本世纪后中国现代思潮的动向。

[2] 如严绍璗的《日本中国学史》（江西人民出版社，1991 年），此外还有许多其他的著作。

[3] 刘岳兵：《日本近代儒学研究》，商务印书馆，2003 年，第 197 页。

[4] 刘萍：《〈论语〉与近代日本》，中国青年出版社，2015 年，第 51 页。

[5] 山根幸夫：《近代中国的日本人》，研文出版，1994 年。初刊为《服部宇之吉与中国》（早稻田大学社会科学研究所编《社会科学讨究》34－2，1988 年 12 月，第 255 页）。子安表述为"对清朝垮台后的中国的、假托于'孔子教'的复杂思绪"（《"儒教的成立"与"儒教的本质"》，《江户的思想》3，Pelikan 社，1996 年）。

[6] 参照《对支回顾录》、《续对支回顾录》、《服部先生自叙》（前揭《古稀记念论文集》所收）、服部武《北京大学堂与父》（《东京大学汉学会杂志》所收）、《北京笔城记》等。

长期任教的服部在离别时所说的话——"一生都不会忘记中国，愿为日中奉献终身"[1]，可以说他的心底里藏着对中国浓厚的"留恋"和"热爱"之情。

现在，回顾中国 1980 年代以来的儒教研究热潮，如果说有以新的语言来总结的动向，那么，虽然这里只讨论服部一个人，但笔者觉得有一点是值得我们留意的。那就是，如上所述的与同时代中国研究者相比所具有的鲜明主观性，以及后面将要论述的"服部孔子教"的原初、原点。

本文将重点揭示向来学者所未论及的青年服部——去"留学"、亲眼目睹中国义和团之乱自不必说，也曾作为京师大学堂的教习长期待在中国，以及因对华文化事业来北京与陈独秀直接交流，重新考察服部孔子教以及服部的对中意识。

二、新的中国之成立与服部的应答

服部于 1910 年左右开始正式论述"孔子"[2]。"服部孔子教"与中国所谓国体的变化相呼应，并与之关联地发展。

关于这一点，子安宣邦早已列举《孔子及孔子教》的序文[3]而指出："如其出版时期所示，服部孔子教论的出现，与民国初期的孔子教化论及其趋势密不可分"。然后，他以基于包括中国、日本在内的关于东亚儒教的渊博学识而来的敏锐洞察，认为"孔子教论是作为对抗的言说。如果说康有为的孔教国教化是改革的中国对日本作为近代国家的确立而做出的应答，那么服部的孔子教论就是近代天皇制国家日本对中国孔子教论的再应答。……日中的孔子教论是对反应的再反应，这种相互关联性，是近代的学术、思想之言说的展开已经不可能再囿于一个国家的佐

---

[1] 法贵庆次郎：《服部博士追悼会记事》，第 59 页。
[2] 1910 年《中国人眼中的孔夫子》(《日本及日本人》531)，同年《孔子的集大成》(《汉学》1 之 1、3、4)、1911 年《孔夫子》(《弘道》230)、同年《支那思想与现代思想》(《哲学杂志》26 之 295)、同年《支那的孔子尊崇》(《东亚研究》1 之 1)、1912 年《孔子与老墨子》(《东亚之光》7 之 2)、1913 年《论春秋公羊学之妄》(《东亚研究》3) 等。又，虽然在服部的著作中有各类演讲会的口述笔记，不过其抄录也有很多刊载于当时的报纸上。
[3] "本书收录十余篇论文，或述孔子人格之伟大，或论中国人误解孔子教义之原由等，皆为阐明孔子教之真义。"京文社，1917 年。

证"[1]。在拥有悠久历史的中日文化交流史上，作为能够确认两国具有同时代性的相互直接影响关系的思想，具有深远的意义。就服部而言，很显著的一点是，"对于以中国及其哲学、文学、历史为专业的日本所谓的支那学者，当时中国的变革事态是与他们中国观的核心相关联的问题"，从他的对中意识的核心来说，对于中国的孔子教问题，他认为应当教导"犯错的中国"[2]。

这里要提的是，在辛亥革命前后，服部当然也关注中国的新动向，而且这份关心因"复杂的思绪"而伴随他一生；此外，其中的孔子教并非停留在1911年前后，而是随着对中国孔教的状况及探讨的深入，而渐渐发展成一个无可动摇的体系（关于后者本文此次不详述）。

特别是，在服部对于中国孔教国教化的探讨中，将"国体"作为问题点。在提及的各篇文章中，他的笔触时而深情，时而平淡，有时候又非常诚恳。可是对于民国的"民主共和"政体和孔子的"君主政体"，他却有不容退让的信念。

　　汉族作为黄帝的子孙，禹域作为神圣的地域，以黄帝为新的纪元，因此，共和民国往上直承黄帝的时代，民主共和的根据求诸黄帝的治体，这是理所当然的。如经夏殷至周朝而形成的德教以及基此大成的孔子教，这些都应全部排弃方可。然而时至今日，民主共和的依据必求诸孔子。殊不知，孔子不取黄帝而以尧舜为尊、文帝为宪章，其教诲自是以君主政体为核心。

　　民国的学者政客为何将民主共和的依据求诸孔子呢？不外乎鉴于孔子教两千年来支配人心、保障国家统一的伟大势力。如若非相信此势力，又何必一定要将民国的依据求诸孔子呢？因相信此势力而定将民国之道德的基础求诸孔子教，而孔子教本以君主政体为核心，因此明知不该求诸此却求诸此，以致牵强附会扭曲事实之

[1] 子安宣邦：《近代中国与日本与孔子教——孔教国教化问题与中国认识》，《环》第12期，第460－477页。陈玮芬则表述为"其'孔子教'论是因对中国儒教情况的反驳而形成的"，（《服部宇之吉的"孔子教"论——以其"儒教非宗教"说、"易姓革命"说及"王道立国"说为中心》，《季刊日本思想史》第59号，2001年。

　[2] 1916年出版的《东洋伦理纲要》中的《中国的国家统一以孔子为其唯一之中心点》及其他。

事。[1]

服部所说的"最近有人立议将孔子教作为国教，将孔子作为教祖配之于天，共尊信之"，其批判的对象是康有为，而他激愤的根本原因在于，孔子本是以"君主政体"为主旨，康有为却将其对应于"民主共和"的国家建设并标榜以孔子之教诲作为其理论。孔子的神格化，孔子教的宗教化，对于认为孔子的教诲是教育而非宗教教义的服部而言，是无法接受的事。

前述的著述目录里只有 1924 年是空白的。实际上有一篇记有"中国成为共和政体已经十三年，我想考察成为中华民国国民的中国人持有怎样的孔子观"的文章《关于近代中国国民的思想潮流》[2]似被遗漏了。该篇总结了辛亥革命后中国关于孔子的探讨文章，其中，服部也同样认为尊孔派的共和政体论、孔教国教化论是"明显曲解了孔子"，"从这个意义上说，我本身同意反孔派的说法"，不过他又说"认为生于封建时代的孔子是当今世道所不需要的陈独秀"是"净做杂薄肤浅之探讨的人"，还用"国粹否定论者"、"醉心西洋文化的人"等来形容，其论点仍然是孔子的教诲（孔子教）和中国的国体。

173

　　　吾所欲问者，在于如何理解作为孔子"一以贯之"的根本思想"仁"。
　　　作为儒教基调的"仁"适不适合如今的中国国民，即必要还是不必要。如果不必要的话，那让孔子以及儒教在中国消失也可吧。

服部反驳并断言道，康有为也好，陈独秀也好，"中国人的行为暂且不说，他们的言论乃至思想的核心部分，终是要归于孔子的言行的"，并且对于 1922 年之后中国共产党紧张的政局情况，他继续写道"虽然革命已过十三年，情况却越来越混乱，这是为何呢，虽说是过渡期的附

[1]《论关于孔子教之中国的诬妄》、《东亚研究》1914 年 2 月，第 1 — 2 页。
[2]《中央佛教》8（13）所收，中央佛教社。

属物，但现状却是共和政治太晚了"，又强说"以将全体国民化为一个人格为理想"的德治主义的道理，追究由他自身构建的近代日本孔子教所见的"错误"。虽然在口吻上有所不同，但这个信念和受革命影响而写就的《中国的孔子尊崇》[1]及前文提到的《论中国人对孔子教的诬妄》[2]是一脉相承的。他主张，既然中国人的思想中枢里延续的是孔子的教诲，那么将孔子人格中最重要的仁活用于国民教育，便是统领国家与国民的最好最合适的方法。

而且，他叹息道"遗憾的是这点没有被真切地思考"，并以"不过，最近中国似乎也渐渐开始进行此国粹的研究（不说国粹而是说成国学）。对此运动，今后我们也应加以援助以壮其大。如此下去，我相信，孔子其人的真实价值也会在社会上真正地发挥出来"来结束文章。

三、近代日本的伦理学和服部孔子教的基础

1890 年（明治二十三年）7 月，服部入读帝国大学文科大学哲学科，选了西洋哲学专业。可是若看服部在 30 岁也即 1896 年（明治三十年）之前发表的文章，在学期间发表的论文《列子学说一斑》（1888）、《老子》（1891）、《墨子年代考》（1896）、《荀子年代考》（1896）等——虽然之后有《苏格拉底》（1891）、《原始信仰的梗概》（1892）、《希腊哲学即古代哲学（纪元前六百年到纪元后六百年）》（1893 年）等文，这些有关东洋哲学的著作仍非常显眼[3]。

和服部一起编纂汉文教科书，曾在京师大学堂任教的法贵庆次郎在

[1]《中国的孔子尊崇》见《东亚研究》1-1，1911 年。"我在中国期间，特别留意中国国民对孔子的态度等等。随着观察的深入，我深刻感受到，中国统一和孔子的关系。……也就是说中国能统一是因为孔子的教诲。孔子的教诲之所以有如此大的势力是因为孔子的人格使然。也就是说孔子的人格统一中国。"（第 1—2 页。）"今日的中国国情有危害统一的倾向。因此，我阐明孔子的一统主义——这是为了中国或东洋，甚至可说是为了世界。"（第 10 页。）
[2]《论中国人对孔子教的诬妄》是篇论调激昂的文章，在文前写有"最近的中国杂志有关孔子以及孔子教的妄说，因此上一期所载道家修养法的续稿放到了下一期，而草就此篇。""现今中国人以牵强扭曲事实之姿态用孔子以及孔子教附会民主共和，我国学者或一笑之，或认为是过渡时期的常态并不介意，而我无法像他们那样冷静放过，他们越牵强诬妄，我就越盛言辩难之，我相信，阐明孔子教的真义是我等孔子信徒的义务。假借存之名而恣意将之牵强诬妄，这是我们所不能容许的，必当鸣鼓叱问诬解圣人之罪。"（第 9 页。）
[3] 这期间还出版了《中等论理学》（1892），《心理学》（1894），《伦理学》（1896）等教科书。

追悼会上说道：

当时，我问过先生改专业与否的事。先生说，当初是想学哲
学史的，但现在想法有些改变了。也就是说，在先生的心中，学习
的目的在于求道，路在西洋也好，东洋也罢，所归为一。不过，先
生相信东洋获取文献资料会更方便。先生或许也受到了岳父岛田老
博士的影响，不过就先生本身，是在深思熟虑之后才决定改变方向
的。[1]。

"当时"是指服部在担任现在京都大学的前身第三高等中学校教务
主任兼首席教头而去京都赴任的时候。当时他 24 — 27 岁。

1897 年 9 月 15 号发行的《东亚学会杂志》第 8 号卷首刊有服部的
论说《问汉学者关于中等教育中的伦理课教学》。在关闭第三高等中等
学校（第三高等中学校）、完成创立京都帝国大学的基础性指令后，服
部从 1894 年 9 月开始，在高等师范学校（后来的东京教育大学，筑波
大学的前身）辅佐校长嘉纳治五郎进行扩张该校的新任务，而这篇论
说是服部在任职文部大臣秘书官和文部省参事官（1897 年 11 月 — 1898
年 7 月）之前的作品，其时，他的恩师滨尾新和外山正一正担任文部大
臣。这是时年 30 岁的服部为确认"伦理课"的适当性，而从五个方面
向担任"伦理课"的汉学者发问的一篇长达 12 页的文章。这与他之前
所写的哲学相关著作截然不同，是服部首次以教育行政官的立场讲述的
作品，也是服部首次明确向公众谈论"儒教"，之后著作频繁出现的"孔
子集大成的儒教"这句话的初次披露。

东亚学会在 1896 年成立，每月举办一次"斯文学会"（后来的斯文
会），在举办演讲的同时发行《东亚学会杂志》。虽说演讲会也接纳一般
人，但其机关杂志的例言中称："一、本杂志载录以中国为中心的有关

175

[1] 前揭《服部随轩先生追悼录》，第 48 页。关于服部的"专业"，江上波夫在《东洋学的谱系》
里也说"出身哲学科，对西方哲学以及方法论应该很了解，可是为什么关于这方面的业绩却
不多呢"，然后说他自己的看法"生前也多次见面交谈，却总是错过提及此事，想来真是遗憾"。
服部自己后来说"我的专业是中国哲学"。（《孔子集大成》，《汉学》1910 年）。

东亚之学艺的所有事项。二、本杂志大致分论说、史传、文林、解题、批评、杂录、汇报等七个类别，但也会根据情况进行改删。三、本杂志不刊登匿名文章。四、若读者对于记载的事项存有疑问，必要时需刊登对其的解答。"光看这一册也知是学术杂志，论说刊载有高濑武次郎的《两汉文学论》，文苑刊载有三岛毅的《得所兼子先生碑》、藤泽南岳的《送湖山先生归东京序》等，而且清朝陈白的《东亚联合要旨》、安井小太郎的《旧幕时代学风的风潮》等议论时事的文章也散见其中。

服部在这篇《问汉学者关于中等教育的伦理科教学》中说道：

> 现在中学的伦理课多数是由汉学者担任。然而，另一方面，对于伦理课全由汉学者担任是否真有成效，疑问颇多。此时的汉学者们抱有何种想法，进一步说，他们是否有启疑惑者之蒙的勇气与实力呢？再退一步说，他们是否做好任其怀疑及至伦理被其所夺而不大惊小怪的准备呢？虽然普通教育里的各个学科都与伦理有关系，但因其中汉文课的目的之一是以教授修身道德之知识及陶冶品性，所以如果汉学者要不让人说他们不胜任伦理教学之事，那么就不能不充分地完成汉文课的教学目的。汉学者岂能不奋起为之？关于此事，是我想询问汉学者的地方，且陈述如下。

以此起文，然后以"问"的形式展开自己的观点。主要是论述当时担任伦理课的汉学者必须要"通晓国史，并具有关于世界大势之推移、人类文化之动向的知识，同时需要明确掌握其他国家古今东西的伦理说"以及必须进行"汉学者自身教育的大改良"。从中我们可以清楚读出服部式的说理——劝说以儒学进行德育的当时汉学者应该通晓时事、对中今东西的哲学都要有一定的造诣，以及"作为汉文课目的的陶冶性情之实效"这一教育理念及考虑到国体的教育构想。

> 形与神为二，形为旧时模样，则往往徒使其教诲不适于时代。因此，为使精神能取用之而益加发挥之，则形体衣装就应随时

运而变化。同样，要将儒教的伦理施行我国，就要取舍变通而得其宜，《论语》、《中庸》、《小学》之类讲解不能以字面的解释为伦理教学之能事而已矣。如果将汉文教科书中的中国思想原封不动地运用到我国，而不考虑国势的变化，这样真能胜任教学之任务？

上述虽然没有出现"孔子教"这个词，可是关于服部孔子教的原点，除了"尧舜以来口耳相传、孔子集大成的儒教"还有"不带宗教的意味""天人的关系是儒教得以安心立命的根据"等等，随处可见。此后，经过留学生涯，结束在京师大学堂的任教，回国撰写了《孔子的集大成》，正式推出《孔子的教诲》并从教育、社会以及国体的关系来讲"仁义忠孝"的著作[1]——关于这些革命以后的著作，已被很多研究者探讨——也写有与此著作相辅的服部孔子教的言语、和因"考虑到本国现在的形势……最急之事便是谋求国家富强"而"应该施行适合此进取勇往之趋势的教学"等的精神。

1879 年，全国范围的自由民权运动如火如荼，教学圣旨内示明言道德之学是以孔子为主，鼓说"明仁义忠孝"、知"君臣父子之义"的儒教主义皇国思想，而服部就是在这样的环境中学习的。1889 年发布大日本国宪法，1890 年颁布教育有关敕语（教育敕语），明治政府不仅振兴生产养殖业，还以富国强兵为口号，意在增强国力，统领国民的意志。

该文是以"能担任伦理教授之职的人，除汉学之外还需掌握的知识甚多"、"若以为正因是汉学者故能担任伦理教授之职，则是一大误区"的观点为主旨，对当时伦理课教学的现场提出问题。虽然还不至于构建扶持天皇制的孔子教，但是其论说将国政之时局及国内农、工业也与儒教联系在一起论述，在其思想的背后可以看到国家的繁荣和教育这一色彩浓厚之理念的存在，可将其视为服部孔子教的原初、源流或其雏形吧。康有为等人上奏孔教，就是在该文发表的第二年（1898）。

四、结语

---

[1] 见 1910 年《汉学》1 之 1、3、4。《孔子的集大成》可说是服部成功孕育出孔子教的议论文。1916 年出版其中一章"孔子教"，1917 年出版发行《孔子及孔子教》。

仅凭"服部孔子教"这一形成于明治 20 年代的国家主义风气中的解释，是不能理解近代日本人的中国意识的。确实，服部或许是"时代的宠儿"，但是，就像"孔子教带给了我国巨大的好的影响，这自然是因为明确了大义名分的孔子之教义，而且我相信孔子的人格带给我国民众的心灵影响是最大的"[1]，他经常表现出对孕育出孔子的中国的尊崇。如子安氏所形容的"来自一等国的御用学者"，他确实是以教导"错误的中国"为使命来对待中国的。本文所重点关注的是信奉孔子的服部对中国的思考，只是本文并没有打算认同服部晚年的言论。

服部说"在先秦的《左传》、《战国策》、《史记》、《汉书》等古书上皓首穷经，而不注意现今之中国"的人"不能称为汉学者"，声称"我所说的汉学"是与"古代所谓的汉文和时文及哲学社会学的研究成鼎足之势"的"研究当今中国"。这样的服部，我不认为他会唯唯诺诺随波逐流。服部孔子教很明显是在近代日本所向往的国体下，被有意识地、有意图地构建出来用于教化大众的文本。

在前述的《关于中等教育》一文问世的 1897 年，以第三高等学校（第三高等中学校）为前身的京都帝国大学创立，1907 年，在那里设立了"支那学会"，涌现出很多能够客观分析儒教和孔子的新一代学者。

（浙江工商大学东方语言文化学院硕士研究生
彭方波、浙江理工大学外国语学院讲师张丽山译）

---

[1] 有《日本文化对中国的影响》（《明治圣德记念学会纪要 2-3》，1914 年 10 月）等很多文章，这里引用了《中国的孔子尊崇》第二页的文句。

中韩文化篇

论中国小说东传与朝鲜早期小说观念之揭橥

赵维国[*]

在朝鲜文学发展史上，李奎报的《白云小说》最早以"小说"一词来命篇，此书为诗话，并非小说意义的文学作品。直到朝鲜前期，具有文体意义的"小说"称谓始被朝鲜士子征引。朝鲜世宗二十七年（1445），郑麟趾等纂成《治平要览》，上笺称：

> 遍掇旧史之录，旁采小说之文。国家兴衰与君臣之邪正、政教臧否及风俗之污隆，下而匹夫之微，外而四夷之远，若关彝伦，则虽小而悉记；有补治体者，必录而不遗。间以诸家之释音，附以先儒之论议。广博该备，诚君上为治之大经；明白谨严，实史外传心之要典。[1]

此笺所引"小说"具有明确的小说文体意义，对于所载"小说之文"的阐释与传统的中国小说观念界定如出一辙，意义近同。汉代桓谭论述小说道：

> 若其小说家，合丛残小语，近取譬论，以作短书，治身理家，有可观之辞。（《文选》卷三十一江淹《拟李都尉从军》李善注引）

"丛残小语"、"短书"与"虽小而悉记"，"治身理家，有客观之辞"与"有补治体"、"广博该备，诚君上为治之大经"，两者相较，义旨相同。

[*] 上海师范大学教授。

[1] 《朝鲜王朝实录·世宗实录》卷一〇七，世宗二十七年三月癸卯。

那么，桓谭、郑麟趾处于不同的时代与地域，两人对于小说的理解如此近同，是大智慧者识见相通，还是有学术上的传承呢？郑麟趾（1396—1478），字伯睢，号学易斋，是朝鲜王朝初期的文臣及学者，主要著述有《高丽史》《高丽史节要》等，是世宗大王《训民正音》的八位编者之一，在朝鲜文化史上具有非常重要的学术地位。郑麟趾熟读经史，具有深厚的中国文化基础，他对于中国典籍的熟悉程度丝毫不亚于中国学者。由此可以判断，郑麟趾的小说观念显然继承了中国的小说观念，而非他对小说文体的独特认识。无独有偶，与郑麟趾同时代的徐居正也开始频频使用"小说"一词，他评价高丽末学者李穑作品时称："然先生之诗，虽本经史，法度森严，而亦复纵横出入于蒙庄佛老之书，以至稗官小说，博采不遗。"[1]徐居正"稗官小说"出自《汉志》小说家类的阐释：

> 小说家者流，盖出于稗官，街谈巷语，道听途说之所造也。孔子曰："虽小道，必有可观者焉，致远恐泥，是以君子弗为也。"然亦弗灭也。闾里小知者之所及，亦使缀而不忘。如或一言可采，此亦刍荛狂夫之议也。[2]

班固以为小说出自"稗官"，后世文献中往往以"稗官小说"称谓小说文体，徐居正使用的稗官小说一词明显源于中国文献。根据笔者查阅到的朝鲜文献，在郑麟趾、徐居正之前，未见高丽朝士子使用具有文体意义的"小说"概念。因此，本文以朝鲜汉文小说观念作为研究对象，考察中国小说视域下的朝鲜早期小说观。

一、中国小说东传与高丽小说观之萌兴

人们论及朝鲜小说的发展时，往往以为《山海经》早在西晋或更早的时期东传到朝鲜半岛，对朝鲜文化的发展应该有所影响。据日本学者寺岛良安《和汉三才图会》卷十三载："应神天皇十五年，百济王遣阿

---

[1]（朝鲜）徐居正：《牧隐诗精选序》，引自《牧隐集·附录》。
[2]（汉）班固：《汉书·艺文志·诸子略》。

直歧者贡《易经》、《孝经》、《论语》、《山海经》及良马二匹。"应神天皇十五年即太康五年（284），以此推断《山海经》在太康五年之前已在朝鲜半岛传播，并于此时传到日本。这是中国小说东传的最早记载。这段引文只是节录，后文云：

> 时阿直歧能读经典，皇子菟道雅郎子师之读经典。天皇问曰："有胜汝之博士耶？"对曰："有，王仁者胜于我。"帝遣使于百济征王仁。翌年王仁持《千字文》来，皇子又师王仁而习典籍，莫不通达，于是儒教始行于本朝。
> 按《东国通鉴》曰"三韩儒教之始"当仁德天皇之朝，则与此时稍龃龉，未决。

据朝鲜《东国通鉴》卷四记载，宁康二年（374），百济近肖古王时始聘高兴为博士，当时的日本为仁德天皇执政时期，是朝鲜使用汉文字载录历史的开始，徐居正《东国通鉴》以为此时是"三韩儒教之始"。而《和汉三才图会》所引百济王贡奉书籍早此90年，寺岛良安以为两者相抵牾。从朝鲜、日本的文献资料来看，徐居正《东国通鉴》以为百济王聘晋人高兴为博士，是采用汉文字记录文献之始，与百济王赠送日本书籍并不矛盾。在百济设立博士之前，中国书籍已在朝鲜半岛传播，三韩人已经开始阅读汉文书籍。应神天皇皇子以王仁为师，王仁所持《千字文》并非今本《千字文》,应该是流传于三国两晋时期的魏太尉钟繇《千字文》，王羲之曾经摹写，题为《王羲之临钟繇千字文》,[1]是当时人们习字学习的入门书籍。由此可见，此则资料是《山海经》、《千字文》等中国书籍东传的最早记载。《山海经》一书被明朝人胡应麟称为"古今语怪之祖"[2]，汉人刘歆以为："朝士由是多奇《山海经》者，文学大儒皆读学，以为奇，可以考祯变怪之物，见远国异人之谣俗。"[3]晋人郭璞

---

[1] 今本《千字文》为梁朝周兴嗣编纂，与《三字经》、《百家姓》等称为"三百千"，是儿童启蒙读物。
[2]（明）胡应麟：《少室山房笔丛·四部正讹下》。
[3]（汉）刘秀：《上山海经奏》，引自丁锡根《中国历代小说序跋集》（上），人民文学出版社，1996年。

以为:"及谈《山海经》所载而咸怪之,是不怪所可怪,而怪所不可怪也。不怪所可怪,则几于无怪矣;怪所不可怪,则未始有可怪也。"[1]但此书之"怪"似乎并没有产生重大影响。朝鲜三国时代的《古记》早已亡佚,但从现存的《新罗殊异传》佚文、《三国遗事》等书籍来看,其中所载故事并未受到《山海经》的影响。朝鲜仁祖年间的著名学者李植论及此书时称:"古书多怪说,文章特奇者,传后亦远,《楚辞》《山海经》等书是也。"[2]朝鲜士子仅仅把此书当作中国典籍之一,它对于朝鲜汉文小说观念的构建似乎并没有产生重大的影响。总之,《山海经》于西晋太康年间传播到朝鲜半岛,此时的中国已有非常明确的小说文体意识,刘歆《七略》、班固《汉志》对此论述甚详。

新罗末高丽初年时期,是韩国汉文小说发展的起步时期。《新罗殊异传》收录的《崔致远》(又名《双女坟记》、《仙女红袋》)等小说韵散结合,故事情节宛转,是一篇非常成熟的传奇小说。但这篇小说的作者明显受唐人传奇影响,意在搜奇述异,尚不具备明确的小说文体意识。从现存的文献史料来看,高丽士子自高丽王朝中期开始渐渐接受了中国传统的小说观念,并开始撰述小说作品。

首先,在中国小说文本影响下,高丽著名学者李仁老(1152—1220)、崔滋等著述了韩国历史上最为著名的笔记小说——《破闲集》、《补闲集》。李仁老、崔滋是高丽王朝最为著名的学者,熟读经史子集,才华横溢,《高丽史》载录其生平事迹甚详。从小说文本内容来看,李仁老对于中国小说非常熟悉。其中一则故事载:

> 仆尝于贵家壁上见草书两簇,烟熏屋漏,形色颇奇古。其诗云:"红叶题诗出枫城,泪痕和墨尚分明。御沟流水浑无赖,漏泄宫娥一片情。"座客皆聚首而观之,以谓唐宋时人笔,纷然未得其实,就问于仆以质之。仆徐答曰:"是仆手痕也。"[3]

---

[1](晋)郭璞:《山海经序》,引自丁锡根《中国历代小说序跋集》(上)。
[2](朝鲜)李植:《泽堂别集》卷一五。
[3](高丽)李仁老:《破闲集》卷上。

红叶题诗的故事载于晚唐范摅《云溪友议》卷下《题红怨》、刘斧《青琐高议》前集卷五之《流红记》等。李仁老化用红叶故事来咏史，文辞典雅，人们误以为此诗为唐宋人所作。从文本命名来看，以"破闲"、"补闲"命名来看，颇得传统小说命名之旨趣。《破闲集》的命名出自李仁老的儿子李世黄的创意："而名儒韵释，工于题咏，声驰异域者代有之矣。如吾辈等苟不收录传于后世，则湮没不传决无疑矣，遂收拾中外题咏可为法者，编而次之为三卷，名之曰《破闲》。"[1] 高丽王朝高宗四十一年（1254），崔滋撰述《补闲集》，在卷末论及《国史补》《归田录》，以为《破闲集》、《补闲集》等小说是在中国传统的笔记小说基础上而成书的。小说发展到唐宋时期，虽然《汉书·艺文志》、《隋史·经籍志》、《崇文小说总目》等对小说文体的界定不同，但从传统小说观念而言，笔记体小说依然是小说的主要文体形态之一，宋人小说家吴处厚以为："前世小说有《北梦琐言》、《酉阳杂俎》、《玉堂闲话》、《戎幕闲谈》，其类甚多，近代复有《闲话》、《闲录》、《归田录》，皆采摭一时之事，要以广记资讲话而已。"[2] 从宋人小说文体认同来看，高丽士子的"破闲"、"补闲"等笔记小说的命名与宋人小说的"琐言""闲话"、"闲录"一脉相承。

其次，《三国遗事》的创作者有意识地搜奇记异，并对奇异故事做了细致的理论阐释。《三国遗事》五卷，卷一卷二为《纪异》，其他各卷也多奇异。自魏晋到唐宋时期，是中国小说的起步发展时期，由于现存文本宏富，历代小说家对志怪、传奇、述异的论述颇多，不胜枚举，而高丽时代的朝鲜半岛，由于保存下来的小说文本数量有限，小说家对于小说创作的缘起、小说文本内容的论述少之又少，但在《三国遗事》中，作者常常论述异事，分析故事始末，有时涉及高丽小说与中国小说的相互观照，有时涉及小说思想内涵的分析，这些内容尤显珍贵。由于《三国遗事》所收篇目较多，仅以《三国遗事》卷五载《金现感虎》为例。这则内容分为前后两部分。前篇叙述新罗郎君金现与虎相恋故事，后篇叙述申屠澄与虎妻故事，两者一为高丽汉文小说，一为唐代小说，

185

[1]（高丽）李世黄：《破闲集跋》，载于《破闲集》卷下。
[2]（宋）吴处厚：《青箱杂记序》。

内容相类，具体情节不同。《金现感虎》叙述虎女为了自己所爱的人而牺牲自己，金现为它创建虎愿寺，以报"杀身成己之恩"。金现临终之际，深感此事奇异，"乃笔成传"。僧一然以为此篇是金现撰述，自己仅仅是载录者。申屠澄的故事载于唐代薛渔思的《河东记》、《太平广记》卷四二九《申屠澄》，一然所引申屠澄故事与原文略有出入。他在文末叙述道：

> 噫！澄、现二公之接异物也，变为人妾则同矣。而皆赠人诗，然后哮吼拏攫而走，与现之虎异矣。现之虎不得已而伤人，然善诱良方以救人，兽有为仁如彼者，今有人而不如兽者，何哉？详观事之始终，感人于旋绕佛寺中。天唱惩恶，以自代之，传神方以救人，置精庐，讲佛戒，非徒兽之性仁者也。

僧一然在小说文本比较的基础上，以为《金现感虎》中的虎女因仁德之心而为人纪念，扬善惩恶，弘扬佛法，突出了小说的社会教化功能。

再次，高丽学者李齐贤以"稗说"命名其笔记为《栎翁稗说》，是朝鲜士子第一次明确地使用具有文体意义的小说概念——稗说，在韩国小说发展史上具有重要的学术意义。在韩国学术史上，李齐贤是一位非常关键的历史人物，无论是对儒学思想的发展，还是文学诸文体的创作，均做出了突出的历史贡献。元延祐元年（1314）至至正元年（1341），李齐贤在元大都生活 26 年，与赵孟頫、虞集等交好，曾游览蒙元统治下的江南塞北，其自述道：

> 延祐（1316）丙辰，予奉使祠峨眉山，道赵魏周秦之地，抵岐山之南，逾大散关，过褒城驿，登栈道入剑门，以至成都。
> 至治癸亥（1323），予将如临洮，道过乾州。唐武后墓在皇华驿西北，俗谓之阿婆陵。予留诗一篇。[1]

[1]（高丽）李齐贤：《栎翁稗说·后集》卷一。

特殊社会阅历造就李齐贤成为一代大儒，他的儒学修养远远高于同时代的学者。高丽忠惠王三年（至正壬午，1342），李齐贤撰述《栎翁稗说》，其阐释"稗说"命名缘由云："稗之从卑，赤声也，以意观之，稗，禾之卑者也。余少知读书，壮而废其学，今老矣，顾喜为驳杂之文，无实而可卑，犹之稗也，故名其所录为《稗说》云。"[1] 小说即稗说，常常和"野史"、"寓言"并称，在中国文献中使用频繁，而在现存的高丽文献中，除《栎翁稗说》之外，尚未见到。元代字书《古今韵会举要》卷二十"稗"释语：

> 《说文》：禾，别也，从禾卑声。……《汉志》小说谓之稗说。如淳曰："细米为稗。街谈巷说，甚细碎之言。"又稗官，师古曰："小官也。"

元人黄公绍等以为"《汉志》小说谓之稗说"，《汉书·艺文志》"小说家类"释语为：小说家者流，盖出于稗官，街谈巷语，道听途说之所造也。三国魏人如淳注称"王者欲知闾巷风俗，故立稗官"。即《汉志》以为小说出自稗官，但并没有把小说谓之"稗说"。稗说一词在宋元时期广泛使用。南宋人赵与时《宾退录》卷八载：

> 《三志甲》谓櫰子偓孙罗前人所著稗说来示，如徐鼎臣《稽神录》、张文定公《洛阳旧闻记》、钱希白《洞微志》、张君房《乘异》、吕灌园《测幽》、张师正《述异志》、毕仲荀《幕府燕闲录》，七书多历年二十而所就，卷帙皆不能多。三志甲才五十日而成，不谓之速不可也。[2]

洪迈《三志甲》中明确地称谓徐铉《稽神录》等小说著述为稗说，元人字书也这样称谓，那么，在元大都生活二十余年的李齐贤使用的"稗说"概念源于元人的小说称谓，从他对稗说的解释来看，"驳杂之文"、

[1]（高丽）李齐贤：《栎翁稗说序》。
[2]（宋）赵与时：《宾退录》卷八，文渊阁四库全书本。

"无实可卑"等正确地解读了小说的学术地位。

总之，虽然李齐贤的《栎翁稗说》已具备明确的小说文体概念，但此书成书于他回国的第二年，其中对稗说的阐释源自中国传统的小说观念，而非同时代高丽士子的普遍共识。由于他长期生活在元大都，游离于朝鲜半岛的文化环境之外，此时的他对朝鲜学界尚不能发挥重要作用。随着李齐贤在国内学界声望的提高，《栎翁稗说》一书在朝鲜小说发展史上必将产生深远的影响。

二、世宗大王与中国小说文本的传播

朝鲜王朝初期，是朝鲜小说观念确立的历史时期，世宗八年《太平广记详节》的成书与金时习《金鳌新话》的创作，标志着朝鲜小说观念的确立。在世宗朝之前，虽有高丽末年李齐贤《栎翁稗说》的推动，但并未引起朝鲜士子对于小说文体的关注。而到了世宗大王时期，"小说"文体才渐渐被士子文人所关注，成为人们喜爱的一种文学形式。笔者以为，"小说"观念之所以于此时确立，绝非偶然，是小说文体发展的必然结果，但从文化意识形态而言，世宗大王右文崇儒的文化政策，为小说发展提供了文化土壤。

在朝鲜历史上，世宗大王李祹勤奋好学，是一位最具雄才大略的国王，无论是文化建设还是政治制度建设，都做出了突出的历史贡献。朝鲜史臣评述称：

> 王每日四鼓而起，平明受群臣朝参，然后视事；处决庶政，然后听轮对，咨访治道。引见守令拜辞者，面谕恤刑爱民之意，然后临经筵；潜心圣学，讲论古今，然后入内。燕坐读书，手不释卷，夜分乃寝。于书无所不读，凡一经耳目，终身不忘，而其读经书，则必过百遍，子史则必过三十遍，精研性理，博通古今。设集贤殿，聚儒士以备顾问。又裒集古今忠臣孝子烈女事迹，图形纪传，系以诗赞，名曰《三纲行实》，颁诸中外，至于穷村僻巷儿童妇女，莫不观省。又自熙周之初，迄于今，以及吾东方，凡治乱兴亡可法可戒之事，广搜该载，共百五十卷，名曰《治平要览》。至

于音律天文，皆所洞晓。

礼遇臣下，终王之世，士大夫无遭刑戮者。须小事，必与大臣谋议而后行，故未有过举矣。虑迁秩无常，人或有侥幸之望，详著铨注之法，而其贤能才行者则不次擢拔，用人平允。虑经界不正、收税不中，因地膏塉、年岁丰歉，分其等第，制度甚详。虑五礼未备，参酌古今，制为定礼，风俗归正。老人自一百岁以上者，岁首赐米，月致酒肉；八十以上者，赐爵有差。每仲秋，男则王亲临，妇女则王妃亲引以赐宴；在州郡者则守令饷之，定为永法。[1]

史料从世宗大王的学术修养、治国方略上来评述，其中不乏史臣的溢美之辞。但从他所做的具体事例来看，史官之评述基本符合历史事实。首先，组织编纂史书《高丽史》、《高丽史节要》等。即位之初，以为郑道传修撰的《高丽史》讹误较多，命大提学柳观、议政府参赞卞季良等重修《高丽史》。世宗李祹从史书的实录编纂思想、编纂体例、人物臧否等等，多次与编纂官卞季良、郑麟趾等研讨。世宗三十一年，对重修的《高丽史》依然不满，命金宗瑞、郑麟趾等监管，直到世宗去世的第二年，即文宗元年（1451）才完成。编纂者金宗瑞、郑麟趾、许诩、李先齐等受到嘉奖。此书是研究高丽史的重要文献，在朝鲜史学上具有重要的学术地位。其次，为了巩固王权，编纂《治平要览》、《三纲行实图》，刊行《孝行录》等，敦孝悌，厚风俗，淳化人心。世宗大王十三年，对大臣说："三代之治，皆所以明人伦也。后世教化陵夷，百姓不亲，君臣、父子、夫妇之大伦，率皆昧于所性，而常失于薄，间有卓行高节，不为习俗所移，而耸人观听者亦多。予欲使取其特异者，作为图赞，颁诸中外，庶几愚妇愚夫，皆得易以观感而兴起，则化民成俗之一道也。"[2]此书于次年六月编成，赐书名为《三纲行实图》。再次，创造朝鲜文字，颁布《训民正音》。自西晋以来，朝鲜半岛历代王朝一尊中华制度，朝廷通行汉语言文字。世宗二十五年（1443），世宗大王与郑麟趾、崔恒、

[1]《世宗实录》卷一二，世宗三十二年二月丁酉。
[2]《世宗实录》卷六五，世宗十四年六月丙申。

成三问等制作谚文二十八字，打破了朝鲜有语言没有文字的现状。经过三年的完善，于世宗二十八年正式颁布，诏告天下：

> 国之语音，异乎中国，与文字不相流通，故愚民有所欲言，而终不得伸其情者多矣。予为此悯然，新制二十八字，欲使人易习，便于日用耳。[1]

此文字颁行之后虽遭到崔万里等大臣的反对，但在世宗大王的推行下，渐渐被朝鲜士子所接受。在世宗大王统治时期，由于世宗大王推行崇华尊儒、右文重学的文化政策，在世宗大王周围聚集了一大批博学之士。他们编纂史书、创作文学作品，为朝鲜小说的发展提供了一个空前良好的文化环境。

在朝鲜世宗以前，朝鲜士子很少提及"小说"一词。而到了世宗大王时期，推重儒学，编纂各类书籍，小说文体渐渐为学者所关注。如李季甸《进治平要览笺》云："编刪旧史之录，旁采小说之文。"[2]此文也载于《世宗实录》卷一〇七，世宗二十七年（1445）三月，郑麟趾进《治平要览》笺时，将此文上奏于世宗大王。在朝鲜王朝士子中，郑麟趾、李季甸等较早使用小说一语，此词语在世宗朝之前的文献中使用频率不高。而到了世祖李琈年间（1455—1468）年间，小说一词已频频出现。笔者以为，世祖八年（1462），成任编纂《太平广记详节》，徐居正、李承召为其书作序，将"小说"文体突出出来，引起人们对于小说文体的重视。成任，字重卿，号安斋。朝鲜王朝中期学者权鳖编《海东杂录·本朝四》载：

> 昌宁人。字重卿，号安斋，念祖之子。我英庙朝登第，为人宽厚博雅，善文又能诗，得晚唐体。官至左参赞，谥文安，有集行于世。安斋七岁，从师受章句，能通文义。有同舍儿读《孝经》，

---

[1]《世宗实录》卷一一三，世宗二十八年九月甲午。

[2]（朝鲜）徐居正编：《东文选》卷四四《进治平要览笺》。

公从旁默志之，退而口诵，不失一字。笔法端丽，甚可爱。光庙出内藏赵子昂书，命摹之。其笔力正逼真体，自上称赏不已，曰："真天才也。"志序安斋为文章，雄赡宏富，不事雕篆，一时高文皆出其手。《行状》：安斋尝在玉堂，抄录《太平广记》五百卷，约为《详节》；又聚诸书及《太平详节》，为《太平通载》八十卷。

徐居正序称："及读《太平广记》，乃宋学士李昉所撰，进之太宗者也。为书总五百卷，大抵哀集稗官小说，闾巷鄙言，非有关于世教，徒为滑稽之捷径耳，心窃少之。"[1]李承召序称："夫子不语者，恐人不明乎六经，而惑于索隐行怪之说耳。若先求六经之道，而学已造于正大高明之域。则虽街谈巷说鄙俚之甚者，皆理之所寓，必有起予之益。况于岑寂伊郁之际，得此而观之，则如与古人谈笑戏谑于一榻之上，无聊不平之气，将涣然永叙，而足以疏荡胸怀矣，斯岂非一张一弛之道乎？不然，则稗官之职将不设于古，而小说之家亦不传于后世矣。"[2]徐居正、李承召在序中对于小说概念进行解读，肯定其文化功能。至此之后，"小说"一词开始广泛使用，士子文人渐渐认识到了小说文体的学术地位。

从世宗朝到世祖年间（1455—1468），小说一词的使用频率越来越高，它的学术地位渐渐确立。士子文人之所以如此迅速地接受，其实和小说文本的发展密不可分。根据我们的考察，朝鲜初年，《太平广记》、《剪灯新话》、《剪灯余话》等小说在朝鲜半岛广为传播，为人们认识小说提供了经典文本。《太平广记》一书虽在高丽时期已传播到朝鲜半岛，但普通的士子文人很难阅读到文本。朝鲜士子为了显示博学，常常引录其书，以此炫学。世宗二十三年，朝廷医官提到一味中药霹雳针，主治惊吓后精神恍惚。他引用《太平广记》称："'每大雷雨后，多于野中得楔石，谓之雷公墨。扣之锵然，光莹如漆。又于霹雳处，或土木中得楔如斧者，谓之霹雳楔。小儿佩带，皆辟惊邪；孕妇磨服，为催生药，必

---

[1]（朝鲜）徐居正：《太平广记详节序》。
[2]（朝鲜）李承召：《略太平广记序》。

验。"[1] 又朝鲜世宗二十六年,世宗大王与朝臣商谈朝廷官爵设置问题,由于官员太多,在实职之外,又添设很多虚职,屡次整顿,名目繁多,吏曹引用《唐书·职官志》、《山堂考索》、《太平广记》来说明这一问题。其中谈及《太平广记》云:

> 近来又有影职之名,实与添设无异,亦将有猥滥之弊……《太平广记》:"白履忠请还乡,授朝散大夫。乡人曰:'吾子家贫,竟不沾一斗米一匹帛。虽得五品,止是空名,何益于实也?'履忠曰:'虽不禄赐,且是五品家,终身高卧,免有徭役,岂易得之也?'"本曹参详,散官所以别等级,职事所以治其任而已。我国凡军功叙劳,老人除授,必合用散官职事,除授之际,窠阙甚艰,乃除影职,名实不孚,至为未便。[2]

在中国的朝堂上,朝廷商谈国家大事,遇到疑难问题时,往往引经据典,借鉴前朝经验,而作为小道的小说被视作虚妄之言,是不登大雅之堂的,难以作为历史依据。在崇尚中华的朝鲜王廷以中国稗官小说中的故事来作为论述依据是非常正常的,以此显示引述者通经博古。由于士子文人以《太平广记》来炫学,而此书却藏在朝鲜王廷,普通士子根本无法没有机会阅读此书,那么,阅读《太平广记》成为很多普通士子理想与愿望。成任《太平广记详节》成书之后,精选五十卷篇幅,为朝鲜士子阅读小说提供了文本,推动了小说发展的历史进程。随着士子文人阅读兴趣的提高,一部《太平广记》已不能满足人们的需要,促使他们搜求更多的小说文本。根据文献记载,《剪灯新话》、《剪灯余话》等明代新刊的小说已流传到朝鲜。朝鲜世宗二十七年(1445,明英宗正统十年),郑麟趾等编纂《龙飞御天歌》二十五章[3],其中第十章叙述朝鲜太宗事,其中叙述陈抟"欲入汴州,中途闻太祖登极,大笑坠驴,曰:

---

[1]《世宗实录》卷九二,世宗二十三年五月癸丑。

[2]《世宗实录》卷一〇四,世宗二十六年六月甲午。

[3](朝鲜)李德懋《青庄馆全书》卷二十六《纪年儿览》(下)载:"乙丑,纂《龙飞御天歌》。命郑麟趾等纂穆祖以来肇基之迹,凡百二十五章。"

'天下自此定矣。'"小字注云：

> 《剪灯余话》曰：五代乱象，古所未有，不有英雄起而定之，则乱何时而已乎？图南窥其有几，有志大事，往来关洛，岂是浪游？及闻赵祖登极，坠驴大笑，故有属猪人已著黄袍之句。既而拂袖归山，白云高卧，野花啼鸟，春色一般，远引高腾，不见痕迹，所谓寓大巧于至拙，藏大智于极愚，天下后世，知其为神仙而已矣，知其为隐者而已矣，孰得而窥突奥。

此段文字出自《剪灯余话·青城舞剑录》。《剪灯余话》成书于永乐年间，宣德癸丑七月（1433）由福建建宁知县张光启刊刻，而十余年后朝鲜世宗二十七年成书的《龙飞御天歌》已引用此小说。这是《剪灯余话》传入朝鲜的最早记载，但未见《剪灯新话》传入朝鲜的文献。世祖年间，朝鲜文学史上最为著名的诗人、小说家金时习（1435 — 1493）创作《题〈剪灯新话〉后》。世祖年间，金时习模仿《剪灯新话》之体例，创作了朝鲜历史上第一部传奇小说集《金鳌新话》，标志着朝鲜汉文小说创作进入一个新的历史时期。

除了中国小说广为传播之外，韩国本土笔记小说《破闲集》、《补闲集》、《栎翁稗说》等也在朝鲜半岛广泛传播，尤其是高丽著名学者李齐贤的《栎翁稗说》，作为本土文化越来越为文人所看重。世宗十三年（1431），世宗大王命文臣整理《栎翁稗说》，并于是年刊刻发行。据金镔《栎翁稗说跋》称：

> 高丽益斋公，以德业文章倡于当世，所著诗文，名为《乱稿》；杂记时事，谓之稗说。非徒词旨典雅，前朝上下五百年之迹大略可见，实与丽史相为表里者也。刊行既久，未免缺误。宣德六年夏，殿下命文臣厘正缮写，刊行于江原道之原州。惟公道德之高，功业之盛，后辈所钦慕而未及见，独其英华之流及后世者，唯文章是赖耳。学者闻其风，诵其诗，必有兴起者矣。此集几至湮

晦，而特命重梓，以寿其传。我殿下尊德右文之美，犹欤盛哉！[1]

由于李齐贤是高丽后期的文坛领袖，对世宗、世祖时期的徐居正、成侃等产生了重要的影响。据徐居正弟子曹伟叙述称：

> 而前朝五百年间文学之士，彬彬辈出，以遗稿传于世者，无虑数十余家，可谓人才之盛也。然记述当世朝野之事名臣贤士之所言若行，以传于后者，罕有其人。独李学士《破闲集》、崔大尉《补闲集》，至今资诗人之谈论，为缙绅之所玩。然所论者，皆雕篆章句，其于国家经世之典，概乎其无所取也。厥后益斋李文忠公著《栎翁稗说》，虽间有滑稽之言，而祖宗世系，朝廷典故，多所记载而卞证焉，实当世之遗史也。今观座主达城相公所撰《笔苑杂记》，其规模大略与《栎翁稗说》若合符契。[2]

高丽虽文士辈出，但最为突出者是李齐贤，所著《栎翁稗说》为当时遗史，在学术史上具有重要的学术地位。徐居正等阅读《栎翁稗说》中的本国前贤故事、朝廷异闻等，为稗说中前人事迹所吸引，然后承其学统，模仿《栎翁稗说》的形式，著述《笔苑杂记》。

综上所述，中国小说在朝鲜半岛的广泛传播，不仅为朝鲜士子提供了阅读的文本，也促使他们模仿其体例，有意识地进行小说创作。朝鲜本土笔记小说《栎翁稗说》的重刊、《太平广记详节》成书、刊刻，不仅开阔了朝鲜士子的阅读视野，而且为小说创作、小说研究等提供了经典文本。从徐居正、李承召等人对小说的评价来看，在世宗末至世祖朝时期，人们对于小说文体已有明晰、深刻的认知。由此可见，《太平广记详节》的刊刻、《笔苑杂记》的著述，标志着朝鲜汉文小说观念的确立。

三、传统儒家小说观念视域下的朝鲜早期小说观

在朝鲜文献中，有关"小说"的论述颇多，但对小说概念的界定

---

[1]（朝鲜）徐居正：《东文选》卷一〇三《栎翁稗说跋》。
[2]（朝鲜）曹伟：《笔苑杂记序》。

却比较罕见。在考察韩国小说观念时，我们发现朝鲜士子对小说的认知与中国士子一样，依据传统的小说观念，对于小说观念的理解只有个人认知的差异、地域的差异，而非国别的不同。也就是说，在朝鲜士子的小说视野里，无论是中国小说，还是朝鲜人创作的小说，朝鲜士子的评判标准均依据传统的儒家小说观念。朝鲜王朝前期，徐居正、李承召、梁诚之、金安老等均对小说进行评述，代表了当时的小说观念。从他们的评述来看，朝鲜士子的小说观念与中国的小说观念并没有本质的区别，所依据的儒家文化是相同的。但与中国士子不同的是，徐居正等所接受的小说观念不仅有中国传统儒家文化的理论基础，也有朝鲜社会的文学实践，决定了他对小说观念的理解有其独特之处。这些人均对小说提出了自己的见解，而具有系统理论观念的仅徐居正一人而已。徐居正（1420 — 1488），字刚中，号四佳，庆尚道大邱人，是文忠公权近的外孙。据朝鲜史籍载：

> 居正温良简正，博涉群书，兼通风水星命之学，不喜释氏书。为文章不落古人科臼，自成一家。有《四佳集》三十卷行于世。若《东国通鉴》、《舆地胜览》、《历代年表》、《东人诗话》、《太平闲话》、《笔苑杂记》、《东人诗文》，皆所撰集。[1]

有任元浚评述称：

> 四佳徐先生，实阳村之弥甥，其得于渊源家法多矣，而与诸公齐驱并驾于一时，继宁城掌文衡，今二十有余年。先生自童卯已有能诗声，往往其佳篇警联，脍炙人口。既擢第入銮坡，銮坡群彦亦无出其右者。先生穷抵古人之妙奥，深契其理，故虽率尔寓思，信笔点缀，而动中绳墨，咳唾成珠。先生其真三昧于诗者也欤！若夫规模之大，原委乎李杜，步趣之敏，出入乎韩白，而其清新豪迈，雅丽和平，备诸家而成一大家。[2]

---

[1]《成宗实录》卷二二三，成宗十九年十二月癸丑。

[2]（朝鲜）任元濬：《四佳集序》。

徐居正是朝鲜学术史上最为著名的学者，无论是经史之学，还是诗文创作、诗学理论、小说等，都有突出的贡献。为了便于阐述，我们以徐居正作为中心，兼论其他，以便清楚地论述朝鲜早期的小说观念。

首先，朝鲜初期的小说观念源自传统的儒家小说观念，以为小说是"街谈巷语之说"，有补于世教。自《汉志》确立小说家类以来，随着小说创作实践的发展，小说观念也发生了较大的变化。《隋书·经籍志》"小说家"类释语云：

> 小说者，街说巷语之说也。《传》载与人之诵，《诗》美询于刍荛。古者圣人在上，史为书，瞽为诗，工诵箴谏，大夫规诲，士传言而庶人谤。孟春，徇木铎以求歌谣，巡省观人诗，以知风俗。过则正之，失则改之，道听涂说，靡不毕纪。《周官》诵训，"掌道方志以诏观事，道方慝以诏辟忌，以知地俗。"而职方氏"掌道四政事，与其上下之志，诵四方之传道而观衣物"是也。孔子曰："虽小道，必有可观者焉，致远恐泥。"

小说即"街谈巷语之说"，虽为"小道"，但有"可观之辞"。又徐居正在《太平广记详节》序中说：

> 及读《太平广记》，乃宋学士李昉所撰，进之太宗者也。为书总五百卷，大抵裒集稗官小说，闾巷鄙语，非有关于世教，徒为滑稽之捷径耳。心窃少之。一日，在集贤殿，亡友昌宁成和仲，读之终日，矻不知倦。予举前说而告之曰：子方有志于文章，宜沉潜六经，规矱圣贤，非圣贤之书不读可也。"和仲笑曰："子诚确论也。然君子多识前言往行，儒有博学而不穷，能博而能约之，庸何伤乎？况张而玉弛，文武不为，必皆圣贤而后读之，聘气有所未周，安能上下古今，出入贯穿，为天下之通儒乎？何子之示狭也？"

徐居正以为《太平广记》为"稗官小说"、"闾巷鄙语"，是非圣之书，无益于教化。他的好友成侃以为儒者应该博学多识，贯通古今，而阅读小说是儒者博学的途径之一。徐居正评价著名学者李穑时云："然先生之诗，虽本经史，法度森严，而亦复纵横出入于蒙庄佛老之书，以至稗官小说，博采不遗。"[1] 把稗官小说视作儒者获取知识的方式之一。又李承召（1422 — 1484）在《略太平广记序》中论述道：

> 则虽街谈巷说鄙俚之甚者，皆理之所寓，必有起予之益。况于岑寂伊郁之际，得此而观之，则如与古人谈笑戏谑于一榻之上，无聊不平之气，将涣然永叙，而足以疏荡胸怀矣，斯岂非一张一弛之道乎？不然，则稗官之职将不设于古，而小说之家亦不传于后世矣。

李承召以为小说出自稗官，虽为"街谈巷说鄙俚"之言，但寄寓了深刻的社会道理。又金安老（1410 — 1537）在《龙泉谈寂记序》中说："或曰：稗官小说亦足资辩博而缀遗缺，职编摩者之所必采。"总之，"稗官小说"的称谓及其阐释均源自中国传统的小说观，突出了小说的俗文化特质及其社会功能。

其次，徐居正提出小说功能的"滑稽"说。朝鲜成宗八年（1477），徐居正游戏翰墨，把闲暇时与朋友的戏谈之语结集，命名为《滑稽传》。他在序中称：

> 然子不闻善戏谑兮，文武弛张之道乎？《齐谐》志于南华，《滑稽》传于马史，居正之作是传，初非有意于传后，只欲消遣世虑，聊复尔耳！况孔圣以博弈为贤于无所用心者。[2]

《齐谐》出自庄子，《滑稽列传》出自司马迁，两书性质有所相通。庄子以为"《齐谐》者志怪者也"，《滑稽列传》载录齐国淳于髡、楚国优孟、秦国游旃三位奇人遗事，两者均突出"奇异"。《文心雕龙·谐隐》阐释"谐隐"称：

---

[1]（朝鲜）徐居正：《牧隐诗精选序》。
[2]（朝鲜）徐居正：《太平闲话滑稽传序》。

昔楚庄、齐威性好隐语，至东方曼倩尤巧辞述，但谬辞诋戏，无益规补。自魏代已来，颇非俳优，而君子嘲隐，化为谜语。谜也者，回互其辞，使昏迷也。或体貌文字，或图象品物，纤巧以弄思，浅察以衒辞，义欲婉而正，辞欲隐而显。荀卿《蚕赋》，已兆其体。至魏文、陈思，约而密之；高贵乡公，博举品物。虽有小巧，用乖远大。夫观古之为隐，理周要务，岂为童稚之戏谑，搏髀而扦笑哉！然文辞之有谐隐，譬九流之有小说，盖稗官所采，以广视听。若效而不已，则髡、朔而入室，旃、孟之石交乎！[1]

刘勰所述"文辞之谐隐，譬九流之小说，盖稗官所采"，谐隐是滑稽的语言形式，目的在于运用委婉的方式批评时政、关注社会。明万历年间人陈禹谟编纂《广滑稽》三十六卷，晚于徐居正。徐居正以"滑稽"命篇，从文化渊源来看，直接受到《滑稽列传》、《文心雕龙·谐隐》的影响，但也与朝鲜本土文化密切相关。笔者以为，虽然《文心雕龙·谐隐》篇论述了《滑稽列传》，以为滑稽言辞也是稗官所采，但《栎翁稗说》中以为小说即滑稽之言的论述，应该直接影响了《滑稽传》的命名。李齐贤在《栎翁稗说后集序》中云：

客谓栎翁曰："子之前所录述，祖宗世系之远，名公卿言行，颇亦载其间，而乃以滑稽之语终焉；后所录，其出入经史者无几，余皆雕篆章句而已，何其无特操耶？岂端士壮夫所宜为也。"答曰："坎坎击鼓列于风，屡舞婆娑编乎雅。矧此录也。本以驱除闲闷，信笔而为之者，何怪夫其有戏论也，夫子以博弈者为贤于无所用心，雕篆章句比诸博弈，不犹愈乎？且不如是，不名为稗说也。"

此序采用设置主客答问的形式，灵活地阐释了作者的创作目的。李齐贤以"客"的语气提出两方面的质疑：一是《栎翁稗说前集》叙述祖

[1]（南北朝）刘勰著、郭晋稀注译：《文心雕龙注译》，甘肃人民出版社，1982年。

宗世系、名公言论，其中不乏滑稽之语；二是士大夫文人不应该以雕篆章句游戏笔墨。栎翁回答也是从两个方面答复：第一，闲暇时撰写的文字为了驱闲解闷，没有必要以"戏论"来责备；第二，采用孔子"博弈者为贤于无所用心"的典故，将撰述小说当作博弈游戏。《论语·阳货篇》云："子曰：'饱食终日，无所用心，难矣哉！不有博弈者乎？为之，犹贤乎已。'"这句话的意思是：饱食终日，无所事事，不如博弈游戏，也远胜于什么也不做。李齐贤以圣人之言来回答"客"之质疑，以游戏之笔叙奇记异，远远胜过无所作为。李齐贤于至正元年（1341）回国之后，因为忠烈王长期客居大都、最终逝于异乡而饱受争议，只得闭门谢客，闲居自保。他在这种情况下著述《栎翁稗说》，并以主客答问之序阐述创作宗旨。朝鲜世宗年间，《栎翁稗说》重刊，此书颇受徐居正的关注，成化十四年编纂成书的《东文选》中收录了有关《栎翁稗说》的序跋等。徐居正博学广闻，应该熟知高丽后期文坛领袖李齐贤的文章著述，那么《栎翁稗说》中"滑稽之语"应该对他影响甚大。世祖八年他为《太平广记详节》作序时，再次提及小说"徒为滑稽之捷径"，以为："圣人著书立言，足以裨名教，训后世，何尝采摭奇怪，以资好事者解颐哉？"也就是说，他认为小说也就是"采摭奇怪，以资好事者解颐"。在成侃、成任兄弟的影响下，他对小说的看法有所改变，认识到小说补于世教的社会功能，明确地提出"滑稽"说。在《滑稽传序》中，徐居正模仿李齐贤《栎翁稗说后集序》的主客答问写法，阐述了小说滑稽论，并在答客语中引用"博弈为贤于无所用心"的典故，承继李齐贤，学统甚明。由此可见，在李齐贤小说为"滑稽之语"的影响下，徐居正明确地提出了小说滑稽论。

再次，小说乃补史之作。在高丽时代，崔滋《补闲集》较早地认识到小说乃补史之作，以为《国史补》、《归田录》等均撰述朝廷遗事，以补史事。但小说补史之说并非肇始于《国史补》，据唐初史学家刘知几《史通·采撰》载：

晋世杂书，谅非一族，若《语林》、《世说》、《幽明录》、《搜神记》之徒，其所载或恢谐小辨，或神鬼怪物，其事非

圣，扬雄所不观；其言乱神，宣尼所不语，皇朝所撰《晋史》，多采以为书。夫以干、邓之所粪除，王、虞之所糠秕，持为逸史，用补前传，此何异魏朝之撰《皇览》，梁世之修《遍略》，务多为美，聚博为功，虽取悦小人，终见嗤于君子矣。[1]

又《隋志》史部杂传类释语云：

> 魏文帝又作《列异》，以序鬼物奇怪之事，嵇康作《高士传》，以叙圣贤之风。因其事类相继，而作者甚众，名目转广，而又杂以虚诞怪妄之说。推其本源，盖亦史官之末事也。

史学家虽然认识到《幽明录》、《搜神记》、《列异传》等荒诞虚妄，但所叙人物事迹可补正史之不足，如唐人编撰《晋书》时多得益于各类小说。在唐宋两代，由于史学繁盛，《南史》、《北史》、《资治通鉴》、《新唐书》等书的编纂均大量采摭小说家言，小说补史之文化功能为史学家津津乐道。成化丙午年（1486），晚年的徐居正记录朝廷异闻，命名为《笔苑杂记》。他的侄子徐彭召序称：

> 而《笔苑杂记》亦其一也，盖法欧阳文忠公《归田录》，又取《国老闲谈》、《东轩杂录》而为之，欲记史官之所不录，朝野之所闲谈，以备观览，其有补于来世，夫岂小哉？[2]

又表沿沫序称：

> 其所著述，皆博采吾东之事，上述祖宗神思睿智创垂之大德，下及公卿贤大夫道德言行文章政事之可为模范者，以至国家之典故，闾巷风俗，有关于世教者，国乘所不载者，备录无遗。譬如冢发骊山，珍贝尽献，犀燃牛渚，光怪难逃。读之令人亹亹忘倦，

东亚文化比较研究

---

[1]（唐）刘知几：《史通》卷五《采撰》。
[2]（朝鲜）徐彭召：《笔苑杂记序》。

盖《笔谈》谈林下之闻见，《言行录》录名臣之实迹，而是篇殆兼
之。岂若《搜神》、《杂俎》等编，摘奇抉怪，夸涉猎之广博，供
谈者之戏剧而止耶！[1]

　　徐彭召、表沿沫以为《笔苑杂记》为补史之作，与欧阳修《归田录》、
王君玉《国老闲谈》（又名《国老谈苑》）、魏泰《东轩笔录》等书相类。
魏泰《东轩笔录》序云：“思少时力学尚友，游于公卿间，其绪言余论
有补于聪明者，虽老矣，尚班班可记，因丛撷成书。呜呼，事固有善恶，
然吾未尝敢致意于其间，姑录其实以示子孙而已，异时有补史氏之缺，
或讥以见闻之殊者，吾皆无憾，惟览者之详否焉。”[2]魏泰言明自己以公
正的态度载录公卿事迹，以实录的笔法叙述事情始末，以待异时补史之
用。总之，徐彭召、表沿沫等清楚地认识到小说具有补史的文化功能。

　　总之，在朝鲜王朝前期，朝鲜士子的小说观念不仅源于中国母体的
小说文化接受，也是对朝鲜王朝小说创作实践的总结。人们虽然认识到
小说具有补史、有助于教化的文化功能，但徐居正以为小说是消闲娱乐
的“滑稽之语”，资笑谈，广见闻，突出了小说的文学功能，却弱化了
小说的学术地位。

201

----

[1]（朝鲜）表沿沫：《笔苑杂记序》。
[2]（宋）魏泰：《东轩笔录序》。

《红楼梦》和《镜花缘》的俗语翻译技法考察

高明珠*

一、绪论

中国著名小说《红楼梦》和《镜花缘》创作于清朝，以后逐渐传播到全国各阶层，受到众人喜爱。《红楼梦》从被翻译成中国少数民族语言开始，自19世纪中期以后又被译成英语和日语，在朝鲜高宗年间已完成"乐善斋本"《红楼梦》120回全译本。在这个过程中，把汉语原作翻译成第二语言时，译者肯定会遇到各种障碍，尤其是翻译中国特有的语言与用外语难以表达的文化特征等问题。比如翻译作品的书名以及回目、人名、固有名词，或者小说里的诗词、成语、俗语、双关语的时候都需要在作者和读者之间建立一个较为和谐的平衡点。

本文的主要目的是考察中国语言艺术的精髓——俗语的翻译问题。《红楼梦》和《镜花缘》都出自语言表达能力优秀的文人，语言艺术决定作品的艺术成就，在作品中，通过各种语言手段可以看出作者的语言能力和丰富的学识，以及艺术表达能力。其中俗语是长期在民众口语中流传而固定的语言形式，和其他固定语言相比，具有更强的民族性与通俗性，又兼具象征性和含蓄性，所以俗语经常被很多作者用在作品当中。俗语并不是仅仅为了增强文章的通俗幽默和讽刺色彩而随便使用的，而是需要经过作者细致的斟酌和考量，这一点已经通过大量研究得以证明。

本研究打算考察中国俗语的韩语翻译情况，而且通过不同译本来比较翻译的技巧与特征，并指出翻译的重要性和困难性。另外还要阐明中国原作中俗语的文学功能，以及这些功能如何体现在译本中。

* 韩国高丽大学中文系博士研究生。

东亚文化比较研究

二、小说中俗语的文学作用和意义

宁希元在《中国古代小说俗语大词典·序》中说："从汉语史分期来看，宋元明清四代，正处于近代汉语向现代汉语的转变时期。产生于这一时期的通俗小说和戏曲，由于是用口语写作的，本来是研究近代汉语的宝贵资料。"如此我们可以想到通俗小说非常密切地反映当时的民间口语。同时，大多数作者为了使自己的文章更加流利、有说服力，设置各种语言工具，作者往往冥思苦想，考虑如何使用更独特更巧妙的语言来提高作品的文学性。尤其是汉语言的特殊性使中国文学的语言艺术更丰富、更绝妙，俗语正是能反映出这种特征的语言工具，它是民间语言，同时兼有文学性，使用率较高。可以说文学语言的最主要来源就是民间大众的语言，而且民间语言是组成民俗文化的重要部分，同时反映出当时的社会情况和价值观。因此大量运用俗语的文学作品，可以成为重要的语言学史料，所以《红楼梦》和《镜花缘》既是伟大的文学作品，同时也是考证中国民间语言的重要词汇资料。

在中国章回小说最为发展的明清时代，曹雪芹打破了以前的小说形式创作出《红楼梦》，受到他的影响，清末作者李汝珍写出《镜花缘》，一直被许多研究者关注。两篇作品都细致描写出女性形象，小说里出场的人物以女性为主，因此经常被用作对比研究。同时两个作者的语言能力十分出色，尤其是《红楼梦》的语言艺术已经被评价为达到中国文学语言描写的最高境地。而在《镜花缘》里可以看到有关经史子集、医卜星算、琴棋书画等等"古典才艺"的描述，加上丰富的想象力和幽默的笔调，作者把各方面的知识都归纳在这本书中。

中国是东方文化的发源地，人口规模庞大，地域广阔，保有的俗语量也不计其数。俗语虽然语言形式简略，但能尖锐地指出社会弊端与腐败，反映现实社会的人情百态。俗语发生在民间，很长时间作为民间文学样式而存在，它具有强烈的说服力，而且对社会大众的心理状态与人格形成有影响，经常被作为人生座右铭。因此在文学作品里出现俗语是非常自然的现象，尤其是汉语俗语蕴含的意义和思想、哲学和教训非常深刻，通过俗语的内容可以看出当时中国人的人生观、价值观、道德观

以及民族特征。小说作为语言艺术，通过语言媒介表达现实状态，作者使用俗语来表现自己的人生目标、价值、理想世界等，帮助小说具有更强的生命力、哲理性和概括性。

明清时代的小说家受到当时的社会影响，生活在文人与民间阶层之间，具有相当的学识能力，同时他们的生活环境与民间阶层很接近，因此他们创作的作品里自然使用通俗语言。他们使用的俗语起源于当时的世俗社会或者古人的警句、小说戏曲等，随着历史的发展人们对它逐渐熟悉起来，流行于明清社会的各阶层。

（一）《红楼梦》的俗语

《红楼梦》在运用民间俗语上所取得的艺术成就在中国古典小说中是首屈一指的。曹雪芹一生中大部分时间在北京度过，由于家道衰落，晚年与北京下层人民有着密切的联系。因此，他对北京话非常熟悉。在《红楼梦》的创作中，特别是在人物对话中，他展示了地道的京味儿。同时他以高超的语言技巧、灵活多变的写作手法塑造了数百个活灵活现的人物，通过人物形象、语言、行为以及情节描写，揭示人物的思想性格[1]。由于《红楼梦》广泛而精确地运用了民间俗语，形成了鲜明的小说语言风格，因而加强了小说典型人物和典型环境的现实性和真实性，增添了小说的艺术魅力。

1.塑造人物形象

《红楼梦》的最高艺术价值在于成功地描写出500多个人物的不同形象。在一篇文学作品里出现这么多的人物是非常不容易的，同时《红楼梦》的人物形象不仅数量多，而且每个人物的个性很强，使出现一两次的人物也都具有明显的性格特点。曹雪芹能做到这方面的成功，是因为他的语言使用能力很强，有些批评家说惟有《红楼梦》才能从人物对话中猜到说话人是谁。曹雪芹塑造人物形象时，不仅表达人物的外貌形象，还描写了人物的长短处等各方面的性格特点，塑造出性格多元的立体人物。同时，曹雪芹善于使用多样的特殊语言来描写人物性格与心态，

---

[1] 李杰：《曹雪芹与高鹗语言特点之比较》，《青年文学家》2014年第3期。

创造出人物的独特形象，尤其是《红楼梦》里作者借人物之口使用了反映复杂心理和生动形象的俗语，将人物的形象和俗语的含义结合起来。

其中王熙凤作为《红楼梦》里性格最为鲜明、意识最为强健的人物，在《红楼梦》中运用的俗语最多。俗语的运用彰显了王熙凤性格的方方面面，也充分体现了俗语和人物性格之间的关系。

> 我那里照管得这些事！见识又浅，口角又笨，心肠又直率，人家给个棒槌，我就认作"针"。（第16回）
>
> 自古说："妻贤夫祸少"，"表壮不如里壮。"你但凡是个好的，他们怎得闹出这些事来！你又没才干，又没口齿，锯了嘴子的葫芦，就只会一味瞎小心，图贤良的名儿。总是他们也不怕你，也不听你。（第68回）
>
> 凤姐回道："咱们家人多手杂，自古说的，'知人知面不知心'，那里保得住谁是好的？"（第94回）
>
> 兴儿连忙摇手说："奶奶千万不要去！我告诉奶奶，一辈子别见她才好。嘴甜心苦，两面三刀，上头一脸笑，脚下使绊子；明是一盆火，暗是一把刀：都占全了。"（第65回）

作者在王熙凤的口语中插入了俗语，在别人面前假装自己是个贤妻，用有关俗语强调贤妻形象，反而在平儿面前说出真心话，用"知人知面不知心"表示自己不相信别人，描写她对别人经常抱有怀疑的性格。还有作者借别人之口描写了她的形象，"嘴甜心苦"、"两面三刀"、"上头一脸笑，脚下使绊子"、"明是一盆火，暗是一把刀"等俗语都是指王熙凤奸诈狡黠的一面。其效果更鲜明、生动，使小说人物活在眼前。

2. 埋下伏笔

伏笔，是中国小说文学重要的艺术手法之一。文学作品为了避免平铺直叙，使篇章结构曲折多变，文脉灵动，同时为了作品内容的表达和故事情节的合理展开常常使用伏笔的写作技巧。《红楼梦》中的伏笔与众不同，颇具特色，是其艺术特质的重要组成部分。埋下伏笔没有一定的规格，完全依靠作者的技巧，大多数的伏笔从某种事件出发，作者为

了得到一定的效果，把人物的行为和故事内容互相连接起来，得到最巧妙的伏笔效果。俗语，用来做伏笔非常适合，它很独立，同时包含着很深刻的意义，单独用一句俗语也会得到充分的预示效果，如果它融入在相应的故事里面，其作用更加强烈。因此，作者想要给读者某个暗示的时候，可以反复使用俗语来决定故事情节的发展方向。

在《红楼梦》中，使用俗语来做伏笔的有关于贾府命运的情节。

探春："可知这样大族人家，若从外头杀来，一时是杀不死的，这是古人曾说的'百足之虫，死而不僵'，必须先从家里自杀自灭起来，才能一败涂地！"（第74回）

秦氏："婶婶，你是个脂粉队里的英雄，连那些束带顶冠的男子也不能过你，你如何连两句俗语也不晓得：常言'月满则亏，水满则溢'；又道是'登高必跌重'。如今我们家赫赫扬扬，已将百载，一日倘或乐极悲生，若应了那句'树倒猢狲散'的俗语，岂不虚称了一世的诗书旧族了！"（第13回）

作者用"百足之虫，死而不僵"这条俗语比喻大贵族官僚家庭，虽已衰败，但表面上仍能维持某种繁荣的假象，用来暗示了贾府的命运。还有"月满则亏，水满则溢"、"登高必跌重"、"树倒猢狲散"等俗语来比喻物极必反，盛则转衰，纵乐不知节制，就要招来悲伤。表示欢乐到极点，就会转而发生可悲之事，还比喻了财势发得越大，结局将越悲惨。同时暗示了像贾府为首的有权势者一倒，依附的人随即散伙。通过重要人物之口埋下了有关贾府命运的伏线，发挥了俗语的含蓄性和哲理性。作者除了用有关贾府命运的俗语以外，还设定了有关人物命运的俗语来作伏线。

3. 突出主题

创作一篇小说时，作者一般通过作品把哲学思想和文学形式结合起来，强调一系列的主题思想。一般来说，主题思想会比较明显地揭示在作品里，有时候为了避免当时社会压迫会隐藏在文字下面。关于《红楼梦》的主题，鲁迅先生曾精辟地总结：经学家看见易，道学家看见淫，才子看见缠绵，革命家看见排满，流言家看见宫闱秘事。《红楼梦》主题引起了众多红学家的兴趣，各种观点层出不穷，见仁见智。其中有些主题思想是通过俗语来强调的，用俗语来表达主题思想，十分有效，俗语形式简略、含义丰富，而且作者与读者双方都能看出句子里面的含义，所以作者经常采用俗语来突出主题思想。《红楼梦》的主题思想中通过俗语来强调的是人生的无常，就是借鉴贾府人物的兴亡盛衰，表现人生若梦、世事无常的道理。曹雪芹利用俗语的哲理性与含蓄性，可以单独使用也可以与其他俗语连续使用，都有加强主题思想的效果。

> 二仙师听毕，齐憨笑道："善哉，善哉！那红尘中有却有些乐事，但不能永远依恃；况又有'美中不足，好事多魔'八个字紧相连属，瞬息间则又乐极悲生，人非物换，究竟是到头一梦，万境归空，倒不如不去的好。"（第1回）
> 凤姐："真是'天有不测风云，人有旦夕祸福'。这个年纪，倘或就因这个病上怎么样了，人还活着有甚么趣儿！"（第11回）
> 宝钗听了，并不在意，便说道："俗话说的好，'天有不测风云，人有旦夕祸福'。这也是他们前生命定，活该不是夫妻。妈所为的是因有救哥哥的一段好处，故谆谆感叹。如果他两人齐齐全全的，妈自然该替他料理，如今死的死了，出家的出家了，依我说，也只好由他罢了。"（第67回）

这些俗语表示'快乐到了极点的时候，发生了悲痛的事情'的人生哲理，作者还用了两次'天有不测风云，人有旦夕祸福'，以天上风云变幻难测，比喻人有难以预料的灾祸。这些俗语都带有哲理性，作者把它用在说话中，是为了给读者留下深刻的印象。

（二）《镜花缘》的俗语

《镜花缘》的作者李汝珍于乾隆四十七年壬寅（1782）随兄汝磺移家于海州板浦（今江苏灌云一带），其后久居于斯。在那儿所交流的师友，都是韵学专家，因此李汝珍对音韵学很有见识。所以他的作品里出现了

多样的语言艺术，有些人也会批评《镜花缘》这本书是为了夸示李汝珍自己的语言学知识而写作的，太多难以理解的语言学内容包括在书里，对读者接受故事情节造成妨碍。不过我认为正是由于李汝珍的语言学知识，使《镜花缘》的语言艺术获得独有的地位，达到别的小说家不可达到的境地。俗语也算是他的语言工具之一，李汝珍也跟曹雪芹一样通过俗语获取各种文学效果。

1. 丰富修辞效果

《镜花缘》里的俗语运用了各种修辞手法，其中有讽喻、夸张、缓曲等辞格在俗语中得到了很好运用。尤其是讽喻手法，讽喻是一种比喻法，带有讥讽风格，也是把另一层含义隐藏在通常是某种故事的作品之中，经常用动物或事物来拟人化，所以也称为寓言法。以下表里的俗语都是用讽喻手法的俗语。

缘木求鱼（第7回）	风中之烛（第57回）
癞蛤蟆想吃天鹅肉（第9回）	望梅止渴（第65回）
放下屠刀，立刻成佛（第10回）	画饼充饥（第65回）
整瓶不摇半瓶摇（第23回）	一相情愿（第65回）
衣冠禽兽（第43回）	漏网之鱼（第66回）
初生犊儿不怕虎（第52回）	浑身锦绣绞罗，头上却戴的是草帽（第73回）
班门弄斧（第52回，第95回）	对牛弹琴（第90回）
飞蛾投火（第57回）	鱼见食而不见钩（第92回）
以卵就石（第57回）	黄雀一心要捕螳螂（第92回）

以上运用讽喻手法的俗语中，"飞蛾投火"、"对牛弹琴"、"癞蛤蟆想吃天鹅肉"、"黄雀一心要捕螳螂"、"衣冠禽兽"等大多数的俗语都是凭借动物来描写人物形象，也有"画饼充饥"、"放下屠刀，立刻成佛"，"整瓶不摇半瓶摇"等俗语借用特定的事物来做比喻。如此，李汝珍使用俗语的时候，考虑到比喻对象和借用对象的性质与特点，和小说里的

人物和情节搭配。这种手法,使小说更生动,说话人的性格得到生命力,让读者能够沉浸在小说的对话,以免小说氛围单调。

2. 指出社会问题

《镜花缘》被评价为一部讽刺性很强的小说,在没落的封建时期,李汝珍有着关注女性、尊重女性的审美视角,还大胆揭露封建社会丑恶和人性短肋,竭力弘扬传统文化道德,同时努力为世人再现心中的理想社会。可是由于当时社会的监视,作者不能很自由地批判,他采用各种语言手段来委婉地表示自己的意志。在作品当中俗语也发挥了这种功能,作者通过俗语的象征性,反映出对封建社会的批判意识。有时候作者的意图被读者误解,但如果限定时代范围,可以避免这种误解。俗语总是成为非常有效的批评手段,它可以表达难以直接提到的现实社会问题,还包含着深刻的内容,言简意深。

李汝珍通过俗语指出当时的许多社会问题,批判仕途官场之人,以及官场的各种腐败,还主张男女平等的社会,批判阶级身份的差别。所以在《镜花缘》中他写了一百名才女的活动,从家庭到社会,涉及方方面面,考试、社交、游艺、武功,处处彰显女子不让须眉。

> 唐敖道:"小弟若在两位才女跟前称了晚生,不但毫不委屈,并且心悦诚服。俗语说的:'学问无大小,能者为尊。'他的学问既高,一切尚要求教,如何不是晚生?岂在年纪?"(第23回)
>
> 唐敖道:"老师慎重固是。第久住在此,日与这些渔人为伍,所谓'语言无味,面目可憎'。"(第15回)
>
> 林之洋道:"他书上尽是圈子,大约前盘古所做的事总不能跳出这个圈子,所以篇篇都是这样。这叫作'惟有圈中人,才知圈中意'。俺们怎能猜这哑谜!"(第16回)

明成化年间,科举之法大变,用排偶文体阐发形式,称为八股文,知识分子的才气和文气都被束缚起来,这种不合理的选拔制度使许多知识分子报国无门。《镜花缘》憧憬了一种开明的科举制度,从而让有志之士施展才华,实现抱负。作者把这些社会问题暴露在小说中,用俗语

加上讽刺的效果，其中"学问无大小，能者为尊"是指有没有学问，不在于年龄大小，谁有学问就尊重谁，这说明当时只给男性考科举的机会，女性受到差别对待，根本没有机会施展才艺。还有"语言无味，面目可憎"是比喻当时阶级社会导致的身份差别严重，"惟有圈中人，才知圈中意"是指只有某个范围里的人才知道这个范围里的事，也同样批判阶级社会的黑暗面。

3. 人生智慧与教诲

李汝珍在小说中描写了自己的理想世界，表达了自己所憧憬的种种理想状态。善良而求索的理想人性，平等而文明的和谐社会共同建构了李汝珍意念中的理想世界。并且他使用的俗语中，多属于有哲理性的，含蓄着先人生活智慧和道德观念。而且俗语本身带有大众性，比一般语言更有说服力，因此被称为'大众的智慧'的俗语，大多数都具有教育性，可以用来强调作者理想人性。

成事不说，既往不咎（第6回）	欲广福田，须凭心地（第27回）
命中不能发达，也罪求不来（第7回）	人有善念，天必从之（第27回）
真人不露相（第44回）	若要人不知，除非己莫为（第28回）
快棋慢马吊，纵高也不妙（第73回）	吉人天相（第37回）
憨头郎儿增福延寿（第93回）	以德报德（第37回）
未角智，先练品（第3回）	君子成人之美（第52回）
尽人事以听天命（第6回）	班门弄斧（第52回，第72回，第95回）
天下无场外举子（第6回）	主不吃，客不饮（第78回）
癞蛤蟆想吃天鹅肉（第9回）	百行孝为先（第82回）
兽面人心/人面兽心（第10回）	鱼见食而不见钩（第92回）
放下屠刀，立刻成佛（第10回）	黄雀一心要捕螳螂（第92回）
整瓶不摇半瓶摇（第23回）	

三、俗语的翻译技法

直译与意译是翻译中最常见的问题，也是最主要的两个翻译方法。所谓直译，就是既保持原文内容，又保持原文形式的翻译方法或翻译文字。所谓意译，就是指保持原文内容，不保持原文形式的翻译方法或翻译文字。[1]在俗语的翻译问题上也存在这些问题。

俗语是人民大众在生活中千锤百炼凝结而成的简短而深刻的话语，简练而形象化，具有浓厚的民族文化特色。它们通常言简意赅，文化内涵丰富而深刻。要在翻译中把这些蕴涵着鲜明民族特色的俗语准确地译成韩语并非易事。其实中国的俗语和韩国的"俗谈"非常相似，但明确地说，他们俩不完全重叠，这一点更使翻译者受苦。在本研究中所指的俗语是广义的俗语，包括"野语"、"稗语"、"谚"、"俗话"、"俚语"等特殊语言，而对此语言的明确范围和分类在中国学界也没有得到统一。俗语译成韩语的时候经常如下。

俗语 ≠ 俗谈

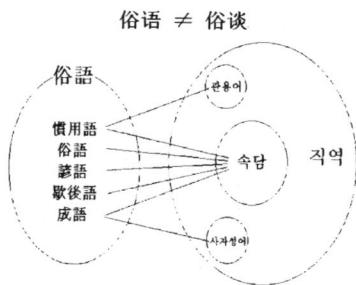

（一）直译

翻译的时候最重要的是尽量保持原意，同时译文要顺口自然。但同时满足这两个要求是不太可能的，所以译者每次翻译时都要选择重点放在哪。尤其是翻译俗语，韩语中有没有可以对译的俗谈最为关键，如果没有对译的俗谈，就可以选择直译或意译，而且俗语很少有搭配的对译俗谈，所以大多数情况下都采用直译或解释译方式。

---

[1] 冯庆华：《实用翻译教程》，上海外语教育出版社，2010年。

直译是在翻译中尽量保持源语的异域色彩，而适当打破目的语的语言规范的翻译方式。在不影响译文读者理解的前提下，译者应尽可能多地选择直译，保留源语文本中生动形象的特殊表达，这样不仅能在内容和形式上忠实于原文，更保留了源语文化的思维特征和民族色彩，与此同时，译文读者通过字面意思就能获得对原文的正确理解，更重要的是，可以借此机会了解源语文化，促进不同民族之间的文化交流。但俗语的直译方式也有缺点，最大的坏处是读者有时无法了解俗语的含义，因此像《红楼梦》这样多用俗语的小说作品，为了帮助读者的理解，专门有该书的俗语辞典。并且小说中使用的俗语都带有文学功能，作者特意选用，如果读者没有完全了解俗语的含义，其文学效果不能充分发挥，反而会变成多余无用的句子。我考察《红楼梦》和《镜花缘》两篇作品，也同样发现这种问题。

1. 可以理解的直译

韩国的"俗谈"中有很多来源于中国俗语，因此中国的俗语直译后偶尔会和韩国俗谈一致，这种情况下，俗语和俗谈的使用范围一致，形式和包含意义也一致，不用附加说明，但这种情况很少发生。

"无如彼党日渐猖獗，一经妄动，不啻飞蛾投火，以卵就石。"

"하지만 저들이 날로 기승을 떨치고 있어. 함부로 움직였다가는 불로 달려드는 나방 꼴이 될 걸세. 계란으로 바위 치는 격이지."

平儿："何苦来操这心！'得放手时须放手'，什么大不了的事，乐得不施恩呢！"

평아："아씨도 참 공연히 왜 그렇게 신경을 쓰시는 거에요？'손을 떼야 할 때는 손을 때라'고 했잖아요. 그게 무슨 대단한 일이라고 선심 베풀 생각은 안하시고 그렇게 엄하게 다스리려고단 하세요？"（第61回）

东亚文化比较研究

兴儿连忙摇手说："奶奶千万不要去！我告诉奶奶，一辈子别见她才好。嘴甜心苦，两面三刀，上头一脸笑，脚下使绊子；明是一盆火，暗是一把刀：都占全了。"

홍아："아씨！ 제발 들어가려고 하지 마세요. 이건 아씨한테 정말로 말씀 드리는 건데 한평생 그 사람은 안 보는 게 상책입니다. '입으로는 달콤하고 마음속은 쓰디쓴' 사람입니다. 칼날과 칼등처럼 앞뒤가 전혀 다른 사람이라고요. 얼굴엔 웃음을 띠면서 다리로는 걸어 넘어뜨리는 사람이고요, 불같이 뜨겁게 반가워해도 속으로는 몰래 칼을 품고 있다고요. 세상에 온갖 못된 것은 안 가진 게 없어요."（第65回）

而且韩国历史上受中华文化及思想的影响很大，两国的文化情绪相似，像俗语和俗谈这些传统语言也互相受到影响。虽然韩国没有和中国俗语一致的俗谈，但俗语直译后我们可以推测它的意思，同样不必其它说明，自然而然地可以理解。比如上面的"飞蛾投火"、"以卵就石"都是在韩国到现在还使用的俗谈，形式和意义上完全相同。

2. 不可理解的直译

韩国虽然多方面受到中国的影响，但中国是领土广大、拥有多种民族文化的大国，尤其是语言方面，中国各地的语言相差很大。俗语并不是从书面传下来，而是口传于民间，所以地域性和时代性很强，对外国人来说，为了理解直译的俗语，一定需要补充说明，要不然没法理解俗语的含义。

贾蓉："婶婶是何等样人，岂不知俗语说的'胳膊只折在袖子里'。儿子胡涂死了，既作了不肖的事，就同那猫儿狗儿一般。"

가용："……숙모님이 어떤 분이십니까？ 속담에 '팔이 부러져도 소매 안에 들어있다'고 하지 않습니까？ 이 불초자식이 너무나 바보 같아 개나 고양이 같은 불초한 일을 저지르고야 말았습니다……"（第68回）

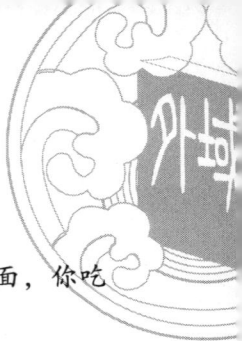

尤三姐："你不用和我花马吊嘴的，咱们清水下杂面，你吃我看！见提着影戏人子上场，好歹别戳破这层纸儿。"

　　우삼저："형부는 우리한테 굳이 그렇게 입에 발린 말로 수작부리지 않아도 돼요. '맑은 맹물에 잡면 말면 그냥은 먹기 어렵죠'. 어떻게 먹나 한번 보겠어요. '그림자 연극에서 오린 종이 들고 들어가면 어쨌든 종이는 찢지 말아야 하겠죠'." (第65回)

　　"…저한테 그런 말로 굴레를 씌우려 하진 말아요! 어지럽기로는 다 마찬가지니까 어디 하고픈 대로 해보세요. 전 옆에서 구경을 좀 할 거예요. 그렇지만 저도 지금 꼭두각시놀음을 놀고 있으니 훼방만은 놓지 마세요. 당신은 우리가 눈에 헛거미가 씌어 그 댁 일을 모르리라고만 생각한다면 큰 오산이에요."

　　上面的俗语为了保持源语的色彩，译者选用了直译方式，但翻译本上没有任何注释或补充说明，看了前后句子也无法猜想俗语的意义。"胳膊只折在袖子里"是比喻自家人闹出的不光彩的事不要往外张扬，而要遮掩，"清水下杂面，你吃我看"是用来比喻你干的事我看见的意思，但直译后的译文上我们看不出这些含义，这些俗语采用直译方法是不合适的。所以把俗语直译后翻译人一定要加上注释，给读者提供充分的语言信息。我还查了其它的译本里如何翻译同样的俗语，同样作品上的一个俗语，在每个译本上的翻译方式不一定相同，这是完全依靠译者。另外译本上译者选择了意译方式，用韩语大体解释了俗语的意思，但是这些句子读起来非常不自然。

3. 直译+说明

　　为了补充读者难以理解的直译，译者选用的方式就是直译加上说明。这些说明在原本上是没有的，是按照译者的判断来添加的。直译加上说明的方式在有利于保持源语特色的同时还可以帮助读者的理解，因此经常被译者使用。

贾母："你一个媳妇虽然帮着，也是天天'丢下笆儿弄扫帚'。凡百事情，我如今都自己减了。"

가모："네 며느리가 비록 돕고 있지만 매일 '두레박 내려 놓자 빗자루 잡아야 하는 식'으로 일손이 바쁜 사람이지 않느냐. 그래서 어떤 일이든 난 지금 조금이라도 줄이려고 하고 있어."（第47回）

鸳鸯道："如今都是'可着头做帽子'了，要一点儿富馀也不能的。"

원앙："지금은요, 각각 '머리를 재서 모자를 만들 듯이' 사람 숫자대로 식사 준비를 하거든요. 조금도 여유가 없어요."（第75回）

"지금은 뭐든지 숫자대로 재어 가면서 준비하기 때문에 여유라고는 통 없어요."

只因薛蟠天性是"得陇望蜀"的，如今得娶了金桂，又见金桂的丫鬟宝蟾有三分姿色。

그런데 설반은 천성이 '농땅을 얻으면 촉 땅을 바란다'는 말처럼 욕심이 끝없는 사람이라 하금계를 아내로 맞아들이고도 또 금계를 따라온 몸종 보섬에게 은근한 욕심을 품기 시작했다.（第80回）

「그런데 설반은 천성이 말을 타면 견마를 잡히고 싶어하는 위인이라 금계를 아내로 맞아들이고도 또 금계를 따라온 몸종 보섬이에게 눈독을 들이기 시작했다.

这种方式比较适合于小说作品中的俗语翻译。翻译文学作品的时候不是很介意字数，允许意译的范围比较广，所以这种翻译方式能够保持源语色彩，并且字句很自然，以免意译不通顺。

（二）意译

在翻译过程中，如果译文能够产生与原文相同或相似的效果，那么采取直译将会是较为妥当的一种方法。反之，如果译文不能够产生与原文相同或者相似的效果，相反甚至会曲解原文的意思，在这种情况下，采取意译就比较好。

意译法是指，在尊重原文含义的基础上，不去过度揣摩细节，翻译也将流畅和自然。意译不必注重原文的形式，包括原文的结构、修辞等。但进行意译并不等于删除或添加原文的内容，翻译时必须仔细考虑原文，掌握原文强调的重点，呈现给读者原文的风貌[1]。反过来说，为了强调俗语的诙谐、幽默的特点，最好找到韩语里相应的俗谈来意译，这是最亲切的翻译方式。其实，两篇小说的译本当中有很多俗谈替代俗语。

1. 辞典上一致的意译

所谓辞典上一致的意译，是指俗语翻译成俗谈的时候双方包含的句义相同，虽然原文和译文形式上意思不完全相同，但俗语本身的词义和性质通过俗谈保持了下来，俗语和俗谈的含义也很相似，读者容易理解译文，没有误解的危险。并且，两个语言的辞典上意义一致，表示在其它文章里都可以对换。做辞典上一致的意译时，中国俗语的象征性和含蓄性，跟韩国俗谈的特性相似，可以保持特殊语言的色彩，是这种意译的最大优点。

> 闺臣道："闻得亭亭姐姐学问渊博，妹子何敢班门弄斧，同他乱谈？倘被考倒，岂非自讨苦么？"
>
> 규신："그렇게 박학다식하다니, 제가 얘기하면 공자 앞에서 문자 쓰는 격이잖아요. 그래서 망신을 당하면 저는 또 어떡해요?"（第52回）
>
> 凤姐回道："咱们家人多手杂，自古说的，'知人知面不知心'，那里保得住谁是好的？"

---

[1] 高强、李曹：《浅谈直译法与意译法在翻译工作中的应用》，《科技信息》2008年第14期。

희봉 : "우리 집에는 사람이 여간 많은 게 아니에요. 옛 말에도 '열 길 물속은 알아도 한 길 사람 속은 모른다'라고 했듯이 도대체 누가 좋고 나쁜지 어떻게 알겠어요?" (第94回)

上面的俗语"班门弄斧"和俗谈"공자 앞에서 문자 쓰는 격"都表示在行家面前卖弄本领、不自量力的意思,这两句话虽然出处不同,句子形式不同,然而含义和语境完全一致,在别的文章里都可以用来互相意译。

2. 字句上一致的意译

字句上一致的意译,就是俗语翻译成俗谈时译文的文脉上没有问题,但是和原文的俗语仔细比较,他俩之间会存在意义上的差距。虽然在译文上读起来读者觉得很自然,和前后句呼应,但是这条俗谈是依靠译者的判断而采用的,它只是和原文俗语的含义相似,而辞典上的意义并不完全相通。因此这种情况下,该俗语在其它文章里出现,不一定可以用同样的俗谈来翻译。

锦云 : "你们听听:好自在话儿,还想殿试哩!"蒋春辉道:"他这话也有四字批语。"香云道:"叫做甚么?"春辉道:"叫做'一相情愿'。"

금운 : "저것 보세요 신나게 놀면서도 전시에 붙었을 거라고 생각하네요." 장춘휘 : "그말을 들으니 생각나는 속담이 있네요." 향운 : "뭔데요?" 장춘휘 : "떡 줄 사람은 생각도 없는데 김칫국부터 마신다!" (第65回)

紫芝 : "姐姐:你的牙缝甚宽,塞的东西甚大,你拿这根小小牙签去剔,岂非大海捞针么?"

홍지 : "이 사이가 얼마나 넓은지 사이에 낀 것도 엄청 크네요. 이걸 작은 이쑤시개로 파내겠다고 하다니, 썩은 새끼로 호랑이를 잡겠다는 격이지요." (第84回)

　　"一相情愿"是指单方面的愿望或不考虑客观实际情况的主观意愿,和韩国俗谈"떡 줄 사람은 생각도 없는데 김칫국부터 마신다"意义上不完全一致,它们只是在那段字句上暂时对应而已。不过,这种意译不能说是错误的翻译方式,反而文学作品的翻译,更多情况下需要考虑语境,语言总是在一定的语境中发生,并在一定的语境中得以理解和解释,不光是在辞典上的意义相同就可以翻译的。译者应充分关注被翻译对象所处的语境,通过对其恰当的分析,把握好对语体的选择。因此,有些人认为这种字句上一致的意译是更好的翻译方法,它结合原文的语境,可以借用俗谈生动诙谐的特性来帮助读者的理解。

3. 错误的意译

　　翻译的首要条件是要正确理解原文,意译时最危险的是译者只依靠自己的判断,按照自己的语感来进行翻译,这样便会发生误译。俗语和俗谈都是含蓄性、象征性强的词汇,需要更细致的考量。因此,我们不能把翻译当成语言表层机构的机械的移植过程,而要深入深层结构,发掘原文的意象和情趣,并使之以原有的神韵再现于译文中。在历史发展过程中大量的俗语流入韩国,在韩国流传使用时意义也发生了一些变化,所以现在使用的俗谈当中有些和以前的原意不同,句子表面上非常相似,但实际意义完全不同,直接运用会发生翻译的错误。

　　　奶母李嬷嬷:"只从我出去了,不大进来,你们越发没个样儿了,别的妈妈们越不敢说你们了。那宝玉是个丈八的灯台——照见人家,照不见自家的。只知嫌人家脏,这是他的屋子,由着你们遭塌,越不成体统了。"

　　　유모 이씨:"내가 이곳을 떠난 뒤로 자주 들어와 보지 못했더니 너희가 엉망으로 만들었구나. 다른 유모들은 너희한테 감히 잔소리도 못하는 신세가 된 모양이구나. 우리 보옥 도련님은 '등잔 밑이 어두워 남을 비추기만 하고 자신을 못 비춘다'는 말처럼 남의 집 더러운 일은 잘도 아시면서 자기 집구석은 저년들이 엉망으로 만들어도 내버려두고 있으니 정말 체통이 서지 않는구나."(第19回)

「"…무엇보다 보옥 도련님부터가 틀렸어! 등잔 밑이 어둡다는 격으로 남의 흠은 그렇게 잘 밝히면서 왜 자기 코 밑의 일에는 이리도 어두운고? 도대체 너희들은 이게 무슨 꼴이냐 말이야!…"

　　翻译俗语"丈八的灯台——照见人家，照不见自家"的时候经常和韩国的俗谈"등잔 밑이 어둡다"呼应，在上面的译本当中也采取该意译手法，但两个句子间存在意义上的差异。韩国俗谈"등잔 밑이 어둡다"是指"意识不到自己附近发生的事"的意思，但是俗语"丈八的灯台——照见人家，照不见自家"是"比喻只见别人缺陷，不知自己不足"，"只看得见别人的错处，看不见自己的错处"的意思。俗谈和俗语比较起来，俗谈里不一定是指"不足"或"错处"，而且"附近发生的事"不一定和自己有关的事，所以这条俗语直接意译成"등잔 밑이 어둡다"的话会发生问题。因此，译者在俗谈后面加上补充说明来解释中国俗语的意义。

　　如此，意译直接受到译者的个人力量与判断力，应当完全理解原语俗语的意义，然后选择与其意义最接近的韩国俗谈。这还跟译者知道多少韩国俗谈有关，表示译者有权选择对俗语进行直译还是意译。

　　进行翻译工作时，不应完全使用直译法或完全使用意译法。要根据原文的主旨，使用直译法，必要时使用意译法配合，这是很重要的一点。

四、结论

　　综上所述，俗语在文学作品上有多样的文学技能，包括塑造人物形象、埋下伏笔、突出主题，还有丰富修辞效果、指出社会问题以及提示人生智慧与教诲等，是小说中不可缺少的语言工具。由此可见，俗语的翻译问题很重要，俗语这一特殊语言的翻译和一般的翻译不同。

　　俗语的翻译方式可以分两大类——直译和意义。直译和意译一般在翻译过程中交替使用，彼此相辅相成。在语言相容之处尽量用直译，以保持民族的特色、作品的文采和风格；在语言相异、直译无法沟通之处用意译，以便读者更好地理解。因此，虽然同样的作品，每个译本都反

映了不同译者的翻译特色。因为俗语和俗谈都是各国的特殊语言，为了正确表达出其含义和特性，译者应当尽量发挥他的语言能力，把可以意译的俗语用直译方法进行翻译，或把该直译的俗语用意译方式进行翻译都是靠译者的选择，这是译者做翻译时重点放在原文色彩上还是放在读者的理解上的问题。一味追求直译不但做不到忠实，反而令人费解。随心所欲的意译貌似通顺高雅，实为杜撰乱译。好的译文必须是直译和意译的有机结合，尽量减少错误的翻译。

韩国文学中对"渔父"的接受、理解和发展变化
——以屈原和庄子作品中的渔父为中心

朴美子[*]

一、序

查阅《汉语大词典》或《大汉和辞典》等辞典的解释，会发现"渔父"被解释为上了年纪的渔夫；"渔夫"是老渔翁；"渔者"是渔夫、渔师、或者捕鱼以及以捕鱼为生的人。"渔歌"是渔夫唱的歌，"渔父歌"是老渔翁撑着鱼竿垂钓时吟唱的歌。翻阅韩国文学作品，我们会发现在《渔父词》《渔父辞》及《渔父引》等诗文中可以看到"渔父"、"渔翁"、"渔人"、"渔者"、"渔夫"等词汇。这些词汇的表达和中国文学是相类似的。另外，在中国古典文学——楚国屈原和庄子的作品中，也有关于"渔父"的著名描写。这些对后世诗人产生了巨大的影响[1]，与此同时，在韩国文学中，也能见到一些文人基于对楚屈原和庄子作品中"渔父"的理解创作的诗篇。

就迄今为止的研究来看，《韩国汉诗渔父词研究》（朴浣植著，以会文化社，2000年10月）论述了韩国文学的汉诗里出现的渔父一词。另外，中国文学中与此相关的研究是对渔父词的起源和唐宋代的演变的研究；韩国文学中与此相关的研究包括高丽、朝鲜时代的渔父词研究及从韩国

---

[*] 日本熊本大学教授。

[1] 参照笔者拙论《中国文学中"渔父"的基础性考察》（《熊本大学文学部论集》第98号，2008年3月）。屈原"渔父词"的作者并不明确，有说作者是屈原，也有说不是屈原所作。本论文中把其视为屈原的《楚辞》"渔父"来处理。另外，为便于论述，个别部分借用了《韩国高丽时代的"陶渊明"观》（白帝社，2000年）的内容。

佛教这一侧面对渔父词的研究等[1]。但是，对于韩国文人是从哪个方面认识运用楚屈原和庄子的"渔父"的、以及在时代的变迁中"渔父"一词是如何演变的，这些论述尚不存在。

本研究以新罗时代（560 — 935）和高丽时代的中期（1170 — 1270）、后期（1271 — 1390）为中心，对韩国文人认为屈原和庄子的渔夫作品中是以什么为重点进行描写的，以及以此为重点的理由进行考察。之所以把高丽时代分为中期和后期进行论述，是因为不同时期的文人对渔父的接受理解情况存在很大的差异。紧接高丽时代的朝鲜时代，向往山水自然的隐居生活，尤其是描写向往水边垂钓的渔父生活的诗文很多。从这一方面来说，本研究对于了解韩国文人自然观的形成具有重要的意义。

二、新罗和高丽中期的渔父篇

现存的新罗时代至高丽中期的诗文很少。只有在新罗时代崔致远的诗文和高丽时代李奎报的诗文中，才对中国历史书中出现的渔父的存在加以强调表现。首先来看以崔致远和李奎报二人为中心，与《楚辞》中的"渔父"和《庄子》中的"渔父"相关的诗文的创作情况。

（一）《楚辞》中《渔父章》的接受理解情况

首先，从新罗时代来看，崔致远（857 —？）的与渔父相关的诗文是以屈原的传说为中心展开的。

---

[1] 与此相关的论文：朴奎洪《渔父词的形成研究》（《时调学论集》十五，1999 年）、《渔父孔府研究——以渔父词相关为中心》（《韩民族语文学》三十四，1999 年）、《渔父词的传承情况研究》（《时调学论集》十六，2000 年）、《东亚流传的渔父形象类型及其特质》（Comparative Korean studies,vol.12,2004），另外，还有李佑成《高丽末至李朝初的渔父歌——通过唱咏来看士大夫文学的性格部分》（《成大论文集》九，1946 年）、李钟殷《渔父歌研究——以汉诗为中心》（《东亚文化研究》二十九，1999）、이현자《渔父歌系诗歌研究》（《时调学论集》十五，1999年）、김정주《〈渔父歌〉系诗歌的传承和发展情况研究》（《文化研究》四，2000 年）、李东乡《张志和和渔父词》（《中国语文论集》二十八，2005 年）等。

海内谁怜海外人，问津何处是通津[1]。

本求食禄非求利，只为荣亲不为身。

客路离愁江上雨，故园归梦日边春[2]。

济川幸遇恩波广[3]，愿濯凡缨十载尘。

（《陈情上太尉诗》，《桂苑笔耕集》卷二十）

这首诗创作于何时并不明确，但是第一句中"海外人"是指崔致远自己，第五句和第六句中从吟咏离开故乡一事中可以看出这是他在中国时的作品。当时的中国处于唐代。崔致远十二岁赴中国留学，十八岁宾贡进士及第，之后去洛阳专心于诗作，在军营任职四年，因作"讨黄巢檄文"，担任都统巡官，后被赐予紫金鱼袋（882）。但是，崔致远无论怎样都不能忘记故乡，二十九岁时他舍弃一切回到了新罗。这首诗是他在中国滞留 17 年间所创作的。诗题中"太尉"指的是唐代的高骈[4]，崔致远是因高骈的推荐而成为馆驿巡官的，檄文完成后，才逐渐达到了连天子都赏识的程度。

正如这首诗中三、四句所写，崔致远赴中国虽然有为自己求利禄的原因，但其实更是为了父母的荣耀。第五句描述了他独在异国的孤寂感。这种孤寂感透过四周的风景，特别是雨这一自然物，更加淋漓尽致地表现了出来。第六句中把回到故乡的梦比作温暖的春天，由此可知，他思乡之情的强烈。

崔致远在第七句和第八句中，借用屈原和渔父的对话，向高骈求助，借用"愿濯凡缨十载尘"表达了自己想做官的愿望。此句是取自《楚辞》第七卷《渔父章》的"沧浪之水清兮，可以濯吾缨；沧浪之水浊兮，可以濯吾足"的这一典故。《楚辞·渔父章》描述了屈原与渔父相遇的场景，

[1]《论语·微子》："长沮桀溺耦而耕，孔子过之。使子路问津焉。长沮曰，夫执舆者为谁？子路曰：为孔丘。曰：是也。曰：是知津矣。"表明了崔志远在四处寻找自己的后援者。

[2]"日边"是指有太阳的地方，也就是天子所在的都城。

[3]《尚书·说命上》："若金用汝作砺，若济巨川用汝作舟楫，若时大旱用汝作霖雨"，这里是指宰相高骈。

[4]高骈在做淮南节度使的时候，崔志远因高骈的推荐而成为馆驿巡官。高骈作为诸道行营兵马都统将要镇压黄巢之乱之时，崔志远在高骈手下担任写作文章一职，写了檄文。

屈原因左迁而悲伤，渔父远离世俗在江滨垂钓。屈原批判当时社会，询问应该怎么办时，渔父说以沧浪之水的清浊来决定官职的去就。此句是取自二人的对话中渔父所说的话。崔致远宦途不顺，因此，想借助高骈的恩泽以洗去长年的尘埃，强烈希望获得官职。

另外，崔致远在《徐莓充榷酒务专知》（《桂苑笔耕集》卷十四）中写道："今则挙汉代之权宜，搜杜康[1]之利润，赡吾军用，藉尔公才，既非若处先登[2]，无与会众人皆醉。"这是徐莓被任命为句当天长县的榷酒务专知时写下的作品，榷酒务专知则是从事专卖酒类的职务。这首诗出自屈原"举世皆浊我独清，众人皆醉我独醒、是以见放"中的"举世皆浊我独清"这一典故。屈原的这番话流露出了他对当时社会的不满，而渔父对此回答是："圣人不凝滞于物，而能与世推移。世人皆浊，何不淈其泥，而扬其波，众人皆醉，何不餔其糟，而歠其醨。何故深思高举，自令放为。"崔致远在徐莓从事专卖酒类这一职务时引用屈原和渔父的话，以此来告诫他，要像圣人那样作为，断不可像世人或众人一样随于世俗寻酒作乐[3]。

从这两首诗中可以窥见，崔致远读了屈原和渔父的对话，并引用到了自己的诗文中。他抱着屈原的心情以及渔父应有的心理觉悟创作了这些诗文。

接下来，我们分析一下高丽中期的李奎报（1168—1241）。在李奎报的诗文中[4]，有一首诗是《吴君见和复次韵》（《东国李相国文集》卷十七）。这首诗中写道："憔悴行吟泽畔身，龙滩鲛室是吾邻。此时唯有吴夫子，眷眷当年同榜人。"其中，第一句"憔悴行吟泽畔身"描述出了屈原因左迁而悲伤的情景。

汉代王逸在对《楚辞》卷七《渔父章》的注释中写道："《渔父》者

---

[1] 曹操《短歌行》（《文选》卷二十七）中写道："对酒当歌，人生几何？譬如朝露，去日苦多。慨当以慷，忧思难忘，何以解忧，唯有杜康。"杜康是传说中酿酒的第一人，这里用作酒的别名。

[2] 借用了《酒城》（《唐甫里先生文集》卷五）中"何代驱生灵，筑之为酿地。殊无甲兵守，但有糟浆气。雄堞屹如狂，女墙低似醉。必若据而争，先登仪狄氏"这一典故。

[3] 崔志远《新罗王与唐江西高大夫湘状》（《孤云先生文集》卷一）中的"纵谓簸扬糠秕，岂能餔啜糟醨"也与屈原的酒相关。

[4] 参照拙书《韩国高丽时代的"陶渊明"观》。

屈原之所作也，屈原放逐，在江湘之间，忧愁叹吟，仪容变易，而渔父避世隐身，钓鱼江滨，欣然自乐，时遇屈原川泽之域，怪而问之，逐相应答，楚人思念屈原，因叙其辞以相传焉。"正如王逸注解的那样，李奎报将自己比作了因左迁而悲伤的屈原。

李奎报的这首诗是何时所作虽并不清楚，但是第三句中出现的吴夫子指的是吴世才，字德全，是效仿中国的竹林七贤而创立的竹林高会中的成员之一。李奎报与竹林高会的人常有交流，其中特别尊敬吴世才，并参加了"忘年友"。《七贤说》（《东国李相国集》卷二十一）中有"时予年方十九，吴德全许为忘年友，每携诣其会"的记载。另外，在《吴先生德全哀词》（《东国李相国集》卷三十七）中也有记载："予年方十八，犹未冠，公已五十三矣。"虽然二人年龄上相差很大，但却可以看出李奎报很受吴世才的宠爱。

李奎报在十六岁的时候参加司马试，失败了三次，在二十二岁时才考中进士。创作这首诗的时候他还没有官职。《吴君见和复次韵》中"憔悴行吟泽畔身"一句，意指屈原的同时，也在暗示尚未谋得一官半职的自己。

另外，李奎报在《崔大博复和依韵奉答》（《东国李相国文集》）写道："厌从黠贾见蚩眩，退扫妄缘风叶卷。嗒然丧偶子綦嘘，谓若无人吴质眄。先识粗期封穴蚁，独醒不与餔糟醉。"创作这首诗的时候他还是没有进入宦途。太傅崔宗连担心李奎报，一心想要推荐他，但是却总是无法顺利进行。一句"独醒不与餔糟醉"描述了只有屈原一人想保持清醒的状态，这也正反映了李奎报自身对做官的一种态度吧[1]。

通过以上两首诗，我们可以发现，李奎报在对屈原进行描写时，采用了把屈原的心情置换成他自身所处的立场之上这一方法来进行描述。另外，在《次韵月首座赠赵侍郎冲二首》的第二首诗（《东国李相国文集》卷十三）中，与屈原对话的渔父登场了：

225

---

[1]《家泉久涸酒亦未继因赋之》（《东国李相国集》卷三）中有"醒非楚客清然者，渴岂文园病也夫"一句，楚客表示屈原。关于李奎报和崔宗连，请参照《韩国高丽时代的"陶渊明"观》。

安驯那得性如鸠，强项平生负素修。

入社犹思陶令饮，弥天长服道安优[1]。

早谙浮世真如寓，愧把微官谩导休。

憔悴苦遭渔父笑，迁延甘作贾胡留[2]。

艰危到处芒攒背，俯仰无端雪满头。

卜筑他年容我不，挂冠神虎谢王侯。

　　这首诗是月首座赠与侍郎赵冲的次韵诗。赵冲是宰相赵永仁的末子，在二十岁时成为侍郎。在这首诗中，他赞赏了赵冲的家世和才能，并表达了自己对赵冲的羡慕之情。翻看李奎报的年谱可以知道，在其三十岁那年的十二月，冢宰赵永仁、相国任濡等人联名札子先是将李奎报送至外寄，之后又向明宗皇帝推荐让其就任文翰一职。虽然明宗皇帝起初是许可的，但是一位掌管奏承宣的人，因对李奎报抱有负面的情绪，便谎称札子没有上报天曹已经丢失。于是，因冢宰赵永仁的札子没能上报，所以李奎报没能被任用。也许因为此事，李奎报才写出了"喜我早攀尼父翼，推公长作华韵头。此生幸识荆州面[3]，何羡人间万户侯"的诗句。此句中表达了只要能见赵冲一面就满足的心情，甚至不免有些献媚赵冲之嫌。

　　从这首诗中"愧把微官谩导休"一句看出李奎报自身所处的立场，对还是微官的自己深感惭愧。第一首诗中对赵冲的赞赏却更加突显了他自身立场的悲惨。此时，李奎报在"憔悴苦遭渔父笑"一句中，引用了屈原和渔父的对话，说出因左迁而悲伤的屈原只是渔父嘲笑的对象。同时也把自己投影在屈原身上。另外，笑这一行为则表现出了对屈原的思考方式和行为方式持有嘲笑态度的渔父的存在及作用。以李奎报的立场考虑，悲惨屈原的心境是可以理解的，同时他也认为渔父是不能脱离屈

[1] 道安是晋代的高僧，西域佛图灯的弟子。致力于佛典的翻译整理，完成了大藏经的奠基之作。《梁高僧传》卷五有详细记载。

[2] 贾胡是野蛮人，经商。这里表示西域的商人。在《后汉书》卷五十四《马援传》中写有："伏波类西域贾胡，到一处辄止，以是失利。"

[3] 韩荆州是唐代贤臣。李白《与韩荆州书》（《分类补注李太白诗》卷二十六）中写道："白闻天下谈士相聚而言曰：'生不用万户侯，但愿一识韩荆州。'"

原而存在的。

（二）《庄子·渔父篇》的接受理解情况

《庄子》中第三十一的《渔父篇》也与渔父相关，其中可以看到孔子和渔父的对话。新罗时代的文人崔致远和高丽中期的文人李奎报的诗文中也有对《庄子·渔父篇》这一方面的描述。首先，来看一下新罗时代崔致远的诗文。

"遣宿卫学生首领等入朝状"（《孤云先生文集》卷一）中写道："至今国子监内独有新罗马道，在四门馆北廊中。蠢彼诸蕃，閩其中绝。祗如渤海，无籍胶庠，惟令桃野诸生得侧杏坛学侣。由是海人贱姓，泉客微名，或高挂金牌，宁惭附赘，或荣升玉案，实赖余光，虽乖业擅专门，可证人无异国。"这首诗是崔致远在值夜班时派警卫学生和首领等人向朝廷寄送的上奏文，是他代替新罗王所做。这首诗中"得侧杏坛学侣"一句，引用了《庄子》"杂篇"第三十一《渔父篇》中"孔子游乎缁帷之林，休坐乎杏坛之上。弟子读书，孔子弦歌鼓琴"这一典故。接着，渔父上岸与孔子对话的场景中，有这样一句话："有渔父者，下船而来，鬓眉交白，被发揄袂，行原以上，距陆而止，左手据膝，右手持颐以听。"但是崔致远并没有用渔父的话，而只是引用了孔子和其弟子的话。

那么，崔致远对于渔夫所说的"如若可以做到不拘世俗，重视无为自然之真，便可度过安逸平和的人生"这句话并不关心吗？

进升吏部侍郎的祝贺——《贺除吏部侍郎别纸》（《桂苑笔耕集》卷十九）中写道："然则任贤得地，既叶五百年之期；好学趋门，必盈七十子之数。继集仙游于蓬岛，盛传儒礼于杏坛。既搜虹玉骊珠，皆成国宝，伫见台鸾阁凤，永作家禽。"接着记述了"某伏思万里无依，久劳漂荡，十年有遇，幸遂奋飞，异乡荣垂白之亲，达路忝披朱之饰。昔名士为李公御者，喜抃犹多；今远人称尼父生徒，光辉无比"。传习儒学而知礼节、为了父母而谋取高官是儒学的教育理念。从这种意义上讲，也许崔致远远离故乡，把不辞辛苦谋取官职的喜悦看成了是向父母尽孝的方式吧。"杏坛"是指杏树多并且台地高的地方。从崔致远坚守儒学之道这一表现来看，孔子吟诗抚琴、弟子咏诵经典的杏坛便被视为

类似于寺子屋一样的学习场所。崔致远虽然读了渔父篇中孔子与渔父的对话，但是可以看出他的内心对儒学的关心比渔父更为强烈。

另一方面，高丽时代李奎报的诗文里却几乎没有《庄子》渔父篇中孔子与渔父对话相关的内容。但是，当时的文人林椿的《渔父》中却可以看到孔子和渔父的对话。因此，接下来分析他的诗文[1]。

> 浮家泛宅送平生，明月扁舟过洞庭。
> 坛上不闻夫子语，泽边来笑屈原醒。
> 临风小笛归秋浦，带雨寒簑向晚汀。
> 应笑世人多好事，几廻将我画为屏。
>
> （《渔父》，《西河集》卷一）

这首诗第三、四句"坛上不闻夫子语，泽边来笑屈原醒"，引用了《庄子》"渔父篇"和《楚辞》"渔父章"中的故事。尤其是"坛上不闻夫子语"一句，表现出渔父对孔子的请求，即对孔子想成为渔父弟子的这一请求听而不闻。如前已述的《庄子》"渔父篇"，孔子在杏坛的一处和其弟子一边休息，一边读书、颂歌、抚琴。这时渔父出现了。孔子说"其圣人与"，想要下坡去见那位老人，就一直追到了水边。老人正要划桨开船，认出是孔子后，便折回来停了在孔子面前。孔子退后一步，叩拜两次之后，走上前说："丘少而修学，以至于今，六十九岁矣，无所得闻至教，敢不虚心。"两人继续交谈，渔父一边教授孔子做人应具有的根本真理，一边教与了孔子应该实行的教训。如果谨慎修身不拘泥于功名等世俗之物，不过分苛责他人，并具有无为自然的真性就可以度过安逸的人生。说完，渔父留下孔子一人离开了。

林椿的第三、四句在引用了《庄子·渔父篇》和《楚辞·渔父章》的同时，又引用了和"渔父"这一题目相符的一个有名的故事，客观地描述了"渔父"并将其隔绝世外，凸显其与世人的差别。由此可以看出，林椿也是憧憬渔父的生活方式的。

[1] 参照拙论《林椿"渔父"诗考论》，熊本大学《文学部论丛》第102号，2011年第3期。

林椿数次参加科举考试都以失败而告终，又遭遇武人郑仲夫之乱，前往江南避难，其间游历了洛州、茶州、南州、密州、湍州等地，有时也会去岭南地方的寺院和名胜。因躲避战乱，过着流浪江湖的生活。

关于隐居，林椿曾写过以下诗句："真隐者能显也，真显者能隐也，凡涕唾爵位，粃糠刍豢，枕白石漱清流者，索隐行怪而已，于显能之耶。"（《逸斋记》卷五）另外还写道，"乃真隐显，而隐与道俱藏，显与道俱行也"，只有真正的隐士才能够入世，而真正入世的人才能够归隐。但是如果仅仅是隐居和入世，而无道可循，是没有意义的。林椿认为只有有道可循才是真正的隐居。从这点可以看出，在对"渔父"的理解中，只有有道可循才是真正的渔父。

在李奎报的诗中，有关《庄子》的渔父篇中孔子和渔父的对话的部分，所不能发现的是，李奎报虽然把渔父作为憧憬对象，但是就像林椿认为隐居需要有道可循那样，李奎报或许也是抱着只有有道可循才是隐居的想法来看渔父的吧。

从以上论述中我们可以窥见新罗时代和高丽中期对庄子"渔父篇"中对渔父的描写方法。新罗时代的崔致远借用杏坛对儒学大加赞赏。进入高丽时代，可以看出文人们逐渐认为只有有道可循的渔父生活才能算是真正的隐居。认为只有践行儒学之道才是正确之道，即使对于渔父，这个要求也同样适用。比起渔父的隐居行为，这才是指引道义的存在。

那么，新罗时代的崔致远和高丽时代的李奎报是没有读过《庄子》的渔父篇吗，如果读过，又是从哪个方面进行的解读的呢？

（三）《庄子·渔父篇》中的"畏影"的引用

《庄子·渔父篇》中，有渔父上岸与孔子对话的场景，如前所述，就有关孔子去异国一事，二人的对话中，有如下描写，："孔子愀然而叹，再拜而起曰：'丘再逐于鲁，削迹于卫，伐树于宋，围于陈蔡。丘不知所失，而离此四谤者何也。'客悽然变容曰：'甚矣，子之难悟也。人有畏影恶迹而去之走者，举足愈数而迹愈多，走愈疾而影不离身，自以为尚迟，疾走不休，绝力而死。不知处阴以休影，处静以息迹，愚亦甚矣。子审仁义之间，察同异之际，观动静之变，适受与之度，理好恶之情，和喜

怒之节，而几于不免矣。谨修而身，慎守其真，还以物与人，则无所累矣。今不修之身而求之人，不亦外乎。'"渔父批评辩解的孔子时说："人害怕自己的影子，讨厌自己的脚印，想从中逃脱，可是抬起脚越跑脚印就变得越多。无论怎样拼命地奔跑，影子都始终紧紧跟随身体。"渔父又对孔子说：如果人在背阴处，影子便会消失，如果静止不动，脚印就不会跟着身体移动。一些人却不知道这样的道理，终因这愚蠢的行为而死。又责备孔子无法远离仁义、同异之处、动静之变、授与之度、好恶之情、喜怒之节等愚蠢之事，拘泥于功名等世俗之物。

新罗时代的崔致远在《谢高秘书示长歌书》（《桂苑笔耕集》卷十九）中，引用了《庄子》渔父篇的畏影：

今睹四十三叔行出人表，言成世资，弄才子之笔端，写忠臣之襟抱。在今行古，既为儒室之宗，忧国如家，固是德门之事。天有耳而必常悔祸[1]，云无心[2]而亦可销兵，一言自此兴危邦，六义于斯归正道。则所谓陈平宰社[3]，尔曹何知；邓艾画营[4]，其志不小。永言他日，足验前程。某畏影虽迷，偷光匪懈[5]，既知阅宝，直若发蒙。唯愿将鹏举篇章，传于异域[6]；岂独以伯鱼对答[7]，夸向同声。

这是崔致远收到高秘书长歌后所写的感谢信。四十三叔就是高秘

---

[1] "鹤鸣于九皋，声闻于天。鱼在于渚，或潜在渊。"（《毛诗·小雅·鹤鸣》）

[2] "云无心以出岫，鸟倦飞而知还。"（陶渊明《归去来辞》）

[3] "武人陈平家贫，好读书，里中社平为宰，分肉食甚均，父老曰：'善！陈孺子之为宰。'平曰：'嗟乎！使平得宰天下，亦如是肉矣。'"（《史记》卷五十六《陈丞相世家》）

[4] 邓艾是三国时代魏国的将军，身为下级官吏时就不在意周围的嘲笑。赴任任地之时，立即亲手描绘出职掌地区的详细地图。（《三国志·魏书》卷二十八《邓艾传》）

[5] "匡衡凿邻家壁，偷光读书。"（《西京杂记》卷二）

[6] 大鹏是想象中的大鸟。（《庄子·逍遥游》）

[7] 陈亢问于伯鱼曰："子亦有异闻乎？"对曰："未也，尝独立，鲤趋而过庭。曰：'学诗乎？'对曰：'未也。''不学诗，无以言也。'鲤退而学诗。他日又独立，鲤趋而过庭。曰：'学礼乎？'对曰：'未也。''不学礼，无以立也。'鲤退而学礼。闻斯二矣。"陈亢退喜曰："问一得三。闻诗，闻礼，又闻君子之远其子也。"（《论语·季氏》）

书[1]。崔致远称高秘书为儒学之宗，赞赏了高秘书长歌的出色。在这封信中，崔致远描述了一心为国的忠臣形象，把自己说成愚者，还应该多多学习，引用了《庄子》渔父篇中畏影的典故，把自己作为"畏影"即愚者的形象表现了出来。

在高丽时代李奎报的诗文中也引用了"畏影"。下面来看一下《李亚卿复和来赠即席次韵增之二首》（《东国李相国后集》）中的第二首诗文。

> 取爵曾同偶中侯，行藏未必系天符。
> 畏途不忌摇长啄，闲境如今数短须。
> 已喜处阴方息影，何须揭日更惊愚。
> 期君骤践经纶地，坐使苍生沐泽濡。

李亚卿是什么人物并不清楚，但是这首诗是在李亚卿赠诗之后而作的次韵诗。《庄子》渔父篇中的"处阴息影"，表示把身体置于背阴处，影子就会消失，静静地不动的话，脚印就不会跟随。因进衷言而被迫离职的李奎报写下了"已喜处阴方息影"，引用了《庄子》的"处阴息影"的诗句，表达自己离开官场反而更好，自己并非愚者的心情，同时表达了自己并不会像孔子那样拘泥于功名等世俗之物。但是，在最后一句中，李亚卿对于官职，因祈愿为民竭力，也就不能排除他有艳羡官位之心。

以上分析了新罗时代的崔致远和高丽时代中期的李奎报的诗文中出现的屈原与渔父之间的对话及孔子和渔父间的对话。与屈原相关的是，把自己的处境比作是屈原的投影，从而借此得到几分安慰的情感表达。与《庄子》中渔父相关的是"杏坛"和"畏影"这两个词语的引用。将孔子和其弟子聚集的场所——杏坛视为儒学的传道之处加以吟唱，并用渔父所说的警示之语作为聊以自慰的手段。特别是与渔父相关的部分，无论是屈原和渔父的对话，还是孔子和渔父的对话，都是把以捕鱼为生、垂竿而钓的渔父隐居者当作是指引人生的教育性的存在而进行描写的。

---

[1] 高骈的亲族中，将第四十三叫做叔行。

三、高丽后期的渔父和心醉张志和的"渔父词"

　　武臣时代结束，进入高丽时代后期，与渔父相关的诗文逐渐增多。新罗时代和高丽中期的屈原与渔父的对话以及孔子与渔父的对话描写虽然存在，但为数不多。一直不太被吟诵的"渔父词"开始出现。特别是关于张志和的"杂歌谣辞·渔父歌"（卷二十九）的诗文比较多。在这一章中，笔者想要考察一下张志和的"渔父歌"是怎样颂歌的，以及高丽后期的文人为什么对"渔父歌"感兴趣并将其引用进诗文等问题。

　　在李齐贤（1287 — 1367）的诗文中，出现了"渔父歌"、"渔父词"这样的字眼[1]，另外在李穀（1298 — 1351）的诗文中也对张志和"渔父歌"中的诗句进行了引用。

> 异时物议奈吾何，此日功名未足多。
> 谁似南江烟雨里，千金不换一渔簑。
>
> 　　　　　　　（《寄金仲始思补》，《稼亭集》卷十六）

　　金仲始思补是什么人物并不清楚，但是这首诗中第三、四句的"谁似南江烟雨里，千金不换一渔簑"表明了南江秀美的景色中，身披渔簑的渔父的生活，是千金也不能比较的。张志和把自己称作"烟波钓徒"，是一个想要寻求隐居之人。张志和在"杂歌谣辞·渔父歌"第一首（卷二十九）中这样写道："青箬笠，绿簑衣，春江细雨不须归。""江上雪，浦边风。笑著荷衣不叹穷。"李穀的"谁似南江烟雨里，千金不换一渔簑"就是联想到了张志和的这些诗句。

　　李穀在中国元代征东行省的乡试中名列榜首，被选拔为翰林国史院的检察官和元朝的文人进行交流。后被命令回国振兴学校（1334），之后又被授予嘉善大夫试典仪副令直宝门阁一职，不断加官进爵，官至堂文学都金议赞成事。另外，他和把"渔父歌"、"渔父词"等字眼导入进

---

[1] 李齐贤的《悼龟峰金政丞》（《益斋乱稿》卷四）中写道："谢傅风流逐逝波，苍生有望奈今何。龟峰峰下满船月，肠断一声渔父歌。本官醉后，每令妓豹皮唱渔父词。"诗中引用了渔父歌、渔父词等词汇，这是与一直以来的屈原和孔子中渔父的不同表现。只是李齐贤这首诗中并没有赋予渔父特殊的含义。

诗文的李齐贤一起重新编修了《编年纲目》。此外，又在元朝被授予征东行中书省左右司郎中一职。地方豪族出身的李穀，想要以性理学为基础来解决现实中的问题。在忠定王（1349 — 1351）即位之际，他主张应立恭愍王（1330 — 1374）为帝，但是此主张并没有被接受，深感性命之忧的他去了关东地区周游。

在《钦定词谱》的"渔歌子"中有如下记载："唐教坊曲名,按《唐书·张志和传》,志和居江湖,自称烟波钓徒,每垂钓不设饵,志不在鱼也,宪宗图真求其人不能致,尝撰渔歌,即此词也。"张志和虽垂钓江边,其意却不在鱼[1]。李穀在此诗的第一、第二句中表示，无论将来的世人怎样评价，我什么也不能做，今日的功名并不是重要的事。这首诗写在李穀心情不安的时期，表达了自己由于不合世故人情，做一个远离世俗的渔父才是上选的意志。

李穀之子，既李齐贤的门生李穑（1328 — 1396），也许是受到了父亲李穀的影响,写下了"骊江四绝,有怀渔父金敬之"（《牧隐诗稿》卷九）的诗文。在诗的第一绝中这样写道："春花烂熳炫晴空,一个钓舟明镜中。不是绿蓑青蒻客,谁知细雨与斜风。"李穑把金敬之比作"绿蓑青蒻客"和张志和，并叙述了金敬之也想要像张志和那样过渔父的隐居生活。渔父金敬之指的是金九容（1338 — 1384），号惕若斋、六堂友，官至三司左尹，曾有反对迎接北元使节而被左迁的遭遇。1367 年，李穑成为大司成时被任用，开始努力普及和发展性理学，之后移居故乡骊江，自号骊江渔父。

李穑就是这样憧憬渔父金敬之的生活的，李穑自己也说过想要过张志和那样的生活。

> 骤雨初过欲落晖，满林风动散余霏。
> 爽然入骨清如水、青蒻绿蓑何日归。
>
> （《绝句》，《牧隐诗稿》卷二十二）

---

[1] 参照拙论《中国文学中"渔父"的基础性考察》。

骤雨刚过，夕阳将落，风吹满林，残雨纷飞，清爽之感沁入骨髓。青篛绿簑，何日是归期。"青篛绿簑何日归"此句中，李穑明确地引用了张志和的"青箬笠，绿蓑衣，春江细雨不须归"，表达了自己想要过张志和那样的隐居生活。

李穑似乎被张志和的"青箬笠，绿蓑衣，春江细雨不须归"深深打动，他的诗文，特别是在咏雨的诗文中多次引用了张志和的诗句。李穑在晚年的作品《小雨》（卷十五）中写道："骊江春水碧如苔，茅屋参差傍岸开。何日乞身随野老，春江细雨刺船回。"另外，在《喜雨一首》（卷二十九）中也写道："行云向北忽如奔，白发衰翁在小轩。隐隐雷声闻更远，濛濛雨势坐来昏。丰凶通制能为国，老病相侵独掩门。一曲骊江归兴动，簑衣篛笠亦君恩。"这两首都表达了李穑想要去见"绿簑青篛客"金敬之的心情。李穑曾被流放到骊兴（现在的京畿道骊州的旧称），晚年在去骊江途中离世。最后想去骊江是想起曾经与"绿簑青篛客"金敬之一起度过的快乐日子，自己也想要成为"绿簑青篛客"。在《即事》（卷十六）中也写道："披簑欲上扁舟去，一曲骊江置野庄。"因在骊江边上已有野庄在，所以更加剧了李穑想要去骊江的心情。另外，在《小雨》（卷十五）、《微雨》（卷二十五）、《晓雨》（卷二十六）、《枕上问雨又一首》（卷二十七）、《喜雨》（卷三十二）、《晨兴有微雨》（卷三十三）、《未数刻雨复作》（卷三十四）等都可以看到与张志和相关的诗句。

李穑借诗表达对故乡的思念之情，在《闻上相观战舰江上》中写道，看见官船在奋战，现知故乡已回不去了，但终有一日可以回归故里的。这组诗文的第三首诗中，第一句到第四句（共八句）写道："我本居江国，时从渔者游。绿蓑宜冒雨，明月好行舟。"雨时身披绿蓑，在明月中划舟前行，写出了作者怀念在江边身披绿蓑的素朴生活。另外，李穑在《思乡》（《牧隐诗稿》卷九）中写道："细雨斜风满绿簑，梦中长在白鸥波。功名自古驱驰甚，衰病如今坐卧多。"李穑的本籍在韩山，现忠清道舒川。想起幼时熟悉的风景、舟、渔者，不禁感怀。虽然不知道故乡的生活和张志和的隐居生活是否相同，也不清楚是否和故乡有着相似的风景，但是从羡慕张志和这一点可以推测出，故乡虽清贫，但却能让心平静，忘却世间烦恼。这也许就是他那么喜欢并模仿张志和诗句的理由吧。

现在来看以下两首诗。

晓闻檐溜杂鸡鸣，煮水风炉沸有声。
稚子牵衣频索饭，老翁挥笔烂陈情。
卷帘高咏湿玺纸，张伞疾驱盈凤城。
最爱绿簑衣一句，到今如画眼中明。

（《枕上闻雨又一首》，《牧隐诗稿》卷二十七）

晚雨萧疏欲湿衣，山光野色共熹微。
预愁破屋常持伞[1]，坐对孤村半掩扉。
势似饥鹰思得肉[2]，身如老马不任羁。
绿簑青蒻何时去，西塞遥遥白鸟飞。

（《晨兴有微雨》，《牧隐诗稿之》卷三十三）

这两首诗都是李穑晚年的作品。前者描绘出那个在拂晓时枕边听雨、生活不宽裕且无法遁世隐居的自己。李穑说自己最爱张志和的"青箬笠，绿蓑衣，春江细雨不须归"这一诗句，并描绘了自己憧憬张志和的生活状态。后者描写了在破晓时分，一人凝神注视着天空飘着的雨滴，一面思虑着自己虽年事已高，却不能从事自己喜欢之事，刻画出了不知何时才可以像张志和那样生活的孤寂形象。

以上两首诗都表达出了李穑被即便身处雨中、生活困窘也坚持隐居生活的张志和深深打动，并表达了对雨中不归的张志和的羡慕之情。这个时期的李穑，虽说生活绝称不上富裕，但就他担任的官职来看，并未远离世俗。只是抒发了思想上要远离世俗的心情。

继承了李穑主张的性理学，并对性理学做出重大贡献的郑道传（1342 — 1398）虽身为李穑的弟子却与李穑不同，他主张排元亲明。朝鲜王朝建立之际，他支持李成桂并取得了卓越的功绩。郑道传也留下

---

[1]《次韵朱光庭喜雨》（《苏轼诗集》卷二十七）中写有："久苦赵盾日，欣逢傅说霖。坐知千里足，初觉两河深。破屋常持伞，无薪欲爨琴。"
[2]《叙德书情四十韵上宣歙崔中丞》（《白氏长庆集》卷十三）中写道："磨铅重剸割，策蹇再奔驰。相马须怜瘦，呼鹰正及饥。扶摇重借便，会有答恩时。"

了很多以渔父词为题的诗文。

　　　　有翁有翁身朝衣，半酣高歌渔父词。
　　　　一曲起我江海思，二曲坐我苍苔矶。
　　　　三曲泛泛迷所之，白沙滩上伴鸬鹚。
　　　　红蓼洲边同鹭鸶，云烟茫茫雪霏霏。
　　　　水面镜净风涟漪，绿蓑青箬冒雨披。
　　　　短棹轻桨载月归，兴来闲捻一笛吹。
　　　　往往和以沧浪辞[1]，数声激烈动江涯。
　　　　怃然四顾忽若遗，高歌未终翁在兹。

　　　　　　　（《题孔伯共渔父词》，《三峰集》卷一）

　　这首诗描写了孔伯共（？—1416）唱渔父歌的场景。孔伯共[2]字
孔府，号渔村，科举考试合格进入宦途，对于学习道教仪式醮祀等很感
兴趣。据说孔伯共只要一时兴起就会吟咏渔父词。这首诗中的"绿蓑青
箬冒雨披"一句，会让人联想起张志和的"渔父歌"。他憧憬渔父的生活，
并且过着渔父一样的生活。郑道传听到孔伯共的渔父词时，产生了自己
也身在江河湖海之间的错觉。这首诗的第三句到第七句写道，听一曲渔
父歌仿佛觉得自己置身于江湖之中，听两曲渔父歌仿佛感觉坐在苍苔矶
之上，三曲听后，仿佛迷茫于泛泛前行的地方，一路与江海的鸬鹚和鹭
鸶相伴。由此可以想象，郑道传听到渔父词时自然而然与诗融为一体的
神态。当然，这其中包含着对孔伯共恭维的成分，但是却表达出了郑道
传的内心憧憬着孔伯共的生活，羡慕之情溢于言表。
　　关于孔伯共，孔伯共的朋友——权近（1352—1409）的《渔村记》

[1]《孟子》："有孺子歌曰：沧浪之水清兮，可以濯我缨；沧浪之水浊兮，可以濯我足。孔子
曰：小子听之，清斯濯缨，浊斯濯足矣，自取之也。"汉代赵岐的注释："孺子童子也。小子，
孔子弟子也。清濯所用，尊卑者此，自取之喻人，善恶见尊贱，乃如此。"进入高丽后期，"沧
浪之水清兮可以濯我缨，沧浪之水浊兮可以濯我足"此句，比起《楚辞》"渔父"和《庄子》
中渔父的引用更多倾向于孟子沧浪歌的引用，这是由于性理学的影响。
[2]《题渔村记后》中写道："按渔村，孔俯号。可远权先生为孔伯共，一本作恭。"孔伯共的"共"
字依据版本也写作"恭"。

（《杨村先生文集》卷十一）中有详细记载[1]。据载，孔伯共与权近同年，但是孔伯共的生辰较早，权近称其为兄长。孔伯共入宦途就以高职，从事国家的重要工作。孔伯共憧憬江河湖海，饮酒微醺就会吟咏渔父词，其声音充斥天地。孔伯共因无私欲又超越世事，别人听到他吟咏的渔父词时，都会陷入身在江湖的错觉中[2]。由此可知，孔伯共很善于吟咏渔父词。

"有翁有翁身朝衣"写出了孔伯共朝衣缠身，有官职在身。郑道传在《题渔村记后》（《三峰集》卷四）中写道："伯共以朝士号渔村，志其乐也。伯共不惟乐之于心，而又发之于声。每酒酣，歌渔父词。非宫商，非律吕，而高下相应，节奏谐协，盖出于自然者也。"即使在这里也用了"朝士"二字。

郑道传的"盖出于自然者也"一句在权近的《渔村记》中可以看到，是"使人胸次悠然如在江湖，是其心无私累，超出物表"的意思，仿佛在江湖之中一样，没有杂念超越世事，由此可以想象孔伯共意得之时吟咏渔父歌的情景。

在李穑和郑道传的诗文中，引用了张志和的诗句，但是从吟咏羡慕张志和生活的诗文中来看，他们与张志和存在着很大的不同。他们虽然都是吟咏渔父歌的文人，但并不是像张志和那样，是已远离世俗的渔父。他们身在官位，羡慕远离世俗的渔父，抱着这样的心情，爱着渔父歌。

四、新罗、高丽时代的社会形势以及文人的思想

综上考察了新罗、高丽中期和后期的文人对中国历史书中渔父的描写。由此可以得知，新罗、高丽中期及后期的诗人对于渔父的描写方式存在着不同之处。其原因是当时的文人深受所处社会环境的影响[3]。

---

[1] 权近也是高丽末期、朝鲜初期的文人，主张排元亲明，朝鲜建国时做出了巨大贡献。在学问方面，作为李穑的弟子，继承李穑的性理学，与金九容、郑道传一同为性理学的发展做出了贡献。

[2]《渔村记》（《杨村先生文集》卷十一）中写道："渔村，吾友孔伯共自号也。伯共与余生年同，月日后，故余弟也。风神疏朗，可爱而亲。捷大科跻膴仕，飘缨纡组，珥笔尚玺，人固以远大期，而萧然有江湖之趣。往往兴酣歌渔父词。其声清亮，能满天地，仿佛闻曾参之歌商颂。使人胸次悠然如在江湖。是其心无私累，超出物表，故其发于声者如此夫。"

[3] 参照拙书《韩国高丽时代的"陶渊明"观》。

　　《三国史记》中把新罗分为三个时期。上代是指公元前57年到654年。这一时期，新罗作为古代国家发展，骨品制度确立。中代是指655年到780年。这一时期，三国统一，迎来了文化的鼎盛期。下代是指781年到935年，这一时期，手握权力的贵族势力不断分裂，王族力量不断衰弱的同时，地方豪族的力量不断增强[1]。新罗时期的特征就是骨品制度。崔致远就是因为骨品制度而受害。骨品制度是以王族和贵族为中心，分为圣骨和真骨，以及六头品、五头品、四头品、三头品、二头品、一头品等八个身份等级。其中，六头品、五头品、四头品作为下级贵族，可以成为官僚。因不能晋升到高级官位，所以会出国留学。当时，正值中国的唐代。这一时期，两国的文化交流活跃，许多学者去中国留学学习先进文化。当时，以儒教作为道德政治理念，从中国留学回来的六头品出身的学者对骨品制度、等级约束抱有不满并强烈希望改革。六头品以下的阶层和地方豪族勾结逐渐形成反社会的团体。另一方面，持有财富的贵族将大多的土地据为己有，中饱私囊。其中部分还持有自己的部队。同时，王室加剧了国家财政的恶化，这些给农民以及贱民等一般庶民带了巨大影响。加之持续的干旱以及传染病的蔓延，农民经受的灾祸接二连三，不断有人背井离乡，暴动、反乱四起，社会秩序紊乱，新罗王朝逐渐瓦解。

　　接着高丽王朝建立，由于中国人双翼的提案，科举制度被采用，在政治经济层面、文化层面与中国保持着密切的关系。由于太祖王建为豪族出身，实行豪族联合政策。光宗和景宗强化王权，成宗整顿体制。社会虽形成了以门阀贵族为中心的体制，但是李资谦之乱、妙清之乱的出现表明了门阀贵族间的矛盾。在上流阶级门阀贵族立场不安定时期，由于文臣武臣间的不平等产生了摩擦，武臣发动叛乱，武臣政权（1170—1270）持续百年之久。叛乱发生后，很多担当贵族社会教育的文臣被杀害，势力逐渐萎缩。当时许多文人为了安身隐居山林，成为了僧侣。叛乱结束，恢复安定后，一部分文臣虽然回到政界，但是受到了严酷的制

---

[1] 在《三国史记》中，第一时期到第三时期是上代，第四时期是中代，第五期以后是下代。在《三国遗事》中，第一、二时期是上古，第三期是中古，第四期以后是下古。

约，已无法像之前一般活跃。此时，远离世俗，心灵相通的同志开始集聚起来创作诗文，他们模仿中国魏晋时代的"竹林七贤"，虽然迎合武臣进行诗作活动，但是借物讽今的文章时有出现。李奎报（1168—1241）当时作为仕官非常活跃。叛乱以后，在文化方面依然进行诸多活动，科举考试也在实行。李奎报在夏课中取得了优异的成绩（1181）。蒙古灭金建立元朝，在其侵略高丽之时，武臣政权竟只顾肥私，农民、贱民的暴动和叛乱四起，社会秩序崩塌，武臣政权告终。

高丽后期，高丽进入蒙古也就是元的影响圈之后，忠烈王（1275—1308）的政治支配层从来都是称为阀族的贵族权贵世家，是下级官吏、乡吏也就是中小地主的子孙通过科举考试而进身的新进士大夫。新进士大夫看到一直以来由于权贵世家的存在，导致农庄不断扩大以及佛教的堕落等诸多问题，自然希望对农庄和佛教进行改革。庆幸的是，新晋士大夫们的反元主张和恭愍王实行反元的改革政策是一致的，因此豪门权贵遭到了压制。但是，虽然恭愍王（1352—1374）实行了一些改革，由于受到了豪门权贵的攻击和暗杀，改革没能持续多久就以失败告终了。

恭愍王反元政策的实行，实际上就是亲明政策的实行，从这里又生出了亲明和亲元两大势力的对立。即，李仁任等掌权者的势力和李穑、郑梦周、李崇仁、吉再等新晋士大夫的势力。李仁任（？—1388）等掌权者变本加厉地滥用权力。李仁任的部下崔莹虽然知道李仁任是自己上级，但是他担心政治、经济社会方面的混乱，借助武将李成桂的势力驱逐了李仁任等人。这时是禑王十四年（1388）。但是，之后崔莹与李成桂二人之间却出现巨大的隔阂。在身份上，崔莹出身于权贵世家，李成桂出身于新进武将，并且在思维方式也存在不同。因此，在明、元的政策上就出现了差异。即，立禑王之子昌王为王的一方和立李成桂为王的一方的对立。前者以李穑、郑梦舟、李崇仁、吉再为代表，后者是郑道传、权进等人，根据双方主张的不同，他们分别被称为温建改善派和急进改革派。结果，手握的实权的急进改革派李成桂压制了势弱的豪门权贵，建立了新王朝。

与此同时，因为武臣政权而衰落的儒学，在元朝的统治下又重新复活。这一时期，中国的朱子学由安珦引入传播。忠烈王建立了推行儒学

的机构，设立了经史教授都监一职。接着，由于安珦（1243 — 1306）的进谏，国学大成殿的建成等（忠烈王30年，1304）给儒学的复兴注入了活力。之后，忠宣王也致力于对儒学的奖励。当时，由于土地制度的混乱，社会矛盾重重，原因大多数归结于佛教之乱。朱子学是站在儒教的立场上解释佛教的思想，力图探究人的心性，被新进儒学者广泛接受。他们引入《朱文公家礼》，建立家庙，致力于儒教仪式的普及。新进士势力的不断壮大，直至振兴了下一个时代的朝鲜。

五、韩国文人寄托渔父的心

从前章描述的当时社会状况出发，来具体看一下文人所处的立场。

新罗时代的崔致远是骨品制度阶级的六头品，因无法晋升到高官位而赴中国留学。在中国科举考试及第并进入宦途，学习了先进文化的崔致远在从中国回国之后，痛心国家的不安定，力求改革。虽然积极地进言改革，但是都没能顺利进行。于是，对政局混乱感到痛心失望的他，去了双溪寺过起了流浪生活。晚年在伽倻山的海印寺隐居。在《桂苑笔耕集序》中，关于崔致远，洪奭周（1774 — 1842）这样写道："而顾又自放于山林寂寞之滨，以终老其身而不悔。"在《三国史记》卷四六《崔致远传》中也写道："无复仕进意，逍遥自放，山林之下，江海之滨，营台榭植松竹，枕藉书史，啸咏风月。"据说崔致远曾两度毫无做官意志，留恋山水间读书作诗。崔致远在《楚辞·渔父章》屈原和渔父的对话中，感到事事不如意，为自己不被认可而感到焦急，对于屈原的立场和屈原抱有的悲观情绪产生了共鸣感。

在高丽中期的武臣政权中，李奎报在二十二岁（1189）时中进士，但是在一段时间并没有就任官职。冢宰赵永任、相国任濡等人虽然举荐他，但是由于反对派的存在并没能实现。从《偶吟二首有感》（《东国李相国集》卷八）中的"拙直由天赋，艰难见世情"一句来看，写出了自己的性格并不适应当今社会，表现了他对官场的失意。被认为是他三十岁时所创作的诗《次韵江南友人见寄》（《东国李相国集卷九》）中写道："流景环迴几小还，旧游浑似梦魂间。愁髯苒苒方黏雪，诗骨巉巉渐耸山。岫为窗开呈远碧，苔因门杜长新斑。无官尚尔归田晚，未死何时得暂闲。"

向友人诉说没有官职且归隐田园也也怕为时已晚。李奎报渐渐年老，但依旧没能远离世俗，没能忘记官场，表达自己再次进都的悲伤之情。李奎报一直到40岁都没能得到崔忠献政权的赏识。

李奎报号"白云居士"，他在《白玉小说》"白云居士"中写道："又自作赞曰，志固在六合之外，天地所不囿。将与气母，游于无何乎？"他以仙人的座驾为号，想要去赏游元气所在的无何境，这来源于老庄思想。在其三十岁左右的作品《明日朴还古有诗走笔和之》（《东国李相国集》卷八）中写道："乾坤一个身，出岫无心云。师传甘蔗氏，我继仙李君。释老本一鸿，凫乙何须分。"他把世上降生的肉身比喻成从山间洞穴而出的白云，自己是老子之后的继承者，把老子当作自己的祖先加以描写。另外，在李奎报五十二岁时，曾被左迁至桂阳，他在当时的诗作《与寮友诸君游明月寺》（《东国李相国集》卷十五）中写道："嗟予醉簿书，久矣负清赏。"描述了左迁之后才有幸亲近自然的清赏，得以重拾昔日憧憬之记忆。他在做官期间是没有机会去欣赏自然的幽雅之景的。也许是经久未见的清净幽美的自然之景使他回忆起了昔日未居官位时所深爱的自然吧。由此可以看出，这首诗作并不是他得意为官时所作，而是在尚未为官时抱有的归隐之心，而这归隐之心正是道家思想所追求的。

李奎报又站在屈原的立场，对自己不被赏识，不能如己所愿加官进爵而感到焦虑，用屈原映射出了自己的心情。当然，李奎报赞同渔父屈原对话中渔父的存在和作用，同时从其诵读孔子和渔父的对话、《庄子》渔夫父篇中的"畏影"来看，渔父的超世和他的隐居之心和与道家所追求的理念也并非无关。

高丽后期活跃的文人李穑和郑梦周是什么样的人物呢？李穑是高丽时代末期的忠臣。当时中国虽正值元代，但是元已渐趋衰落，明的势力逐步扩张并强化政权。李穑赴元，并在元朝的科举考试中合格，成为国子监的一员，进行性理学的研究。后因父亲离世回国，为高丽末代君王效力。其功绩卓著得到了君王的信赖，并晋升高位。建立朝鲜国的李成桂欣赏李穑的才能，想让他在自己手下效力。但是，对高丽末的君王竭尽忠诚的李穑对于以不当方式取得政权的李成桂抱有反抗情绪，没有答应李成桂的要求。因此，李穑被发配到各处。之后，在前往亲友金敬之

韩国文学中对「渔父」的接受、理解和发展变化——以屈原和庄子作品中的渔父为中心

241

的故乡——骊江的途中逝世。

如前所述，李穑憧憬张志和的生活，虽然他把张志和的诗文引用进自己的诗文，但是并没有像张志和那样遁世隐居。其中缘由，也许可以在《蒙赐田有感》（卷十）找到答案。

> 怜臣衰白尚贫寒，敕赐土田山水间。
> 自古君臣存大义，如今妻子免愁颜。
> 乘舟水曲招明月，结屋云根断碧山。
> 只欠残生乞骸骨，感恩双泪不禁潸。
> 镇浦鸥盟久已寒，簑风笠雨渺茫间。
> 宗祧万世天扶汉，人物三韩帝铸颜。
> 天日照临金盖地，云烟映带锦屏山。
> 与君更保桑榆晚，未忍临歧涕泪潸。

这首诗表达了得到山水间土地赏赐后的喜悦和感激之情。描述了李穑好像在生活急剧贫困的时候，得到了土地，从而拥有了希望。另，从"簑风笠雨渺茫间"此句中可以看出，李穑并没有归隐之意，成为张志和那样的人已是遥不可及。也就是说，李穑并没有像张志和那样抛弃一切，去过隐居生活。还有，李穑在《次圆斋韵》（卷十三）中这样写道："吾诗岂似志和诗，遇兴吟来不复思。独爱斜风并细雨，绿簑青箬欲相师。"一时兴起的时候会吟咏张志和的诗文，除此以外没有其他，只是以绿簑青箬的形象为师想要效仿。李穑似乎对于张志和的绿簑青箬的质朴形象十分中意。

另外，李穑的《微雨》（卷二十五）这样写道："自幸明时弃，其如老境何。功名守株兔，身世扑灯蛾。欲去岂无地，斜风吹绿簑。绿簑何处好，微雨满江村。滑却莓苔径，暗于杨柳村。钓矶犹白昼，诗榻又黄昏。只是身闲适，无非明主恩。"这首诗是在李穑被贬时所作。这首诗表达了李穑难以忘却君王恩惠之情。这首诗虽有"绿簑青箬之姿"，但是却看不出远离世俗之意，反而表述了现在的生活都是明主的恩赐。由此可以明确，他的心从未远离过朝廷。

在李仁任等人掌握政权加害新进势力之时（1374），郑道传对李仁任主张的亲元反明政策是持批判态度的。因此，郑道传被李仁任憎恶并降职（1375），发配到了全罗道罗州附近的会津县。他的《消炎洞记》中详尽记录了他当时的生活。据记载，会津县是山清水秀之地，村民以农业为生，民风淳朴善良。郑道传在会津县的生活无拘无束，可谓是过着兴而出行、疲而休憩的自由自在的生活。就像《消炎洞记》中所写的那样，郑道传的诗文中，多为咏唱被贬之后的归路，但是几乎看不出想要真正归隐的意念。

郑道传在被贬之前，在《病中怀三峰旧居》（《三峰集》卷一）中这样写道："君臣义甚重，病矣犹勉旃。天门九重深，欲叫空盘桓。三峰渺何处，极目但云烟。"这首诗写出了他虽长年病疾缠身，但始终尽职尽责的义务感，表达了他不能离开天子所在的宫殿的心情。另外，在"送宋判官赴任汉阳诗序"（《三峰集》卷三）中写道："呜呼，为臣忠，为子孝，二者人道之大端而立身之大节也。"在《江之水词》（《三峰集》卷二）中也写道："惟君子所重者义兮，名万古与千秋。"郑道传认为为朝廷、为家效力是忠孝之举，君子所看重的应该是义。因此，最终也没能离天子。他虽有归隐之心，憧憬着渔父生活方式，但是却没有放弃一切去过隐居生活。这是因为在归隐面前，他把君臣之忠义放在了第一位。也就是因为如此吧，他只能身居官位吟唱渔父之歌。也就是说，李穑和郑道传二人并没有像张志和那样远离官场去过隐居生活。

权近的《渔村记》中这样写道："彼达而仕者，苟冒于荣，吾则安于所遇。穷而渔者，苟营于利，吾则乐于自适。升沉信命，舒卷惟时，视富贵如浮云，弃功名犹脱屣，以自放浪于形骸之外。岂若趋时钓名、干没于宦海、轻生取利、自蹈于重渊者乎？此予所以身簪绂而志江湖，每托之于歌也，子以为如何？予闻而乐之，因为记以归，且以自观焉。"就像权近所写的那样，高丽后期的文人一边就任官职，一边爱着江湖自然。若是被贬，就在被贬地或者江湖自然中悠然地生活。特别是即便在被贬的情况下，他们也没有流露出悲观的情感，将其视为是自己的命运坦然接受。由此可见，高丽后期的文人吟咏渔父歌，赞赏张志和的诗文和生活，只是作为愉悦和聊以慰藉的手段。

六、结语

　　本文对新罗时代的崔致远和高丽中期的李奎报的诗文中出现的《楚辞》"渔父"和《庄子》中的渔父篇的接受情况进行了考察。在《庄子》的渔父篇中，崔致远和李奎报将自身投影于屈原所处的立场。另外，虽然渔父的存在和作用是不可忽视的，但是与此相比，屈原的想法和行为却得到了更多的重视。一方面，在《庄子》渔父篇孔子与渔父的对话中，杏坛一词之后一直作为研习学问的场所而固定了下来，而渔父对孔子的谏言畏影论也被引用。进入高丽后期，这样的表现已不太多见。相对而言，张志和的"青箬笠，绿蓑衣，春江细雨不须归"却被广泛吟唱。但是，在高丽时代、新罗时代的崔志远和高丽中期的李逵报的诗文中没有看到张志和的相关诗文，一方面可以认为当时与张志和相关的文献并没有传入，一方面也可以认为即便传入他们也没有对这些文献加以关注。

　　忠烈王（1236 — 1308）、忠宣王（1275 — 1325）、忠肃王（1294 — 1339）积极引入中国的文献。忠烈王借助安珦的力量，修建文庙，扩大养贤库奖学财团的势力。同时，设置可以能够学习经学和史学的经史教授都监一职，推进以词章为中心的学风。忠宣王在1313年元朝的燕京创建了名为万卷堂的书斋，收集了大量的书籍，同时还邀请了中国的名儒和高丽的李齐贤，力图进行文化交流。这个时期，四百多部宋朝的书籍进入高丽。忠肃王时，派遣使臣去中国的江南购入1800卷的经书，积极地进行文化交流，奖励儒学。李齐贤诗文中出现了"渔父歌"、"渔父词"，词章中心的学风得以推崇，可以明确得知这一时期张志和的诗歌也一并进入了当时的时代。之后作为大司成的李穑将其所学传与门生郑道传，逐渐地在儒学者中传播开来。高丽后期，作为儒学的性理学迅速传播开来，在前文叙述的李穑《喜雨一首》中，"一曲骊江归兴动，蓑衣箬笠亦君恩"可以充分得知性理学的道理所在。即便是素朴的隐居地，也需要依靠明主的恩惠才会成为可能。从他把明主放在第一位的思想来看，李穑所描写的包括《喜雨一首》在内的张志和隐居生活或诗歌，只是将之看作了诗作的题材而引用，实际上他并没有想成为张志和的想法，对张志和的关心也仅仅停留在观念层面上。包括郑道传在内的儒学者也和李穑抱有相同观念，对张志和及其诗句青睐有加。由此可以得知，高丽后期文人的诗文里没有过多的出现屈原和庄子篇名中的渔父，而是更多的引用《孟子》、《离娄》中的"孺子歌曰，沧浪之水清兮，可以濯我缨，沧浪之水浊兮，可以濯我足"一句，也是出于对儒学的重视[1]。

关于张志和的"渔父词"和李齐贤作品中出现的"渔父歌"等，有必要查阅一下收录高丽时代至朝鲜初期歌词的歌集——《乐章歌词》。这是因为，在《乐章歌词》的第三部中出现了"渔父歌"，其后发展成为朝鲜时代李贤辅的十二歌词。由于已有相关论文对其中的歌加以研究，所以笔者这里就不做探究了[2]。

注：拙文在翻译成中文时，得到熊本大学研究生院刘昕同学的大力支持，谨此致谢！

---

[1] 在新罗时代和高丽中期、后期，有些诗文以渔父、渔翁、渔人、渔者、渔夫、渔师为题加以吟诵，还有一些诗里出现了上述词汇。崔滋（1188－1260）《三都赋》（《东文选》卷二）中有"细雨披蓑俯见于渔翁"；李奎报《渔父》四首（《东国李相国全集》卷十四）的第四首中有"江湖放浪作闲民，犹笑公侯富贵身。尔笑世人人亦笑，渭川还有钓周人"的描写。另外，陈澕《宋迪八景图》（《梅湖遗稿》）中有"渔翁篛笠戴寒声"的内容；洪侃（？－1304）的《雪》二首（《洪崖先生遗稿》）中有"发渔翁青篛笠"；李原（1368－1430）《赠洄水渔人》（《容轩先生文集》卷一）中有"篛笠蓑衣与钓纶"。从这些句子可以看出，渔父并不一定被认为是超脱之人。除此以外，一般是指渔夫之意。再者，也有把渔翁、渔父置身雪景的情景作为诗歌吟诵的对象，但是这种情况以绘画的形式居多。篛笠、披蓑、箬笠等词汇在古代表示渔父的形象，不是张志和个人的形象。但是却可以看出张志和舍弃官职后所作的描写渔父形象的诗文得到了后世诗人和文人的共鸣和赞赏。此外，《朝鲜王朝实录》记载"太宗十二年"（1412）四月十七日，君王在景福宫中巡视，命人钓鱼，令唱妓唱颂渔父词。从这些资料也可以看出，渔父词似乎已在君王、士大夫中固定了下来。篛笠、披蓑本属于汉字的误写，但本文遵照原文的表记方式未作修正。

[2] 朴奎洪《张志和的〈渔父〉和〈乐章歌词〉所载〈渔父歌〉比较研究》、李亨大《〈乐章歌词〉所载〈渔父歌〉的生成过程和作品世界》（《古典文学研究》第12期，1997年）、박해남《乐章歌词本渔父歌再考》（《반교어문연구》二十八，2010年）、朴奎洪《张志和的"渔父"和《乐章歌词》所载"渔父词"比较研究》（Comparative Korean Studies, vol.10, 2002）、강미정《〈乐章歌词〉所载"渔父歌"的文学治疗的效果》（《国语教育》一〇一，2000年）等。

从寓意角度解读中韩公案小说中的动物形象[*]

吴晓丽^{**}

一、绪论

  明代社会经济发展，尤其是其中后期出版行业迅速繁荣，带动了通俗文学的兴盛。也正是在明代，公案小说发展到了鼎盛时期，万历年间出现了直接以"公案"命名的公案短篇小说专集和专业文人整理创作的拟话本公案短篇小说，以及文言短篇公案小说。这些公案作品不断出版刊行，真正推动了公案小说发展的高潮。公案小说一般是以描述诉讼案件的作案和断案过程为主线展开的，主人公一般都是人，虽然有时有鬼神或者动物登场，但不是作为主角，而是起推动案件进程或者指引破案的作用。一些动物知恩图报，替人伸冤，与人的行为形成鲜明的对比，作品中往往赋予它们积极的寓意，来衬托人类世界的复杂和善恶。本文的主旨就是从寓意的角度来解读公案小说中的动物形象，除了中国的公案小说以外，还对韩国讼事小说中的动物形象进行对照分析。

  中国的公案小说传入韩国大概是在壬辰倭乱前后，当时大量的中国通俗小说出版发行并流传到朝鲜，被传抄或刊刻，有的被翻译成韩文出版，吸引了一大批读者。明朝流行的公案小说大概也是在此时传入朝鲜。除此以外，韩国文人自行创作的作品也有不少，他们在创作的过程中直接或间接地受到了中国公案小说的影响，有的甚至直接以中国为背景进行创作，或是在作案手段和断案过程的描写中模仿中国公案小说的模式,有的却是呈现出和中国公案小说完全不同的样相。按照类型来分，

* 本论文口头发表于 2014 年 10 月 25 — 26 日在中国浙江工商大学举办的"2014 年第十二届东亚比较文化国际学术研讨会（东亚文化交流——古代文学的共生）"，经修改整理后收录于韩国高丽大学中国语文研究会出刊的《中国语文论丛》（2014 年第 66 辑），特此说明。
** 韩国高丽大学中日语言文学系博士研究生。

韩国朝鲜时期的公案小说主要有以实事为题材创作的"传类讼事小说"和借助动物形象来描述案件的"寓话型讼事小说"两类，尤其是后者在题材选择和描写技巧上呈现出独特的样相，所以具有比较研究的价值。

"寓话型讼事小说"主要出现于朝鲜中后期，借助动物的形象来表现当时的社会面貌，通过展现动物的世界来讽刺人类的世界。在韩国对寓话小说的社会意义方面的研究可谓成果丰硕，但是对于寓话型讼事小说的文化性渊源方面的研究还是不太多。本文将研究的范围限于朝鲜后期寓话小说中以诉讼案件为主题的小说，也就是寓话型讼事小说。这是韩国特有的公案小说形式，与一般公案小说不同的是，这些小说登场角色大部分是动物，而不是人。虽然中国公案小说中也时常有动物登场，但是它们往往不是主角，而只是作为一个配角来与人的形象进行对比，突显人的善良或者反衬人的恶劣。这些动物形象虽然都是为了反映讼事的题材，但是它们在文本中的作用和分量是不同的。本文就是要从寓意的角度去解读中韩公案小说中的动物形象有何区别，分析利用它们表现主题的类型和寓意，以及在文学史上的意义何在。

本文中所论述的"公案小说"一词，泛指以描写诉讼冤狱，官吏折狱断案故事为主的小说。但对于韩国朝鲜时期描写诉讼案件的小说，笔者遵从韩国学界的惯例使用"讼事小说"[1]一词。

二、中国明代公案小说中的动物形象

小说中的动物形象一般来说主要有以下几种，相对来说性格温顺，体格较小的动物比如乌鸦、猿猴，爬虫类的蜘蛛、青蛙等，它们为人类传递信息，甚至鸣冤、求医、报恩。猛兽登场比较少见，一般是出现在经人解救后报恩的母题中。小型的动物比较通人性，并且跟人有比较直接或者密切的接触过程，大型的猛兽比如猩猩、老虎、豺狼等，因为自

[1] 在韩国国文学术界对朝鲜时期以冤狱诉讼为题材的小说并没有完全沿用中国"公案小说"一词，而是"公案"和"讼事"两词混合使用，直到1987年李宪洪在其博士学位论文《朝鲜朝讼事小说研究》中详细论述了"公案"一词的来源和涵义，将朝鲜时期以诉讼为题材的小说命名为"讼事小说"。具体内容可参考李宪洪《朝鲜朝讼事小说研究》（釜山大学校1987年博士学位论文），第5—20页。

身的特性会吓到人，所以作品中往往作比较低调的处理，这也从一个侧面反映出动物的通人性，它们的善良，知恩图报与人类的奸诈丑恶形成鲜明的对比。而救这些动物的人也是心肠善良的人，人与人也形成善恶之分。另外不可否认的是，有些公案小说中判官依靠动物、鬼神等显灵破案，封建迷信色彩比较浓。

《包公案》中登场的动物担任的大部分是引导判官破案的角色，准确地说是通过动物名的谐音来推断作案者，比如蜘蛛与"朱"，猿猴与"袁"，獐与"张"。也有出现在包公梦中向其诉冤的兔子，即"梦兔戴帽，乃是冤字"[1]。对这些动物本身的形态描写比较简单，有的甚至只是一笔带过。相对来说描写篇幅较长，对案件的进展起到关键作用或者说是作为作案主角登场的主要有两篇，都出现在卷六，即《金鲤》中的鲤鱼和《玉面猫》中的五鼠。特别是《玉面猫》中的五鼠，贯穿全文，是作案的真凶，对它们的特征描写也比较细致。但它们是作为变化成人的模样登场而不是作为动物形象出场，这在后文略加叙述，下面就先对作品中登场的其他动物做举例分析。

首先是蜘蛛，在包公断案中屡次出现，因为与"朱"谐音，最后查出来的作案真凶往往就是姓"朱"的。《包公案》卷一《咬舌扣喉》中就出现了蜘蛛。吏部尚书公子朱弘史对朋友之妻陈氏产生爱意，于是趁友被虏之时，潜入陈氏里房，强抱奸宿，陈氏不从，咬下朱弘史舌尖，结果被朱弘史扣喉而死。当时的知县收到告状后即行检验，却误判为张茂七所为。三年后张茂七父亲向包公上诉，包公夜里梦见一女子诉冤，醒来见一大蜘蛛口开舌断，死于卷上。根据此线索终于找到了真凶朱弘史。

> 忽梦见一女子似有诉冤之状。包公道："你有冤只管诉来。"其妇未言所以，口吟数句而去道："一史立口卩人士，八厶还夸一了居，舌尖留口含幽怨，蜘蛛横死恨方除。"时包公醒来，甚是疑惑，又见一大蜘蛛，口开舌断，死于卷上。包公辗转寻思，

[1]《中国禁毁小说百部·包公案》卷九《兔戴帽》，中国戏剧出版社，2000年，第241页。本文所引《包公案》情节均出自《中国禁毁小说百部·包公案》，下文只标卷名及页码。

莫得其解。复自想道：陈氏的冤，非姓史者即姓朱也。[1]

《包公案》卷十《蜘蛛食卷》中也出现了蜘蛛。山东富户郑鸣华之子郑一桂与对门杜家女季兰相好，季兰每夜潜开自家猪门引一桂入宿。一日被屠户萧升撞见，私下逼她求欢，遭拒后心生仇怨，遂夜里拔刀杀了一桂。桂父不胜痛伤，疑是季兰父所杀，遂赴县具告。两家各执一词互不相让。朱知县将杜家父女上了夹棍，季兰因怀有身孕怕受刑伤胎只好屈招是自己所杀。半年后包公巡行到此，夜里受蜘蛛启示再审案件查出真凶萧屠户。

> 过了半年，包公巡行到府，夜观杜季兰一案文卷，忽见一大蜘蛛从梁上坠下，食了卷中几字，复又上去。包公心下疑异，次日即审这桩事。……包公心疑蜘蛛食卷之事，意必有姓朱者杀之，不然乃是朱知县问枉了。乃道："你门首上下几家，更有甚人，可历报名来。"鸣华历报上数十名，皆无姓朱者，只内一人名萧升。包公心疑蜘蛛一名蛸蛛，莫非就是此人？再问道："萧升作何生理？"答言："宰猪。"包公心喜道：猪与朱音相同，是此人必矣。乃令鸣华同公差去拿萧升来作干证。[2]

此文中的蜘蛛不光提示了真凶的姓，而且连真凶的职业也揭示出来了，是宰猪的屠户。"蜘蛛→蛸蛛→萧升→宰猪"，包公根据此线索顺利地找到了真凶——屠户萧升。两次蜘蛛的登场都是包公在夜间审看案件文卷时出现的，包公很快就与"蜘蛛"相联系找到线索。这其中也有夸大包公形象的嫌疑，因为故事中并没有推断事理，分析案情的经过，只是凭借周围事物的提醒来破案，这样的安排一定程度上反而有损包公的形象。

另外一种动物猿猴也起到了指引破案的作用。《包公案》卷五《窗外黑猿》中就有猿猴登场。西京永安镇的富户张瑞有二仆，一姓袁一姓

---

[1]《包公案》，第 22 页。
[2]《包公案》，第 272－273 页。

雍。袁仆刁诈，被逐出后一直心怀仇恨。后来张瑞病逝，家事都委托给雍仆打理。一日袁仆趁张瑞遗妻杨氏携女外出赴席之时，潜回张家偷盗，正好被雍仆撞见，于是拔刀泄仇。昏官洪知县竟然听取谗言，认为是杨氏所杀。后来包公来此，才得以重审案件。但是此案中并不是动物偶然登场提示判官，而是包公无法破案，只好斋戒祷于城隍司要求托梦，于是才有猿猴的登场。"猿"正好与"袁"同音，所以才找出真凶袁仆。

> 未及二更，一阵风过，吹得烛影不明，起身视之，仿佛见窗外一黑猿。包公问道："是谁来此？"猿应道："特来证杨氏之狱。"包公即开窗来看时，四下安静，杳无人声，不见那猿。沉吟半晌，计上心来。次日清早升堂，取出杨氏一干人问道："你家有姓袁人来往否？"杨氏答道："只丈夫在日，有走仆姓袁，已逐于外数年，别无姓袁者。"包公即差公牌拘捉袁仆，到衙勘问，袁仆不肯招认。[1]

《包公案》卷九《鹿随獐》中出现的动物也是包公发现死尸后，登赴阴床，向阴间讨消息后才出现了獐鹿两只动物，据此推论是张禄杀死贩布孤客。

> 须臾，一人身血淋漓，前有一獐，后有鹿随之，慌忙而奔。包公惊觉，不见手下众人，浑如一梦。心下思想：莫非枯蹄山旁有叫张禄者？天明升堂，密差二人往彼处密访，如有张禄，拿来见我。二人应诺而去，及至枯蹄访问，果有姓张名禄三、张禄四者兄弟二人，不敢往捉。[2]

包公一向有"日断阳间，夜断阴间"一说，文中包公也是遇见死尸后单凭验尸结果，只知是谋杀案却无计可施，所以只能用封建迷信的方式赴阴床入阴间办案。这样的情节安排一直受人诟病，因为不仅完全体

[1]《包公案》，第 132 — 133 页。
[2]《包公案》，第 244 页。

东亚文化比较研究

现不出判官的英明，而且相反倒有宣传迷信的嫌疑。

与上文作为破案线索出现的动物相比，《包公案》卷六《金鲤》中的鲤鱼和《玉面猫》中的五鼠则是作为相对重要的角色登场，并贯穿全文。小说中对它们的描述相对比较细致，但对它们不是以动物形象，而是以妖魔形象进行描述，充满封建迷信的味道。比如《金鲤》中的鲤鱼是个千年金丝鲤鱼精，变成丞相之女诱惑书生刘真，作为妖鱼的形象出现在作品中。文中还出现了阴兵，五湖四海龙君和水族神兵捉拿妖鱼的场面，最后是鱼篮观音将其禽住。故事内容荒诞离奇，迷信色彩浓厚，从动物寓意方面来说有一定的距离，本稿不赘述。《玉面猫》中的五鼠也是妖魔的形象。秀才施俊在赶考途中遇见深山中的五鼠，它们以鼠一、鼠二称呼，以寻人迷惑为业，作恶多端。鼠五将秀才毒昏后变成秀才模样回家作怪，最后两个施俊相遇，一起入府衙验证。但是王丞相也难辨真假，妖怪唤来其他老鼠求救，它们变成假丞相，假仁宗，假国母，假包公来惑众，最后还是真包公卧赴阴床，禀告玉帝后召雷音寺玉面猫收之，上演了一场猫捉老鼠的决斗场面，后以包公命各军卫宰烹食鼠以助筋力收场。值得注意的是，大部分中国公案小说以描述平民的市井生活为主，而这部作品中出现了丞相、仁宗、国母等统治阶级人物，并且出现了老鼠变成他们的形象，甚至变成假包公来蛊惑众人的故事情节，多少存在讽刺的意味，但是作者在描述的过程中并不注重人物和动物本身的细节动作描写，而是为了作案、断案过程的完整性，勉强把这些动物与人物形象相套，以突出包公的判官形象。正因如此，所以常有人称小说中的包公为"箭剁式的人物"，把一些离奇的案件都射到了包公的身上。

另外一部明代公案短篇小说专集《新民公案》中记述的均为郭公所判的案例，也是塑造了一个理想中的判官形象。其中有关动物的篇幅虽然没有《包公案》中那么多，但是比较多样化，既有像《包公案》中向判官提供线索的，也有鸣冤报恩的。

《断拿乌七偿命》是提供线索的典型故事。主要讲了郭公闲暇时无意中看到了一张寻父状。此时正好有七只乌鸦飞过，于是派捕盗满城去寻"乌七"之人。

　　郭爷正在答问之间，忽见七个乌鸦飞在厅上，连叫数声，望南而去。郭爷曰："好怪哉！"心中自忖："若谋死方文极者，莫非乌七乎？"遂唤两名捕盗施功、葛木上厅吩咐曰："尔其与我不问城市、乡下，但有乌七，可拿来见我。" [1]

　　捕盗找了三天方才找到屠户洪乌七带到郭公面前，但是他先不招认，上刑后才肯招认自己当年见财起心用药毒死客商弃尸一事。这与《包公案》卷之二《鸟唤孤客》如出一辙，包公也是在路上忽听鸟音连唤"孤客孤客，苦株林中被人侵克！"，觉得可疑，遂差遣张龙、李虎寻鸟叫之去所，而后发现了死人尸首[2]。虽然这个故事中的鸟并没有给包公直接的线索，但是起到了提醒的作用。鸟类的鸣叫往往让判官有不祥之感，尤其是乌鸦，其鸣声本来在民间就是死亡和不吉利的象征。

　　除此之外，《新民公案》中也有为主人或救命恩人鸣冤、报恩的故事，比如《猿猴代主伸冤》、《水蛙为人鸣冤》。《猿猴代主伸冤》如题目所示，讲述了猿猴为主人报仇的故事。乞丐方池以耍猴讨钱为生，回家途中露财被谢能灌醉勒死后扔入深潭，这一切都被所带猴子看得分明。猴子两眼垂泪悲鸣告知他人，却无人听懂，正好郭爷经过，"大猴在树上见郭爷轿到，即跳下树，攀住轿杠叫号不已。郭爷带猴入驿中坐定，只见猴跪在案前，悲号垂泪，若似告状形象"[3]。忠心的猴子见到郭公拦轿告状的样子非常形象，但是猴子并不会说话，无法把主人冤死之事直接告知郭公。它用动作来表达自己的意思，带着皂隶去深潭边，并且带客栈主人向郭公说案。后来郭公凭借妙计引诱出了真凶谢能。这时候猴子又发挥作用，"跳过在那人身上，紧紧揸住不放。皂隶即扭进见郭爷，其猴揸住犹不肯舍，将那人耳鼻俱咬烂。郭爷叫猴且放手，那猴遂伏在一边悲号"[4]。猴子不光认出了元凶而且撕咬真凶，最后谢能只能自招偿命。更让人感动的是郭公将猴释放归山之后，"猴见郭爷决断明白，磕

_____

[1]《中国禁毁小说百部·新民公案》卷二《断拿乌七偿命》，第365页。本文所引《新民公案》情节均出自《中国禁毁小说百部·新民公案》，下文只标卷名及页码。

[2]《包公案》，第70－71页。

[3]《新民公案》，第363页。

[4]《新民公案》，第364页。

头拜谢，遂大叫数声，撞阶而死"[1]。郭公也为猿猴的义气所感，命同主人合葬，且立了一个"义猴石碑"，以垂后世。

《水蛙为人鸣冤》也是讲了动物报恩的故事。富户涂隆生性善良，经常买动物放生。一日称银一两五钱买了水蛙放于大溪，没想到卖蛙人见财起谋心，在茂竹林里将涂隆的七孔塞满泥土后丢在山坑里。适郭公出行，听见林内蛙鸣嘈杂喧闹，叫皂隶一查发现尸体。

> 皂隶走到蛙鸣之处，见一人死在泥坑，群蛙俱在尸上扒土。皂隶转来回复郭爷。郭爷乃亲打轿，到尸边去看，果见蛙皆跳跃悲鸣。……此时涂隆七孔，遭泥所塞之处，尽皆被蛙挖去。蛙皆以气呼入尸之七孔，涂隆渐渐回阳。[2]

涂隆所救之蛙不光帮他鸣冤还扒土救他。郭公看到悲鸣的蛙断定是钓蛙之人谋害涂隆，遂派人去寻钓蛙者，开始那群钓蛙者抵死不认，只好搜身发现分财的线索。此时涂隆也被群蛙所救舒醒过来指认真凶，钓蛙人只好低头认罪，结果以死罪和充军结案。正如最后的判词中所说"若非群蛙报德，掘其土泥，则隆终为枉死之魂"[3]。作者直接在判词中揭示了动物的寓意。

在《包公案》卷二《龟入废井》也有与此类似的故事。为人行善的富户葛洪被狠毒奸诈的朋友陶兴推入古井害死。葛洪生前救过一群生龟，后来包公经过此地时龟向包公告状，以此查出葛洪枉死之事，将陶兴偿命。包公叹道"一念之善，得以报冤"[4]。

三、韩国寓话型讼事小说中的动物形象

讼事小说主要登场于朝鲜中后期，17世纪主要以实事为题材的"传类讼事小说"为主，18—19世纪讼事小说开始呈现多样化趋势，借助

---

[1]《新民公案》，第364页。
[2]《新民公案》，第415—416页。
[3]《新民公案》，第417页。
[4]《包公案》，第67—70页。

动物形象来表现案件的"寓话型讼事小说"逐渐登场。前者出现的动物形象比较少，跟中国公案小说一样，一般作为破案线索，或者促进案件发展的作用。比如家喻户晓的传类小说《蔷花红莲传》就是韩国传类讼事小说的代表作，主要描述家庭内部矛盾和继母残害女儿的故事。有汉文、韩文、韩汉文三个版本，内容也有一定的差异。汉文本主要是对实事的记录，离小说有一定距离，韩文本加入了"青鸟引路"、"死后还生"等情节，比较接近小说的虚构模式。韩文本中出现的"青鸟"就是一个指引故事进展的角色。继母许氏害死姐姐蔷花后，妹妹红莲梦见姐姐的遭遇，醒后在青鸟的指引下来到姐姐投身的深渊，在同一个地方自杀身亡。姐妹俩化作鬼魂到处痛诉悲惨遭遇，最终由清官破案得以沉冤昭雪，恶母也被处死。

后者寓话型讼事小说就有所不同。作品大多以动物为主角，主要围绕朝鲜时期严格的身份等级制度的弊端和乡村社会的内部矛盾，或者贫富差异下的财产、粮食争夺战展开描述。比其他的古典小说更直接地反映当时的社会面貌，所以受到关注。动物世界中产生的讼事案件通过小说的形式来表现，在案件处理的过程中一样有贪污、受贿、伪证等等，这跟人类世界如出一辙。韩国正式对讼事型寓话小说进行研究的学者是金光淳[1]和郑学成[2]，他们对具有代表性的作品性格以及作品主人公进行了分析，具有始创的意义。而后在20世纪80年代又有一大批的学者对这个领域进行了系统的研究。本文尝试从宏观的角度去解读中、韩两国诉讼题材小说中出现的动物形象，进而比较两国文学史上这一文学现象有何差异。

朝鲜后期的讼事小说中属于寓话型讼事小说的主要有《鼠大州传》、《鼠同知传》、《鼠狱记》等鼠类小说和《황새결송（白鹳决讼）》、《까치전（喜鹊传）》、《鹊乌相讼》、《蛙蛇狱案》等等。上述鼠类小说大都以中国为背景，以"鼠"为主人公，主要刻画了盗贼荒年劫富的故事。代表作品《鼠大州传》、《鼠同知传》和《鼠狱记》虽然以中国为背景舞

[1] 金光淳：《拟人小说研究：李朝拟人小说의 性格을 中心으로》，경북대학교 석사학위논문，1964年。金光淳对鼠类小说颇有研究。
[2] 郑学成：《우화소설연구》，서울대학교 석사학위논문，1972年。

台，素材相似，但是情节和主题并不同。

《鼠大州传》作者、年代不详，有汉文笔写本和韩文笔写本、韩文活字本等多个异本[1]。主要内容如下：中国陇西小兔山的石洞里住着一群老鼠，其中的领袖就是鼠大州。因为荒年粮仓空了，鼠大州就召集群鼠想办法，其中一只小鼠提议去偷南岳山貔南州（松鼠）过冬的栗子。于是鼠大州派大军进入南岳山，趁它们在宴席酒醉昏睡之时偷走了粮仓的50石栗子和其他宝物。貔南州醒后才发现真相，向官府告状。看到诉状的判官立刻命令刑吏逮捕鼠大州，没想到鼠大州对前来逮捕他的刑吏大加贿赂，衣冠楚楚地骑着毛驴进了官府。他坚决否认自己的罪行，而且在狱中贿赂狱卒。结果貔南州反而因诬告罪而被流放，鼠大州却妻儿成群，靠偷窃为生，成了人人喊打的过街老鼠；相反善良正直的貔南州忍受委屈，靠吃果子为生，人见人爱。

这个故事生动形象地刻画了两群鼠的行动和态度。通过老鼠们的讼事案件来反映当时朝鲜时期两班阶级士大夫的生活处事态度，以及判官的无能和腐败。朝鲜后期社会政治比较复杂，两班阶层逐渐走向没落，只能靠偷抢或搜刮百姓的财物来维持生活，鼠大州族群就是代表。"我们中膂力手猛者四五十名，抄择，而乘夜潜取，以为我们之救荒，岂不妙哉？"[2]它们不是靠自己的劳动来获取粮食，而是靠偷貔南州的粮食来救荒。而这里的貔南州就是下层百姓的代表，"貔南州率众入山，而勤勤孜孜收取精栗五十余石，运藏于石堀之中，而欣欣然与众言曰：'屡经凶荒，人民饥馑，饿死者无数，而吾等将未免饥死填连之叹矣，实赖诸君之出力，资粮有余，而貂裘在身。如此凶年严冬，不饥不寒，可不乐哉。我们自此不羡石崇之富也。'"[3]它们勤劳善良，辛辛苦苦搜集的粮食结果都被土豪们偷去，最后还落下一个诬告的罪名被流放。文中的

255

---

[1] 汉文笔写本《鼠大州传》和韩文笔写 4 张本《셔딕쥬전》（정문연所藏），8 张本《셔딕쥬전》（김동욱 所藏），13 张本《셔딕쥬전》（김동욱所藏），15 张本《셔딕쥬전》（김동욱所藏），25 张本《셔딕쥐전》（김동욱所藏）以及《다람전》、《다람의 소지》、《다람쥐전》等异本，还有韩文活字本《셔딕쥐전》（汇东书馆本，1918 年），具体内容可参考郑出宪《朝鲜后期寓话小说의社会的性格》，高丽大学校 1992 年博士学位论文。

[2] 林明德主编：《韩国汉文小说全集（六卷）·鼠大州传》，国学资料院，1999 年，第 5 页。

[3] 《鼠大州传》，第 6 页。

使令和判官正是当时朝鲜官员的代表，他们收受贿赂，腐败无能，为了自保胡乱判案。

> 鼪亲献一物而言曰："此物虽小，以谢险地跋涉之劳，幸望领情也。"……使令领去付之狱卒，狱卒曳入坚囚，而索钱困逼，则鼠大州教以所来之物，多惠于守卒，守卒等大悦，解枷便息，而如奴使唤，可谓多钱之贵也。大州因惫而卧，则大鼠捶其手，中鼠打其脚，童鼠踏其腰，以慰大州之愁乱，而于略枣栗之物，以饶饥肠而经夜，见者莫不捧腹而笑矣。[1]

以上是鼠大州贿赂使令和狱卒的描写，可见在金钱面前，上至官吏下至小卒都是一个嘴脸，甚至甘心当奴才来伺候罪犯鼠大州。《鼠大州传》可以说是运用拟人化的动物，也就是运用老鼠和松鼠本来所具有的性格来刻画朝鲜后期具体的人物或者阶层的一部典型的作品[2]。

鼠大州 两班代表	鼮南州（松鼠） 农民代表
荒年盗粮 ⟷	勤劳肯干
能言善辩 ⟷	憨厚忠实
偷盗为生 ⟷	委屈求生

《鼠同知传》作者、年代不详，又名《鼠翁传》或《鼠勇传》。也是讲老鼠和松鼠为了粮食争斗的诉讼事件。韩文活字本《鼠同知传》主要有 1918 年出版的永昌书馆本、大昌书院本，1925 年出版的汇东书馆本，以及光复后出版的世昌书馆本[3]。

《鼠同知传》无论是故事的结构还是主人公的设定方面，都与《鼠

---

[1] 同前注，第 12 — 14 页。

[2] 郑出宪：《조선 후기 우화소설 연구》，서울：高丽大学校民族文化研究院，1999 年，第 164 页。

[3] 김재환：《한국서사문학과 동물》，서울：보고사，2005 年，第 189 页。

东亚文化比较研究

大州传》有很大的差异。《鼠大州传》的各异本之间多少存在差异,但大多数异本中的主人公松鼠是勤勉的化身,老鼠去抢松鼠的粮食,被告到官府后老鼠又通过行贿、勾结官员后平息了诉讼。而《鼠同知传》主要刻画懒惰的松鼠为了粮食诬告鼠大州的故事,可见情节大相径庭。同名同性的主人公,性格却完全相反,善恶两极。两部作品都是那个时代的反映,虽然因为读者的需求内容上有所变更,但是对社会的揭露和讽刺意图并没有改变。

《鼠同知传》的主要内容如下:中国雍州九宫山的洞穴里住着一只叫鼠大州的老鼠。他在唐太宗攻打金墉城时带领一群老鼠立下战功,得到太宗封赏。好吃懒做的河图山松鼠闻讯来到鼠大州的庆功宴会上,吃饱喝足之后,又向鼠大州诉苦,要走了生栗和栢子。得寸进尺的松鼠粮尽后又来乞讨,遭到拒绝后心怀仇恨,不听妻子劝告向昆仑山的白虎山君状告鼠大州。白虎山君审问鼠大州后知是松鼠诬告,要流放松鼠,但是鼠大州替他求情后得以免罪。最后松鼠对自己忘恩负义的行为加以反省,向鼠大州道歉,心地善良的鼠大州赠金于他。

文中描述了两种不同的鼠,宅心仁厚的鼠大州和忘恩负义的松鼠形成鲜明的对比,因为判官明辨是非,最后的结局也是以扬善惩恶为主题收场。小说通过鼠之间的矛盾与争斗来衬托人类世界复杂的人际关系和伦理道德观念,故事中松鼠夫妻的争吵场面也是封建礼教制度下男尊女卑思想的一种反映。另外故事中还出现了其它动物,比如狸猫和獾子,它们的形象是对当时政治的一种讽刺和批判。有的版本中鼠大州也是比较实际的,他为了洗清自己的罪名知道运用官场的潜规则来贿赂判官。

鼠大州 新兴资产阶层代表	松鼠 没落封建阶层代表
宅心仁厚 ⟷	忘恩负义
随机应变 ⟷	好吃懒做
官场能通 ⟷	刚愎自用

　　《鼠狱记》作者、年代不详，又名《鼠狱说》，有汉文笔写本，被称作是韩国寓话小说中的压卷之作。小说生动地刻画了一个将自己的罪名转嫁到别的动物身上，让别人为自己抵罪的狡猾的老鼠形象，并通过老鼠这样的动物尖刻地讽刺了人类的一些丑恶嘴脸。在讼事案件中，尤其是断案的过程中登场的动物除了老鼠以外，还有其它多种动植物，动物世界的秩序与人类世界的秩序是一致的。故事内容如下：

　　老鼠带着族群偷粮仓，仓神发现后命神兵把它们抓去。在对它们进行审判的过程中老鼠不光不承认自己的罪行反而还加害别人，诬告其它动物，但最后还是难逃罪刑。老鼠在接受仓神审问时，居然说是粮仓前的桃树和柳树教唆它偷粮的，"墙头小桃为我而笑，阶前弱柳向我而舞"[1]，被证实是诬告后又说是门神和户神，紧接着是猫和狗，猩和鼺，白狐和斑狸，鹿、羊、象、麻雀、蝙蝠等动物，谎话连篇，甚至在刑罚面前还继续诽谤其他动物，奸诈至极。最后玉皇大帝下令将其处以绞首刑并示街。老鼠的狡辩之词举例如下：

　　　　再竺之恩虽未报尽，明问之下何敢抵饰？所援众兽犷猂狞猾，自掩其罪，不肯吐实，苟且甚矣，情状痛矣，固不欲与较而所恨。神之至明，犹有所蔽，众物之凶奸戾性，未尽洞悉，老物以平日所观记者，请为明神而告之，助神只明而赞神之威矣。[2]

　　故事中除了老鼠以外还牵涉到大概八十多种动植物。主人公老鼠是本案的受审者，为了减轻自己的罪行不断诬告其它动植物，反映出它的狡猾无耻。此案件的判官是代替玉皇大帝行使职权的仓神，代表当时的统治阶层。仓神审案后向玉皇大帝报告，由玉皇大帝进行最后的判决。英明的玉帝听取仓神的建议，对奸诈的老鼠处以绞刑。有必要指出的是，在描写的过程中，仓神一直听取老鼠的狡辩，对其它动物进行审判。文中出现了几十次重复的描写"仓神览供毕。并囚之。又诘于鼠曰"，"谁

[1] 林明德主编：《韩国汉文小说全集（六卷）·鼠狱说》，第18页。
[2]《鼠狱说》，第25页。

教汝偷乎？""汝辈教鼠偷粟乎？"这样一次次"追问，审查，再追问"的过程占了大量的篇幅，在描写上比较单调，缺乏文采，另一方面又反映出判官的无能和弱智。

《喜鹊传》是一则寓话型讼事故事，借动物形象来展现人的世界，形象生动。喜鹊在枝头筑巢，落成宴上邀请了乌鸦、黄鹂等各同族鸟类，唯独没有邀请口碑不好的鸽子。所以鸽子满怀怨恨找喜鹊评理，争执之中喜鹊被杀，母鹊上告鸽子。在判官求证断案过程中，当时在场的禽类都置身局外，袖手旁观。甚至蟾蜍因受鸽子的贿赂而做伪证，说喜鹊是自己从高处掉下身亡，因而鸽子被无罪释放。三年后御使鸢春微服私访查明真相，母鹊与死去的丈夫相逢，享受荣华富贵。虽然作品中登场的都是鸟类，不是人，但它们都是人的代表[1]。

这个故事与在敦煌石窟中发现的《燕子赋》情节相似，王重民先生将《燕子赋》作为赋体变文收入在《敦煌变文集》中，讲述的是燕子夫妻辛辛苦苦建的房子被黄雀霸占后，燕子向凤凰告状的故事。还有一部韩国寓话型讼事小说《鹊乌相讼》的故事结构也与《燕子赋》相似，可见韩国的讼事小说受到中国的影响确实不小。

《喜鹊传》这个故事比较特别的是有两个断案过程，所以判官也有两个。因为判官的不同所以结果也是大相径庭。第一个郡首虽然在审案程序上进行了验尸，但是办案比较草率，而且有蟾蜍做伪证，所以造成误判，喜鹊冤死。三年后，第二个御使鸢春在微服私访的途中听到案情后，再次开棺验尸当庭审理，最后为喜鹊讨回了公道。判官鸢春微服私访的方式，与中国公案小说中清官的断案方式有一脉相承之态，特别是包公就经常带着左右进入百姓中巡查，来发现案件的漏洞或者误判之处[2]。

---

[1] 拙稿《〈龙图公案〉与朝鲜讼事小说中的人命案研究》，《中国语文论丛》2014年第64辑，第247－248页。

[2] 上引文，第249页。

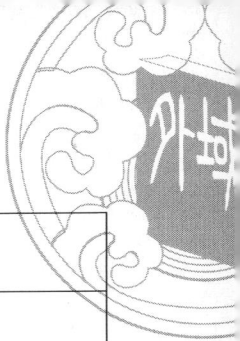

一判（郡首）	二判（鸢春）
昏庸无能 ⟷ 廉洁正直	
草率了事 ⟷ 雷厉风行	
颠倒是非 ⟷ 明辨是非	

　　借动物世界的讼事案件来讽刺人类社会的寓话型讼事小说还有《蛙蛇狱案》。作者、年代不详，有汉文笔写本，是韩国古典小说中唯一的吏读文[1]式的寓话小说。说的是栖息在青草面池塘洞的潜水军青蛙状告泽林洞的大蟒杀子，初检官蟾津别将受命调查此案，来到蝌蚪尸体处问案。本月十五日外甥鹌鹑飞来告诉青蛙，其子蝌蚪在岸边跟大蟒争斗受伤一事，青蛙赶去一看果真如此，在一旁的苍蝇也诉说事情经过。蝌蚪在奄奄一息之际告诉苍蝇，自己和虾、蟹在河边洗浴时大蟒突然出现，声称要为自己祖父报仇，于是将蝌蚪咬成重伤。青蛙背着儿子到处求医问药无效，最后蝌蚪还是死了，所以将大蟒告官。一大批证人都出来为蝌蚪作证，有鹌鹑、虾、蟹、苍蝇，还有医生鳢鱼和算命乌龟，以及周围的其它邻居们。但是大蟒在这么多人证面前还是不承认自己的罪行，最后初检官验尸，并让它们对质，这才让大蟒哑口无言。

　　故事中登场的动物非常多，既有爬行类又有飞禽，还有水栖动物。通过蛙、蛇的诉讼案件来展示当时朝鲜时代诉讼案件的审理过程。有审问、传证、对质、验尸、判决等等，都是现实社会的面貌。类似的小说还有《황새결송（白鹳决讼）》《鹊乌相讼》等作品。值得一提的是《白鹳决讼》故事并不完全只有动物登场。前半部分是以人为中心记叙案件发生和断案过程，后半部分败诉者深感冤屈，引用黄鹂、朱鹮和布谷鸟赛嗓子的寓言故事来揭露和讽刺官场的腐败时，故事的主人公变成了鸟类，形象生动地描写了在比赛的过程中朱鹮因向判官白鹳行贿所以胜出的故事，限于篇幅这里不再详述。

　　[1] 吏读又称吏头、吏吐、吏道等，指借用汉字的音义来标记韩国语的形式。

四、公案小说中动物的寓意

讽刺文学是作家以谐谑的姿态，借文学来指责、嘲笑人类生活时代
一些缺陷及不合理现象的写作方式。这种作品往往对现实社会持以否定
的、批判的态度，其表现方式也无一定形态，此种特质可在各类作品，
如诗歌、小说、戏曲中发现[1]。寓言小说就是典型的讽刺文学体裁之一，
一般用拟人或者假托的手法来描述含有讽喻或劝诫意义的故事，一般结
构简短，主人公可以是人、动物，也可以是植物。寓言之"寓"有"寄
托"的意思，是以比喻性的故事寄寓意味深长的道理，让读者得到启发，
所以是讽刺文学的重要部分。而公案小说泛指以描写诉讼冤狱，官吏折
狱断案故事为主的小说，主要反映的是下层平民的市井生活。在篇幅短
小的公案小说作品中加入动物的形象既是为了衬托理想中的判官英明断
案的形象，也是为了赋予动物寓意，来揭示人的善恶和社会的世态。中
国的公案小说并没有细分，而韩国则直接有"寓话型讼事小说"一说，
可见动物在讼事小说中的作用非同一般。

261

寓意是寓言创作的灵魂，有时候在文学创作中寓意并不直接阐明，
而是通过作品中的人物和故事来体现。优秀的作品寓意，自然而然体现
在文字之间，并且随着读者的阅读进程而逐渐明晰。也有的作品在文中
会直接点明其寓意，比如《新民公案·猿猴代主伸冤》篇结尾部分的判
词中就有这样一段："垂缰湿草，犬马尚能恋生；跪乳返哺，鸦羊亦全
孝恩。谢何以人而不如禽兽乎？"[2]就是感叹人的行为有时候还不如
动物，动物知道知恩图报，而人却见钱眼开，凶暴残忍。动物受到人的
恩惠后向人报恩的故事大部分都具有教育意义，这在中国、韩国的古小
说[3]中是常见的母题。动物解救主人或为冤死的主人报仇的行为，既是
对罪犯不义之举的一种反抗，又是对主人或恩人义举的一种回报。动物
都有良知，何况是人呢？但现实社会中确实有很多不如动物的人存在，
他们为了钱财、权利而害人，有的受到报应，有的却逍遥法外。中国公

---

[1] 林明德主编：《韩国汉文小说全集（六卷）》，第 7 页。

[2] 《新民公案》，第 364 页。

[3] 韩国小说中"动物报恩谭"的相关内容可参考김재환《한국서사문학과 동물》，서울：보
고사，2005 年，第 75 — 82 页。

案小说大部分结尾部分都是英明的判官将凶手捉拿归案而告终。寓意在于教育世人因果报应，多行善事必有善报。"唯其以动物反衬，才具有强大的否定力量，所谓'禽兽不如'正是历来人们对于不义者的至贬之辞。这一艺术手法的功力，是所言在此，所指在彼，明在褒此，暗在斥彼，誉的是具有人性的物，咒的是反不及物的人。"[1]

小说这种文学体裁是通过虚构的故事情节描写来反映人物性格和社会生活面貌的，一定程度上也可以说是一种社会寓言，而小说中又借助动物的形象来讽刺现实的人、社会、权利等等，所以又可以理解为寓言中的寓言。而哪些动物是作者常借助的对象呢？纵观中国的公案小说，一般常出现的动物有蜘蛛、猿猴、老鼠、青蛙等等，它们是人们在日常生活中常可以看到的。蜘蛛常在夜间出没，所以包公夜间审阅案件的时候常登场，加上"蛛－朱－猪"谐音，所以在破案的过程中起引导线索的作用。猿猴一直被看作是人类的始祖，它不光形象与人相似，感情表达方面也跟人相近。有人靠训猴为生，但是猴却不忘主人恩情，替主人报案伸冤，最后义死陪葬，可见猿猴本性的善良，而人却在进化的过程中丢失了最本性的东西。老鼠对人类来说一直是个祸害，它糟蹋粮食、传播疾病，以至有"老鼠过街人人喊打"之说，所以在中国小说中老鼠的形象也一般都是负面的。它们隐匿山林，由鼠精变成人祸害百姓，最后被老鼠的天敌猫制服。但是在韩国讼事小说中的老鼠不一定都是负面形象，有时候是以正面的角色登场的，而且宅心仁厚替对方求情。

就禽类来说，喜鹊和乌鸦经常出现在故事中。喜鹊主吉，乌鸦主凶。一般在民间喜鹊鸣叫的话是喜事到，而乌鸦鸣叫的话往往是灾祸的象征。这与乌鸦的黑羽毛以及其食肉的本性不无关系。通过考察中韩两国的公案小说也可以发现，喜鹊大都作为正面形象出现在作品中，比如《喜鹊传》中的喜鹊夫妇，它们靠自己的努力在枝头筑巢，与鸽子发生争执后公鹊坠身而亡，善良的母鹊为了洗清丈夫的冤情坚持到底。文中对喜鹊的描写都是正面的，积极的。而乌鸦则往往是以负面的形象登场。中国的公案小说中一旦有乌鸦的登场，往往是不祥之兆，判官看到乌鸦

---

[1] 陈炳熙：《论古代文言小说中的动物形象》，《东岳论丛》1989年第6期，第90页。

飞或者听到乌鸦叫就会有不祥之感，凶案现场也常有乌鸦登场。它们没有给判官直接的帮助，但是为判官提供了线索或为小说奠定了氛围。人类的凶吉怎能由动物来决定，这实际上都是人赋予它们的意义。

        讼事型寓话小说的作者观察朝鲜后期各种社会腐败现象，不光关注当时卖官鬻爵现象和腐朽的科举制度等统治阶层内部的问题，更将视线集中到乡村社会内部因金钱财物的矛盾而频繁引发的问题上。这在《白鹳决讼》和《喜鹊传》中都可以体现出来。《喜鹊传》中喜鹊和鸽子的形象就是根据它们的习性，将乡村社会成员之间的矛盾关系扩张后进行小说化形成的，矛盾的核心就是经济的利害关系。[1]

    韩国的寓话型讼事小说主要借助动物世界发生的诉讼事件反映人类世界的是非恩怨，尤其是朝鲜后期农村社会的现实问题。无论是因为粮食还是因为财产问题引发的纠纷，最后都告到官府，通过法律的手段解决。但是判官在审理案件的过程中，收受贿赂胡乱判案的情况多有出现。发生在人类社会的腐败贪污，勾结，在动物的世界也一样，小说通过动物拟人化的方式来抨击现实社会的黑暗和官场的腐败。寓话型讼事小说《喜鹊传》中就有"有钱能使鬼推磨"之类的表达，来直接讽刺当时人性的堕落和官场的腐败，在金钱面前原告成了诬告，含冤受屈，而被告却可以逍遥法外。这种情况在《鼠大州传》中也有所体现。偷粮食的老鼠沦为被告，却可以通过买通官吏的方式得以释放，享受悠闲的生活，而原告松鼠却沦为诬告遭到流放。这样的结局与官场的腐败和判官的昏庸无能有直接的关系。

    当然有贪官就有清官，《喜鹊传》中清官鸾春的登场就是为了突出之前庸官无能的显著例子。鸾春在微服私访的过程中得知了案件的真

---

[1] "경제적 갈등에 초점을 맞추어 이를 활용하고 있다는 것이다．『황새결송』뿐 아니라『까치전』에서도 확인되는 바다．『까치전』은 까치와 비둘기의 일상적 속성을 향촌사회 구성성원간의 갈등관계로 확장시켜 소설화했던 것이고，그 갈등의 핵심에는 바로 경제적 이해관계가 자리잡고 있었다．" 郑出宪：《朝鲜后期寓话小说的社会的性格》，第120页。

相，开庭审理验尸后再判，对真凶进行了严惩，还原告一个公道。《蛙蛇狱案》中的判官也是受理案件后，按照法律程序进行求证、尸检、询问、再审，向读者展示了实际的审案始末。小说通过动物来对官场进行讽刺和批判的同时，也对清廉和善良进行了赞扬。这与中国公案小说中一味强调判官的正面形象有所差异，中国公案小说中为了显示出包公、施公等判官的英明，常不惜用迷信夸张的手段来进行描述。

韩国的讼事小说除了反映财物纠纷和官场腐败以外，也表现了当时下层平民反抗封建礼教和传统的斗志。《鼠同知传》中松鼠不听妻子的劝戒，一心要状告有恩于自己的鼠大州，结果差点被流放，幸亏鼠大州宅心仁厚替他求情才得以释放。这个故事不仅向我们展现了善恶恩怨，同时松鼠夫妻之间的争吵又向我们展示了当时封建社会的伦理弊端。大男子主义的松鼠对妻子的不尊重甚至辱骂，导致了妻子的离家出走，这在封建伦理制度极其严格的朝鲜社会本来是不可能出现的结局。这也说明当时传统观念逐渐开始瓦解，妻子对丈夫的绝对服从的理念也有所松动，反映出女性渴望解放与摆脱旧封建礼俗的新观念。另外对封建统治的体制也多有反抗。"作者通过动物世界发生的那些场面来表达强者支配的事实。即'弱之肉，强之食'的残酷现实。这样的原理与人类社会如出一辙。"[1]《蛙蛇狱案》中大蟒凭借自己的强势去欺负弱小的蝌蚪，最终将其咬死。在判官和证据之前还是强硬地否定自己的罪行，充分体现出大蟒作为强者的傲慢姿态。故事中青蛙不畏权势，一心要状告大蟒杀子，而且动员周围其它的动物来作证，最后在人证、物证面前大蟒哑口无言。这样的结局在现实封建社会很难实现，具有理想化的性质，作者只有通过寓话的方式将寓意寄于动物，来表达对封建权势的憎恶和反抗。

有些寓言型讼事小说并不是一开始就由动物登场，而是在叙述完人和人之间的诉讼冤狱案件之后引用寓言故事，这些富有教训意义的主题

---

[1] "동물 세계에서 벌어지고 있는 이러한 장면을 통해 작가가 말하고자 한 것은 세상이란 힘있는 자가 지배한다는 사실이다. 곧 작가는 이 세상은 강한 자는 먹고 약한 자는 먹히는 약육강식의 원리가 지배하는 사회이고, 인간 사회도 이와 다름이 없다는 사실을 지적하고 있다." 김재환:《한국서사문학과 동물》, 서울 : 보고사, 2005 年，第 472 页。

或深刻的道理在寓言故事中得到揭示。《白鹳决讼》就是典型的例子，其实在前半部分的作案和审案过程中，并没有详细叙述行贿受贿的过程和细节，但是在篇末的寓言中却将朱鹮行贿判官的细节描写得相当透彻。可见作者借动物来辛辣地讽刺人的奸诈和官场腐败的意图。动物的形象愈生动可笑，讽刺意味也就愈浓烈。这既反映出对当时统治阶级的一种批判，更是对封建体制的一种反抗。"如果将小说中所嘲骂的对象以动物形象出之，则还能逃避诟詈当世的嫌疑。"[1]

通过考察可以发现韩国寓话型讼事小说中常登场的动物是老鼠。《鼠大州传》和《鼠同知传》根据异本的不同对老鼠和松鼠形象的刻画存在差异。有时把老鼠刻画成勤勉的主人公，松鼠则成诬告者；有时把松鼠刻画成善良的主人公，老鼠则是盗贼。也有的版本中把两种动物都刻画成反面形象，最后均受到惩罚。描写动物的视角不同取决于当时作家群的世界观、价值观与他们所属的阶层，以及当时社会普通人对老鼠和松鼠的认知。[2]

其实中国的《异苑》《聊斋志异·阿纤篇》中都有关于老鼠的描写，前者主要写西域的鼠国，后者则是通过刻画人鼠恋的爱情故事，来反映当时社会人们的生活和思想现状。文中虽然涉及到对老鼠性格的描写，比如囤粮、安静，但这并不是作者的主要意图，作者意在创造一个温柔贤惠的女子形象，老鼠的那些反面形象反而被作者过滤掉，甚至美化成一个正面角色。但可以肯定的是，老鼠这种在日常生活中常见的动物，与人有着紧密的关系，这个形象在中国、韩国的作品中可以经常见到，但因为创作背景的不同，作者赋予它们的寓意也是不同的。

鼠能够和人类共存如此之久，肯定有其独特的生存技能。在文学作品中对鼠的描写，抓住了其形态和生活习性，也包括不良恶习。通过这些动物的形象来抒发作者的寄托之意。即使是同一种动物，不同国家的作者将动物形象用于文学创作时，结合当时国家的现实情况加以拟人化，让读者更容易理解当时的社会制度和世俗伦理观念，然后再反过来

265

---

[1] 陈炳熙：《论古代文言小说中的动物形象》，第 93 页。
[2] 郑出宪：《조선 후기 우화소설 연구》，第 165 — 174 页。作者通过引用朝鲜时期其他寓话中登场的老鼠和松鼠，详细说明了存在形象差异的理由。

发现现实问题的症结。

五、结 论

中韩两个国家自古在政治、经济、文学方面交流频繁，尤其是韩国的古典文学，受中国影响比较多。到了朝鲜时期，模仿中国文学作品尤其是小说的创作比较普遍，有的直接以中国的地名、朝代、人名为背景进行创作，但是作品内容反映的却是当时韩国的世态。

中国描写冤狱诉讼的公案小说在明代中后期达到了繁盛，这既是当时印刷出版业发达，通俗文学的迅速崛起带动的结果，也是社会腐败、政治黑暗的产物。综观明代的公案小说集，虽然文本在艺术上成就不大，然而在中国小说发展史上却有一定的地位。它的题材比较宽广，作为普法读物为普通民众处理生活纠纷提供了参考，也为社会人情小说的空缺作了一些补充。但是作品大多为了塑造理想的判官形象而设定情节，安排人物，缺乏描写性。在故事中登场的动物也是为了判官服务的，它们大多不是主角，只是为了反衬人的性格特征而出现的。需要指出的是，《包公案》有些作品中的动物形象虽然起到指引破案的作用，但也有损害包公形象的副作用。有时候判官完全可以或者已经通过调查和推断破疑案，并不需要动物的启示，可故事结构上往往会增加这样的一个情节，有画蛇添足之嫌，也有封建迷信的成分在里面，一定程度上损害了判官的英明形象。

韩国朝鲜前、中期以描写政治历史事件或者阶级矛盾为主的讼事小说到朝鲜后期逐渐转向市民阶层，以乡村社会矛盾为主轴展开故事，特别是围绕钱财的偷盗和粮食的争夺战而引起的诉讼冤案逐渐增多。讼事小说一定程度上也可以折射出当时百姓生活的疾苦，而在断案的过程中出现的行贿受贿手段直接左右着案件的最终判决，这正是朝鲜后期社会的鲜明写照。统治阶级的腐败无能引起了市民阶层的不满和反抗，作家通过文学作品的方式，借助动物的形象来揭露当时的社会，讽刺无能的统治者，以激起广大民众的关注和觉醒。但因为作家群的价值观差异，在刻画主人公形象的时候也存在立场的差异。

公案小说中登场的动物比较多，限于篇幅不能一一列举。这些动物既有自然界常见的温顺动物，又有人类憎恶的老鼠之类。作者把寓意赋予在这些动物身上，使得作品内容既形象生动，又通俗易懂，富有教训意义的主题或深刻的道理在故事中直接或间接地揭示出来，读者在阅读作品的同时，又能结合现实社会人类的问题加以反思和回味。

对中韩古代小说中性欲望
的考察

——以《金瓶梅》和《折花奇谈》为主

卢仙娥[*]

一、绪论

　　本稿的目的在于以《金瓶梅》和《折花奇谈》的比较来对韩中古代小说的性欲望进行考察。《金瓶梅》在万历年间（1573 — 1619）问世，是兰陵笑笑生的作品[1]，为共 100 回的白话章回小说，属于人情、艳情小说[2]。这部小说描述了山东省清河县的破落户财主西门庆及其家庭的罪恶生活，揭露了明朝中期社会的黑暗和腐败，尤其是赤裸裸地描写西门庆与其妻妾的性爱。《折花奇谈》是 19 世纪初（1809 年农历 5 月 6 日）南华散人创作的朝鲜时代汉文艳情小说[3]。这部小说为共 3 回的章回体小说，描述了壬子年间帽洞的才子李生与方氏女仆舜梅的爱情故事。李生一见舜梅钟情，付托给王婆与舜梅见面。两年期间李生和舜梅通过九次反复的相遇和分离，终于体验到了云雨之乐。然而，两人已有自己的

---

* 复旦大学博士研究生。

[1] 黄霖：《金瓶梅讲演录》，广西师范大学出版社，2008 年。

[2] 艳情小说又称为 "人情小说"、"世情小说"、"性小说"、"性爱小说"、"淫秽小说"、"黄色小说"、"色情小说" 等。虽然每个学者艳情小说分类的方式都不同，但是艳情小说一般分为三种：一是 "全艳型"，二是 "半艳型"，三是 "同性恋"。朝鲜时代的艳情小说分为两种："贵族的艳情小说" 和 "庶民的艳情小说"。"贵族的艳情小说" 与爱情类传奇小说很相似，色情描写不多，"庶民的艳情小说" 比 "贵族的艳情小说" 色情描写的色彩更浓。色情描写的色彩比较浓的小说又称为 "淫词小说"。张廷兴：《明清艳情小说研究》，山东大学博士学位论文，2005 年，第 6 页；刘琦、郭长海：《明清艳情小说的基本类型及其发展轨迹》，《佳木斯师专学报》1997 年第 4 期，第 53 页；임향란：《한중 재자가인 소설류 비교연구》，파주：한국학술정보，2008 년，第 159 页。

[3]《折花奇谈》的唯一版本现在藏于日本东京的东洋文库。有关《折花奇谈》的其他评点不存在，在作品里有作者南华散人的《折花奇谈序》、石泉主人的《自序》以及南华散人的回前总评。

家庭，最后各自回归自己的家庭。

这两部小说都描写露骨的男女性爱，在其性爱描写里男女主人公表现出对性强烈的欲望。《金瓶梅》和《折花奇谈》之前小说的男女性爱描写主要以口传文学为传承，与此相比，汉文叙事的性描写因为罕见，所以值得关注。艳情小说有隐秘的特点，也直接受到禁书的影响。较之其他小说，对此进行的研究不多。但是，因为艳情小说描述人类基本的性欲望，应该摆脱不过是淫书的偏见，而进行多元的研究。因此，本文将先把握韩中艳情小说的演变及《金瓶梅》与《折花奇谈》的影响关系，之后对这两部叙事的同异点进行分析考察。

二、韩中艳情小说之演变

男女的性和爱情不仅是人类的本能，也成为小说的主要素材。中国古代爱情小说始于唐代爱情传奇[1]，经过宋元代的话本小说，至于明清代发展到才子佳人小说、人情小说等。中国古代爱情类小说到明末，不止于简单地描述男女的爱情，更有赤裸裸的性爱描写。这与明朝中期混乱的时代有着密切的关系。

明朝中后期，政治上极其腐败，贪官污吏横行。因以阳明学为中心的思想解放，而被重视人的本性和欲望，所以在社会上蔓延着放纵的气氛。并且，由于商业的发展和大城市的形成，市民阶层急剧成长。随着出版业的发展，为了取得商业盈利，盛行有刺激性的爱情小说[2]。在这种娱乐主义盛行的情况下，万历年间笑笑生创作的《金瓶梅》就问世了。尽管艳情小说因其内容而遭受封禁，但社会对艳情小说的需求却从未间断。《金瓶梅》露骨的性描写引发了明末清初创作出许多艳情小说的现象，如《肉蒲团》、《浪史》、《如意君传》等。这些艳情小说不仅在中国创作和流传，还影响到朝鲜的汉文小说。

[1] 中国艳情小说的来源有两种说法：一种认为始于唐代爱情传奇小说《游仙窟》，另一种认为始于汉代宫廷秘书，如《赵飞燕传》。杜守华、吴晓明：《试论明末清初艳情小说》，《上海师范大学学报》1993 年第 1 期，第 20 页；刘琦、郭长海文，第 55 页。

[2] 赵兴勤：《从〈金瓶梅词话〉到艳情小说——一次小说史演进中的分流与畸变》，《河池学院学报》2005 年第 6 期，第 46 - 49 页；박계화：《18 세기 朝鲜 文人이 본 中国艳情小说—〈钦英〉을 중심으로》，《大东文化研究》2011 年第 73 辑，第 82 - 87 页。

众所周知，韩国的古小说直接受到中国古代小说的影响。一般认为男女爱情小说始于 15 世纪中期金时习（1435 — 1493）的《金鳌新话》，有关男女爱情的小说大部分以传奇体小说形式来创作[1]。朝鲜时代的爱情类汉文叙事主要描述青春男女或士大夫和妓女的爱情故事，并从短篇汉文叙事逐渐发展到长篇汉文叙事。

朝鲜时代的爱情小说以 19 世纪为分界开始发生变化，这与 16 世纪末以后已经盛行艳情小说的明末情况有所不同。这是因为朝鲜朝 17 世纪中期以后转为正式的儒教社会。朝鲜朝在建立时已经把儒教当成国家思想体系，转为正式的儒教社会却需要比较长的时间。所以，朝鲜时代前期对女性和思想的控制比较宽松。然而，至于 17 世纪中期以后，不仅经过壬辰倭乱（1592 — 1598）和丙子胡乱（1636 — 1637），又受到沉酣于性理学文人的影响，朝鲜朝社会成为死板的儒教社会。在以性理学为中心的儒教社会，文人们忌讳谈男女的情和性。小说也不例外，针对男性读者的比较卿卿的男女爱情故事是被容许的，但带有色情色彩的艳情小说的流传却是很不容易的。并且，因为这时期朝鲜官方垄断印刷、出版的全系统，不能形成出版艳情小说的市场。[2]

18 世纪以后，强调性理学的朝鲜朝儒教社会逐渐松弛。至于 18 世纪末、19 世纪初，随着商业的发达，形成了大城市，如朝鲜朝的首都汉阳（今首尔）。当时的汉阳是蔓延放纵之气的大城市。并且，因受到阳明学的影响，而发生了思想解放，也有了对人的本性和欲望肯定的认识。这时期还形成了专业作家群，以他们为中心创作出中长篇汉文小说，尤其是露骨的汉文性爱小说有了商品的价值。在这样的情况下，明清时代的艳情小说流入到朝鲜朝[3]，因此 19 世纪初《折花奇谈》就问

[1] 朝鲜时代的古小说可分为三种：汉文小说、国文小说、朝鲜说唱小说。本稿只对汉文小说进行考察。因为朝鲜时代的爱情小说与中国古代小说有着密切关系，特别是直接受到中国爱情类传奇小说的影响。

[2] 강명관：《조선시대의 성담론과 성》，《韩国汉文学研究》2008 年第 42 辑，第 31、38 页。

[3] 진재교在《조선조 후기 문예공간에서 성적 욕망의 빛과 그늘—예교, 금기와 위반의 길항과 그 변증법》指出，17 世纪左右朝鲜朝、清朝、日本重新开始交流，主要交流各国的小说和艺术品等。17 世纪以后，不管朝鲜朝固定于儒教封建社会，有关性爱文艺品的交流逐渐频繁。진재교：《조선조 후기 문예공간에서 성적 욕망의 빛과 그늘—예교, 금기와 위반의 길항과 그 변증법》，《韩国汉文学研究》2008 年第 42 辑，第 99 页。

东亚文化比较研究

世了。《折花奇谈》也影响到《布衣交集》、《水山广寒楼记》等汉文艳情小说的创作。

三、《金瓶梅》与《折花奇谈》之影响关系

对于中国古代小说流入朝鲜的情况，以及朝鲜文人对汉文小说的认识，研究成果已经不少。所以，本文只考察《金瓶梅》流入朝鲜的情况，以及《金瓶梅》与《折花奇谈》之影响关系。

朝鲜有关《金瓶梅》的最早论述见于许筠（1596 — 1618）的《闲情录》："传奇则《水浒传》、《金瓶梅》为逸传，不熟此传者，保面瓮肠，非饮徒也。"[1] 但是，这句话只引用袁宏道（1568 — 1610）的《觞政》中"十之掌故"。卒于 1618 年的许筠看过约 1617 年刊行《金瓶梅》的可能性不大[2]。目前未见《金瓶梅》流入朝鲜的文献记录，根据旁证资料可以推测 17 世纪中后期《金瓶梅》流入到朝鲜[3]。

针对艳情小说包括《金瓶梅》，朝鲜朝文人坚持双重的态度，一方面肯定，另一方面否定。因为其有淫秽猥亵的特点，文人大部分对艳情小说持否定的视角。[4] 然而，俞晚柱（生卒年不详）、李钰（1760 — 1815）、沈鲁崇（1762 — 1837）等文人对艳情小说的评价却很高。比如，俞晚柱在自己的日记《钦英》中，言及"金瓶乃一部炎凉书也。故首演财色利害"，"金瓶梅从何得来？伏怪累观，云霞满纸，胜于枚生《七发》多矣。观此则董玄宰袁中郎之世，已有此书矣"[5]。

[1] 许筠：《闲情录》卷十八。

[2] 김경미：《淫词小说의 수용과 19 세기 한문소설의 변화—《금병매》를 중심으로》，《古典文学研究》2004 年第 25 辑，第 343 页。

[3] 김재민在《韩国에서의《金瓶梅》에 대한 概括的 考察》中，根据柳梦寅（1559-1623）的《于于野谈》中说："今年春，中原新刊七十，小说目曰《钟离葫芦》自西湖来，淫亵不忍睹闻。"从此推测《金瓶梅》流入朝鲜的时期约是 1573 — 1661 年。据他的话，《金瓶梅》流入朝鲜的时期可能是 16 世纪末，但参考其他研究，《金瓶梅》流入朝鲜的时期约是 17 世纪初中期。김재민：《韩国에서의〈金瓶梅〉》에 대한 概括的 考察》，《中国学》2000 年第 15 辑，第 201 — 202 页。

[4] 对《金瓶梅》持着否定观点的文人有李颐命（1658 — 1722）、安鼎福（1721 — 1791）等。李颐命在《疏斋集》中说："近闻清人发令禁小说云，果然则此必有所惩者。而然矣，其他淫亵荒怪之作，愈出愈奇，足以乱天下风俗耳。"安鼎福在《顺庵集》中说："看书，不可以不慎，看淫戏小说，不觉有流荡之意，看山水清谈，不觉有烟霞之想。"박계화：前引，第 90 页。

[5] 俞晚柱：《钦英》一，丙申（1776 年）11 月 15 日条；《钦英》四，壬寅（1782 年）4 月 6 日条。

如上述，18、19世纪朝鲜的时代风气，加上一些文人对《金瓶梅》持肯定的认识，有了艳情小说的需要，《折花奇谈》就问世了。作者南华散人在《折花奇谈序》谈到"详考一篇旨意，则大略与元稹之遇，莺娘恰相仿佛"，"又与金瓶梅之西门遇潘娘太相类似"[1]。从此可知，《折花奇谈》受到《西厢记》和《金瓶梅》的影响。但是，《折花奇谈》与《金瓶梅》的影响关系比《西厢记》更密切[2]。

第一，《金瓶梅》与《折花奇谈》描述已婚男女的爱情故事，而《西厢记》描述未婚青春男女的爱情。第二，在《金瓶梅》里出现捏合西门庆和潘金莲的媒婆，即王婆子；在《折花奇谈》里也出现捏合李生和舜梅的媒婆，即老妪。虽然南华散人说"其曰莺也之自媒，与红娘之解馋，遥遥相照"，指出《折花奇谈》与《西厢记》的关联，但在《西厢记》里却没出现捏合崔莺莺与张生的媒婆。第三，与《西厢记》强调悲剧的结局不同，《折花奇谈》与《金瓶梅》主要描述男女的性爱。第四，《折花奇谈》不取像《西厢记》的戏曲体裁，而取像《金瓶梅》的章回体小说形式。从男女爱情的表现方式上，传奇小说或戏曲表现得较隐晦。章回小说虽然叙事比较冗长，但已婚男女的爱情故事，只有用章回小说每回截断情节的形式叙述，才会引起读者的兴趣。《折花奇谈》的爱情故事比较适于章回体小说。

四、乱伦之欲望叙事

《金瓶梅》和《折花奇谈》与以前小说的不同之处在于描述已婚男女的性爱。古代小说的爱情一般与当时思想观念有着密切的关系。《金瓶梅》和《折花奇谈》之前的爱情小说大部分以未婚的青春男女为主，主要在寻找真实知己的过程当中体现出他们的爱情。所以他们的爱情比较有隐喻性，描述男女性关系的主要目的也是为了传宗接代[3]。这是因

---

[1] 南华散人：《折花奇谈》，《韩国学报》1992年第18辑第3号。

[2] 윤채근：《절화기담（折花奇谈）에 나타나는 환유적 사랑》，《韩国古典研究》2002年8辑，第177页；조혜란：《19세기 애정소설의 새로운 양상 고찰—〈절화기담〉과〈포의교집〉을 중심으로》，《국어국문학》2003年135号，第301页。

[3] 신진아：《〈金瓶梅〉에 나타난 육체인식과 형상화 방식 연구》，第148页，延世大学校博士学位论文，2013年。

为在明末清初和朝鲜朝的儒教封建社会，性欲是禁忌的对象。然而，《金瓶梅》和《折花奇谈》却采用乱伦素材，直接表现出人的性欲望。这两部小说采用乱伦素材，不仅能比较自由地描写男女的性爱问题，也能从小说叙事上引起某种变化。

下面，针对《金瓶梅》和《折花奇谈》乱伦之欲望叙事的特点，考察乱伦主谋者之性欲望、性之商品化、城市的娱乐之风等三个方面。

（一）乱伦主谋者之性欲望

《金瓶梅》和《折花奇谈》的男女主人公西门庆和潘金莲、李生和舜梅都是已婚者，他们还有着婚外恋的性欲望。从生活环境上可以找出他们乱伦的原因。虽然西门庆与许多女性人物乱伦，但为了与《折花奇谈》比较，只考察西门庆和潘金莲的关系。

首先，看两部作品的好色之徒西门庆和李生。西门庆是在《金瓶梅》里表现欲望最突出的人物之一。小说中西门庆的欲望得到了全面展现，如财欲、权欲、食欲、性欲等。其中最突出的当然是性欲。西门庆不论上下奴仆，连与同性也搞不正当的事。看有关西门庆的描述，作者最精心的描述就是他的性爱方面，由此可以推测西门庆的性欲多么强烈[1]。

从生活环境上分析，西门庆生于破落户的商人家族，从小双亡父母，无兄弟姐妹，正室也死亡，在家里只有正室所生的女儿。他生于破落户的商人家族，是赋有财欲的条件。在家里无父母、也无兄弟姐妹的环境，造成他更加放荡不羁的外在原因。这与《红楼梦》的贾宝玉生活在大家庭里、学得伦理道德完全相反。西门庆无法自制于儒家社会的伦理道德，他只有欲望，和自己的直感，只追求性欲望。从心理学的角度理解，西门庆的行为由空虚、孤独感而来。上无照顾他的父母，树立榜样的子女也不多，周边无支持的兄弟姐妹，连朋友们也皆是放荡不羁之徒。这些环境因素对他肯定会带来不好的影响。可以说他感觉的空虚、孤独感可能生发出强烈的性欲望[2]。

《折花奇谈》的李生也是乱伦之主谋者。他不照顾自己的家庭，寄

---

[1] 肖扬碚：《欲望的象征——西门庆论》，《柳州师专学报》2002 年第 1 期，第 28 页。
[2] 肖扬碚：《欲望的象征——西门庆论》，第 29 页。

对中韩古代小说中性欲望的考察——以《金瓶梅》和《折花奇谈》为主

273

生于邻家，享受风流。他虽然是已婚者，但在水井边看见舜梅之后，为了与之享一夜云雨之乐，两年间向她不断求爱。与《金瓶梅》相比，《折花奇谈》的篇幅短，对人物的解释也不精细。于是，我们对他乱伦的原因不能做出多元的分析，只能通过下面的引用文大致推测。

（a）欠伸嗟叹，徒倚绳床，忽有婵娟佳人，琅琊进来。启丹唇吐香语曰："妾乃卑贱之女。即君何奈自恼之甚耶？"生欢甚极，执手相款，仍说破相思情事。随即解去榴裙，斜偎鸳枕，脉脉相看，有情难尽。生即之戏焉，一叩不应，再唤不来。忽欠身惊觉，则乃南柯一梦也。[1]

（b）《满庭芳》：鸦翎鬓新月眉，杏子眼樱桃口，银盘脸花朵身，自纤纤葱枝手，动人春色堪人爱，翠纱袖泥金带，喜孜孜宝髻作歪，月里嫦娥下世来，千金也难买。[2]

（a）是李生做舜梅的梦，（b）是和舜梅的情事之后李生作的诗。通过（a）的内容我们能推测李生无意之中盼望与舜梅的情事。李生作的（b）诗只埋头于描写舜梅多么美，不见对她的爱情盟誓或者李生多么爱舜梅。通过上面简单介绍李生的来历，我们可以知道他是个很随便、放纵的才子。他不照顾自己的家庭，只追求放纵的性欲望。李生追舜梅的目的只在于与她享鱼水之欢。这可称为原始的性欲望，有时原始的欲望成为表现出更强烈性欲望的手段。

其次，西门庆和李生乱伦的对象——潘金莲和舜梅也是追求强烈性欲望的人物。在她们的生活环境上也能找出乱伦的原因：她们都是已婚妇女，但她们结婚以后的生活却不幸福。

（a）原来潘金莲自从嫁武大，见他一味老实，人物猥衰，甚是憎嫌。常与他合气。报怨大户："普天世界断生了男子，何故将奴家与这样个货？每日牵着不走，打着倒腿的，只是一味味酒。

[1]《折花奇谈》第1回。
[2]《折花奇谈》第3回。

着紧处，都是锥扎也不动。奴端的那世里悔气，却嫁了他？是好苦也！"[1]

（b）妾赋命奇险，所天无良。明难夫妇，情寀吴越。言必矛盾，动辄訾謷。非不知恩义之为重，情爱之笃。[2]

（a）是潘金莲对武大的不满意，（b）是舜梅对自己丈夫的不满意。根据引文，潘金莲和舜梅都因对现在的丈夫和结婚生活不满而乱伦。在此可见舜梅乱伦的理由比李生明显。并且，她们也是女仆，潘金莲是张大户的女仆，舜梅是方氏的女仆。女仆属于社会下层阶级，她们站在会受到社会各种压抑的地位，心理的、生理的不满会导致某种欲望。换句话说，只有满足其不满之处或发泄不满意，人才能获得心理的、生理的满意。像潘金莲和舜梅这种社会下层女性，时时受到社会的各种压抑，不满之处累积的越来越多。在作品里，她们采取发泄不满意的手段就追求性欲望。这些不满意与性欲望结合起来，有时其表现方式是不合理的，如乱伦[3]。潘金莲和舜梅是女仆的身份，加上不能得到丈夫的爱情，再加上对结婚生活的不满，使她们成为追求强烈性欲望的"淫妇"了。

（二）性之商品化

在《金瓶梅》和《折花奇谈》的性欲望叙事里，值得关注的是性与钱财有关，两书都出现捏合男女的媒婆。这些媒婆为了赚钱，以不合适的方式来捏合男女。

（a）猛然想起那间壁卖茶王婆子来，"堪可如此如此，这般这般，撮合得此事成。我破几两银子谢他，也不值甚的。"……"这刷子聒得紧，你看我着些甜糖，抹在这厮鼻子上，教他舐不着。那厮全讨县里人便宜，且教他来老娘手里纳些贩钞，嫌他几十风流钱使。"原来这开茶坊的王婆子，也不是守本分的。便是积年

---

[1]《金瓶梅》第1回。《金瓶梅》的原文参考刘大栋校注：《金瓶梅》，三民书局，2012年。
[2]《折花奇谈》第3回。
[3] 柳卓娅：《〈金瓶梅〉中潘金莲心态深层分析》，《淄博师专学报》2008年第3期，第60页。

通殷勤，做媒婆，做卖婆，做牙婆。又会收小的，也会抱腰，又善放习。还有一件不可说，鬓髻上着缘，洋蜡灌脑袋。端的看不出这婆子的本事来！[1]

（b）一日，李生与邻友，睹饮于李家。原来，李家有一老妪，好事而利口，卖人场中，自来老熟手段。酒至数巡，李生从容谓曰："方氏叉鬟，妪其知之。为我介绍，各得一宵之缘，则必重报母矣。"……"今使若干青铜，以付老身，则请为相公试之。"生曰："此诚不难。妪其力图。"[2]

（a）描述的人物是《金瓶梅》的王婆,（b）描述的人物是《折花奇谈》的老妪。从内容上来推断，她们不只是邻居，还是以捏合男女为赚钱的专业媒婆。《金瓶梅》第2回描述王婆"一个月倒在媒人家去二十余遍，人多不敢惹他"，可以知道当时这些媒婆频繁出现。这是因为随着货币经济发展和娱乐文化发达，直接影响到市民的性意识[3]。

除了捏合已婚男女的媒婆之外，乱伦女性通过性关系也可获得某种物质利益。在《金瓶梅》里性关系之后，西门庆往往向女性给银子，或者女性向西门庆要求衣服、首饰等。这已经与只求真心的纯粹爱情相去甚远，在男女的爱情中介入了钱财。潘金莲为了获得物质利益，更加盼望西门庆的爱情。舜梅也不例外。이지하在《고전소설에 나타난 19세기 서울의 향락상과 그 의미》中指出，在李生向舜梅给玩物的时候，就发生了物质性关系。她还指出舜梅和老妪之间会有某种金钱来往的可能性。[4]

（三）城市的娱乐之风
在明末、朝鲜朝后期社会中，男女的乱伦当然不能公开，却造成被

---

[1]《金瓶梅》第2回。
[2]《折花奇谈》第1回。
[3] 정은영：《조선후기 한문서사의 성담론—〈절화기담〉〈포의교집〉〈북상기〉〈백상루기〉를 중심으로》，汉阳大学校硕士学位论文，2009年，第26页。
[4] 이지하：《고전소설에 나타난 19세기 서울의 향락상과 그 의미》，《서울학연구》2009年第36号，第171－172页。

许多人暗中容忍的气氛。尤其是明末李卓吾（1527－1602）对于寡妇改嫁指说"失身"，在《藏书》肯定卓文君去司马相如改嫁，说"正获身，非失身"。[1]通过这样的思想解放、专业媒婆的出现、以及商业发达的时代相，可以推测当时已婚男女的乱伦到处发生。通过以下引文中描绘的19世纪的汉阳，我们能知道当时在城市上蔓延的娱乐之风。

> （a）是时正三月暮春之望日也。缘柳枝头，黄莺唤友，红杏花上，白蝶纷飞。处处修兰亭故事，人人追咏归遗风。于是，上命阁臣诸臣，赏花玩柳于禁苑，玉漏初下，夜巡无禁，满城士女，无不耸喜观胆。生与二三诸益，乘兴带月，睹饮酒楼，第五桥头，月色如画，上林苑上，仙乐迭奏。生对景关情，一心难忘。即告别诸友，径到家巷，转至老妪。[2]

> （b）是日即夏四月初八日也。万户灯火，齐明千村，水缶争鸣。王孙白马，黄昏边队队游戏，士女青衫，紫陌翩翩来会。正所谓君乐臣乐，永乐万年，月明灯明，天地同明者也。生呼朋唤友，听钟观灯，徘徊逍遥。忽思梅女，径寻老妪而来。[3]

两者都是汉阳的庆典描写，（a）模仿晋王羲之"兰亭故事"[4]，（b）描绘四月初八的灯会。通过引文，我们能感受汉阳娱乐之风和华丽自由的气氛。根据"玉漏初下，夜巡无禁，满城士女，无不耸喜观胆"或者"王孙白马，黄昏边队队游戏，士女青衫，紫陌翩翩来会"，可以知道汉阳的庆典一直举办到晚上，男女也能公开见面。在这样的气氛下，李

---

[1] 柳孝严：《〈金瓶梅〉男女之欲描写的文化内涵》，《吉林大学社会科学学报》2001年第6期，第100页。

[2]《折花奇谈》第2回。

[3]《折花奇谈》第3回。

[4]《朝鲜王朝实录》正祖第34卷十年（1792）：庚寅（3月21日），召诸阁臣，赏花钓鱼于内苑。上曰："予自设置内阁以来，凡在是职者，视同家人，今日之会，当用家人之列。阁臣子弟，皆许与筵。"环池而钓，每得一鱼，辄举旗奏乐。顾谓阁臣曰："今日之游，甚盛会也，不可无诗。予当作起结，卿等各构一联，足成全篇。"遂口占起句曰："内苑歌鱼藻，前池有凤毛。"结句曰："一席浑和气，家人视儿曹。"仍宣馈。设九帿，与阁臣、承、史及儒生能射者，耦射一巡，得五矢。至夕乃罢。http://sillok.history.go.kr/inspection/inspection.jsp?mTree=0&id=kva

生不得不想起舜梅，去找老妪。城市自由的气氛给男女提供聚合、乱伦的机会，爱情、乱伦、性的快乐也是很自然的。因此，李生和舜梅彼此会感觉强烈的性欲望，盼望云雨之情的快乐。

五、男性主义性欲望的追求与现实主义性欲望的追求

以上从乱伦之欲望叙事方面考察到《金瓶梅》和《折花奇谈》的共同之处。下面，将从主旨和结局方面考察两部作品的不同之处。

（一）男性主义性欲望的追求：《金瓶梅》

有人评价《金瓶梅》的女性人物追求强烈的性欲望，比以前的小说女性人物自我意识更强，但里面还存在着以男性主义的视角来描述女性的视觉和性爱。

> （a）但见他黑鬒鬒赛鸦翎的鬓儿，翠弯弯的新月的眉儿，清冷冷杏子眼儿，香喷喷樱桃口儿，直隆隆琼瑶鼻儿，纷浓浓红艳腮儿，娇滴滴银盘脸儿，轻袅袅花朵身儿，玉纤纤葱枝手儿，一捻捻杨柳腰儿，软浓浓白面脐肚儿，窄多多尖趫脚儿，肉奶奶胸儿，白生生腿儿；更有一件紧揪揪，红绉绉，白鲜鲜，黑裀裀，正不知是什么东西。[1]
>
> （b）并头鸾凤穿花。喜孜孜连理枝生，美甘甘同心带结。一个将朱唇紧贴，一个粉脸斜偎。罗袜高挑，肩膊上露两弯新月；金钗斜坠，枕头边堆一朵乌云。誓海盟山，搏弄得千般旖旎；羞云怯雨，揉搓的万种妖娆。恰恰莺声，不离耳畔；津津甜唾，笑吐舌尖。杨柳腰，脉脉春浓；樱桃口，微微气喘。星眼朦胧，细细汗流香玉颗；酥胸荡漾，涓涓露滴牡丹心。直饶匹配眷姻谐，真个偷情滋味美！[2]

（a）描写西门庆初见潘金莲，（b）描述西门庆和潘金莲的情事。（a）

[1]《金瓶梅》第2回。
[2]《金瓶梅》第4回。

的"黑鬖鬖的鬓儿","新月的眉儿","樱桃口儿","杨柳腰儿"等，都以男性的视角来描写女性的外貌。（b）的情事也以男性的视角来描述女性的肉体。在此，男性是观瞻女性的欲望主体，女性是男性观瞻欲望的对象。这样的男性主义的视角，使男性享受其欲望的快感，把淫荡猥亵的欲望都推给女性人物。并且，男性的视角影响到读者，令他们以西门庆的视线享受女性的肉体及性的快乐[1]。

虽然潘金莲与西门庆一样追求强烈的性欲望，但两人的结局却体现出男性主义视角。潘金莲成为"淫女"或"淫妇"，而对西门庆没直接使用"淫"字。当然西门庆以淫而死，这是与其他小说结局的不同之处。然而，在《金瓶梅》里，因淫荡猥亵而遭处罚的几乎都是女性人物。潘金莲被西门庆发现与童仆琴董私通而挨打（第 12 回），西门庆死后被五月娘发现与陈经济私通，被赶走（第 85 回）。最后她被武大的弟弟武松杀死，场面残酷极甚。

> 那妇人见头势不好，才待大叫，被武松向炉内挖了一把香灰塞在他口，就叫不出来了。然后脑揪翻在地，那妇人挣扎，把鬃髻簪环都滚落了。武松恐怕他挣扎，先用油靴只顾踢他肋肢。后用两双脚踏他两双胳膊，便道："淫妇自说你伶俐，不知你心怎么生着！我试看一看！"一面用手去摊开他胸脯。说时迟，那时快，把刀子去妇人白馥馥心窝内，只一剜，剜了个血窟窿，那鲜血就冒出来。那妇人就星眸半闪，两双脚只顾登踏。武松口噙着刀子，双手去幹开他胸脯，扑扢的一声，把心肝五脏生扯下来，血沥沥供养在灵前。后方一刀割下头来，血流满地。迎儿小女在旁看见，諕的只掩了脸。[2]

西门庆和王六儿私通之后，服用潘金莲给他的春药，与她性交过于强烈，导致王六儿最后丧命（第 79 回）。但是与潘金莲的死亡相比，西

[1] 이지원：《〈金瓶梅〉의 여성 재현 연구 : 개인 욕망의 발현 양상을 중심으로》，首尔大学校 2003 年硕士学位论文，第 65 页。
[2]《金瓶梅》第 87 回。

门庆的死亡不那么残酷。尽管是男女双方同意的乱伦，但被处罚的却是女性，因为这是男性主义占据支配地位的社会。宋代以后一直强调女性贞节，至于明代强迫女性贞节，这样的封建思想渗入到了男性文人的潜意识之中，影响到小说创作和人物形象塑造。

（二）现实主义性欲望的追求：《折花奇谈》

《折花奇谈》摆脱了天上界、地上界二元的世界观，有着面向现世的价值观。在这部小说里逐渐消灭爱情传奇的幻想要素，描写逼真。这直接受到《金瓶梅》的影响。但是，与《金瓶梅》相比，《折花奇谈》摆脱男性主义的封建社会思想，更接近于现实描写。如上述，虽然舜梅对婚姻生活不满，但李生和舜梅的乱伦却没有明显的目的意识。他们的目的只在于通过性交达到性的满足。这样盲目的性欲望可称为原始的性欲望，윤채근在《〈절화기담（折花奇谈）〉에 나타난 환유적 사랑》指出他们的爱情与以前爱情传奇小说的隐喻性有着不同之处。他说，《折花奇谈》之前的小说通过人物的行为、欲望、爱情等表现出作品的主旨，有隐喻性，但《折花奇谈》却追求更加生动的现实欲望。李生越接近于舜梅，舜梅越走远，于是李生遭受挫折，这挫折烘托舜梅存在的现实性。这是因为女性本来不能领有的，而不是像传奇小说的女性被男性完结其意义的美女。[1]

而且，如果说潘金莲的性欲望仅限于男性主义视角的话，那么可以说舜梅就是任意地追求自己的性欲望。换句话说，《金瓶梅》的许多女性只盼望西门庆一个人的爱情，而舜梅在爱情关系上却占主导地位。两年间，舜梅故意避开李生。有时李生为了给玩物叫她，她就出现在李生的面前。由此可以推测舜梅把李生当做恋爱对象，享受紧张、兴奋的恋爱感情。[2]

最后，李生和舜梅的结局也比《金瓶梅》更具有现实性。《金瓶梅》采取把放纵淫乱的男女做死亡处理的结局，《折花奇谈》却让李生和舜梅回归于自己家庭。李生和舜梅做了情事之后，他提出买一个小的草房

[1] 윤채근前引，第174页。
[2] 정은영：前引文，第21－22页。

一起过日子。舜梅却拒绝说："情实不忘，义固难负，此生薄命，亦云已矣。重泉之下，得遂余愿，则是妾之望也。"以后两人相约再次见面，但被舜梅的阿姨发现两人的关系，不能成事。

> 一日，老妪来见曰："俄逢梅女，鸾婢之窥伺，日以益甚，虽有三目四口，两身八益，无一刻离舍之暇。从今以往，百年佳约，已成浮云流水。万望相公珍重云矣。"生亦无计可施。乃题一篇，以□□遣之情，而且寓永绝之意。[1]

两年之间，李生的求爱、李生和舜梅一夜的云雨之情这样就结束了。有人觉得可惜，因为没有大团圆的结局。但是我想这样的结局更逼真。如果他们半夜逃走或者用诸多美言丽辞表达他们的爱情多么伟大，这与以前的传奇小说有什么区别呢？

六、结论

以上，以《金瓶梅》和《折花奇谈》为中心对韩中古代小说的性欲望进行了考察。《金瓶梅》和《折花奇谈》分别出现在 16 世纪末和 19 世纪初，创作时间存在一定的距离。但根据朝中艳情小说的演变和《折花奇谈序》的内容，可以知道《折花奇谈》直接受到了《金瓶梅》的影响。而且，在儒教社会日渐松弛的情况下，思想逐渐解放，因而创作露骨描写性爱的汉文叙事就成为朝鲜古小说之发展的启示。

从内容方面，两部作品都描述已婚者的乱伦，这是与以前小说的不同之处。《金瓶梅》的男主人公西门庆和主要女性人物潘金莲，《折花奇谈》的男女主人公李生、舜梅都是已婚者。他们乱伦主要是因为对生活环境或结婚生活不满而发生的。当时通过介绍已婚男女而赚钱的专业媒婆很多，司空见惯，这是一种性买卖，反映了社会上放纵之风的四处蔓延。在明末的大城市和朝鲜朝后期的汉阳，盛行娱乐的城市氛围给他们提供了肆行乱伦的机会。这两部小说都呈现出赤裸裸的男女性欲，但是

---

[1]《折花奇谈》第 3 回。

在主旨和结局方面上却有所不同。《金瓶梅》的性爱描写符合彻底的男性主义的审美视角，西门庆和潘金莲同样肆意乱伦，潘金莲的结局却比西门庆更残酷。由此可知《金瓶梅》仍坚持着封建的男性主义角度。与之相反，《折花奇谈》中李生和舜梅的爱情没有结果，他们的目的只在于追求一夜的云雨之乐。两人做了情事之后，已婚的舜梅回归自己的家庭，李生无奈接受舜梅的决定。这样比较逼真，所以可以理解为表现追求现实的性欲望。

虽然《折花奇谈》的篇幅比《金瓶梅》短，但《折花奇谈》却很明显受到《金瓶梅》的影响，在其同异点上可以得出不同的结论。通过本稿的考察，我们可以理解韩中艳情小说的演变及其影响关系，也期待以后对日本的艳情小说或东亚的艳情小说能进行比较研究。

后　记

　　夙闻东亚比较文化国际会议这一学术组织，但首次邂逅有点姗姗来迟。2010 年金秋，古都奈良召开第 11 届国际研讨会，是年恰逢平城京迁都 1300 周年，日本支部与奈良县万叶文化振兴财团和奈良县平城迁都 1300 年纪念协会隆重举办了这次大会。来自中日韩三国的 70 余名代表有幸聆听了三位嘉宾的特别讲演，奈良县立万叶文化馆馆长中西进《东亚文化的成熟》的睿智、中国作家莫言《诗人与和尚》的幽默、韩国首任文化部长、梨花女子大学名誉教授李御宁《韩中日文化之共同点》的深邃，给人烙下了深刻的印记。六年过去了，此情此景与那一簇簇似火苗跳动的红叶一起，依然燃烧在我记忆的空间。

　　正是在这次会上，笔者受命东亚比较文化国际会议中国会长，并开始筹备 2 年后中国的研讨会。2012 年 10 月 26 日至 29 日，第 12 届东亚比较文化国际研讨会经过紧张的筹备，行将在杭州顺利召开，正可谓万事齐备，只欠东风。不意"东风不与周郎便"，是年 9 月日本政府酿成购岛闹剧，研讨会被迫无限期延期。

　　倥偬两年，2014 年 10 月 25 日至 26 日，为纪念浙江工商大学日本语言文化学院创办十周年，三国代表终于齐聚位于浙江母亲河——钱塘江畔的浙江工商大学，还愿了两年前的一项承诺。大会以"东亚文化交流——以古典文学为中心"为主题，中西进、王晓平、李漆旭等先生作了主题演讲，波户冈旭、王宝平、江藤茂博、崔溶澈等教授作了纪念演讲，70 余名代表分别在五个分科会上展开了认真的学术对话。

　　日本文学界大师中西进先生的莅临，无疑为大会增添了浓重一笔。集日本学士院奖、和辻哲郎奖、文化功劳者、瑞宝重光勋章等多项奖项于一身的先生，谈起学问，清澈的双眸让人忘记了 1929 年出生的高龄，站到讲坛聊起比较文学，舞台为之熠熠生辉。

本书为第 12 届东亚比较文化国际研讨会论文集，按内容析为东亚文化、中日文化、中韩文化等三篇，由 18 篇论文组成。不少在会上发表的其他论文，尤其是中方的论文，受目前高校科研考评制度等因素的影响，未及收录，留下遗珠之憾。

　　本论文集的日语翻译，主要由本校硕士研究生担任。初次尝试，青涩之处，斑斑可见。虽然笔者校译时多费周章，但不足之处不可避免，敬请著者和读者谅宥。

　　东亚汉文学大家、天津师范大学王晓平先生百忙中为本书撰写了言简意赅的序言；许海华、孔颖、张丽山三位日本博士，以及硕士研究生林奇为本书的出版多有无私的奉献。"打仗还靠子弟兵"，感谢你们！

　　在中国社科院孙晓研究员的热情推荐下，西南师范大学出版社接受本书的出版、徐林平、杜艳茹编辑为之付出了很多努力，在此一并表示感谢！该社近年连续推出"域外汉籍珍本文库"系列丛书，声誉鹊起，祝愿继续造福学界。

　　东亚比较文化国际会议超越国界、跨越学科，创立至今，恰好走过二十个春秋。在东亚林林种种的民间学会中，不敢自诩她是最为长寿的组织，但至少属于高寿之林。衷心祝愿她与时俱进，永远向着诗和远方。

王宝平

2016 年 7 月吉日于余杭云会村

东亚文化比较研究

图书在版编目（CIP）数据

东亚文化比较研究 / 王宝平主编. -- 重庆 : 西南
师范大学出版社，2018.6
　（域外汉籍研究文丛）
　ISBN 978-7-5621-8623-6

　Ⅰ．①东… Ⅱ．①王… Ⅲ. ①比较文化－文化研究－
东亚－文集 Ⅳ. ①G131-53

　中国版本图书馆 CIP 数据核字（2017）第 041029 号

域外汉籍研究文丛

东亚文化比较研究

王宝平　主编

策划编辑：黄　璜　徐林平
责任编辑：杜艳茹
封面设计：石笑梦
版式设计：郭清霞
出版发行：西南师范大学出版社
　　　　　地址 重庆市北碚区天生路 2 号　邮政编码 400715
　　　　　http://www.xscbs.com
经　　销：全国新华书店
印　　刷：重庆大雅数码印刷有限公司
开　　本：710mm×1000mm　1/16
印　　张：18.75
字　　数：272 千字
版　　次：2018 年 6 月第 1 版
印　　次：2018 年 6 月第 1 次印刷
书　　号：ISBN 978-7-5621-8623-6

定　　价：65.00 元